BEGLEITBUCH ZUR AUSSTELLUNG

850 Jahre Siebenbürger Sachsen

Herausgegeben von der
Landsmannschaft der Siebenbürger Sachsen in Deutschland e. V.
Redaktion: Konrad Gündisch

CLIENT CONCEPT VERLAG
München 1991

AUSSTELLUNG BEGLEITBUCH

Konzeption und Aufbau:
Dr. Volker Wollmann,
Martin Rill, Beatrix Commandeur -
Siebenbürgisches Museum und
Siebenbürgisch-Sächsischer Kulturrat e. V.,
Schloß Horneck, D-6953 Gundelsheim/Neckar

Design und graphische Gestaltung:
Johannes Gross
Fotografien: Gabriel Holom, Martin Rill u.a.

Leihgeber: Bauhaus-Archiv Darmstadt
Bayerische Staatsbibliothek München (BSB)
Evang. Kirchengemeinden von Baierdorf,
Lechnitz, Obereidisch und Tekendorf
Germanisches Nationalmuseum Nürnberg (GNM)
Institut für Auslandsbeziehungen Stuttgart (IfA)
Johannes-Honterus-Verein im Heimathaus
Siebenbürgen Gundelsheim/Neckar (JHV)
Justinus-Kerner-Haus Weinsberg (JKH)
Siebenbürgische Bibliothek Gundelsheim/N. (SBG)
Siebenbürgisches Museum Gundelsheim/N. (SMG)
Siebenbürgisch-Sächsische Stiftung (Sb.-S. St.)
Alfred Coulin, Köln (Coulin)
Ruth Eder, Ottobrunn (Eder)
Ingrid von Friedeburg-Bedeus, Bad Homburg
(Friedeburg-Bedeus)
Harald von Hochmeister, Herrenberg
(Hochmeister)
Hans Meschendörfer, München (Meschendörfer)
Dr. Horst Moeferdt, Dischingen (Moeferdt)
Hermann Schlandt, Starnberg (Schlandt)
Heinz Schunn, Ebersberg (Schunn)
Dr. Monica Sluka, Münster (Sluka)
Helfried Weiß, München (Weiß)
und andere Privatpersonen

Koordination: Dr. Günter von Hochmeister,
Erhard Graeff, Ewalt Zweyer -
Landsmannschaft der Siebenbürger Sachsen
in Deutschland e.V.

Redaktion : Dr. Konrad Gündisch
Redaktionelle Mitarbeit: Ewalt Zweyer
Autoren:

Karin Bertalan, M.A., Geibelstraße 38,
D-7100 Heilbronn
Dr. Gerda Bretz-Schwarzenbacher, Aidenbacherstraße 1
D-8000 München 70
Dr. Wilhelm Bruckner, Bacherstraße 39
D-8000 München 90
Beatrix Commandeur, M.A., Soester Straße 31
D-4400 Münster
Anneli Ute Gabanyi, M.A., Klingsorstraße 10
D-8000 München 81
Dr. Gustav Gündisch, Schloß Horneck
D-6953 Gundelsheim/ Neckar
Dr. Konrad Gündisch, Dorfstraße 78
D-7400 Tübingen
Dr. Heinz Heltmann, Großenbuschstraße 125
D-5205 Sankt Augustin 2
Prof. Walter König, Hermann-Ehlers-Straße 48/ 93
D-7410 Reutlingen
Dr. Michael Kroner, Ottostraße 31,
D-8507 Oberasbach
Dr. Christoph Machat, Viersenerstraße 4,
D-5000 Köln 60
Hans Meschendörfer, Schlesierstraße 44/ I
D-8000 München 80
Dr. Thomas Nägler, Strada 1 mai 18
RO-2400 Sibiu (Hermannstadt)
Martin Rill, M.A., Trollingerstraße 1
D-7107 Erlenbach
Dr. Annemie Schenk, Schanzenstraße 38
D-6134 Lorsch
Dr. Stefan Sienerth, Obermühlweg 11 a
D-8068 Pfaffenhofen/ Ilm
Karl Teutsch, Höhenweg 33,
D-7156 Wüstenrot-Greuhof
Dr. Volker Wollmann, Am Steigeneck 31,
D-6952 Obrigheim
Ewalt Zweyer, Alpenstraße 14,
D-8017 Ebersberg

ISBN: 3 - 9802015 - 0 - 3

Texterfassung: Sabine Laartz, Falkenweg 14, D-7400 Tübingen
Endkorrektur: Anita Tafferner, Wilhelm - Hertzstraße 12b, D-8000 München 40
Fotografie: Gabriel Holom, Ammerstraße 39, D-7033 Herrenberg - Gültstein
Grafische Gestaltung: Antje Gromen, Johannes Gross, client concept, München
Computergrafik: Kenneth Adcock, Patricia Badakhchan, client concept, München
Objektbetreuung: client concept werbegesellschaft mbH, Lindwurmstraße 203, D-8000 München 2
Gesamtherstellung: client concept druck & verlag, Robert Sosset, Pettermandstraße 12, D-7988 Wangen im Allgäu

Das Begleitbuch zur Ausstellung "850 Jahre Siebenbürger Sachsen" bietet einen kurzen Überblick über die Geschichte und die Leistungen der Siebenbürger Sachsen, deren Ansiedlung im Karpatenbogen im Rahmen der deutschen Ostkolonisation vor 850 Jahren begonnen hat.

Ein Verzeichnis der einzelnen Ausstellungsstücke finden Sie ab Seite124

Der Herausgeber dankt dem Bundesministerium des Inneren für Unterstützung und Förderung. Den zahlreichen Mitarbeitern und Leihgebern, ohne deren Mitwirkung die Ausstellung nicht zustandegekommen wäre, sei auch auf diesem Wege Dank gesagt.

Die Landsmannschaft der Siebenbürger Sachsen in Deutschland e.V. und das Siebenbürgische Museum Gundelsheim als Veranstalter der Ausstellung möchten insbesondere dem Magistrat der Stadt Frankfurt am Main für freundliche Aufnahme und Unterstützung danken.Sie würdigen besonders Entgegenkommen, Rat und Hilfe, die ihnen von der Leitung des Historischen Museums der Stadt Frankfurt am Main zuteil geworden sind.

INHALTSVERZEICHNIS

Helfried Weiß: "Deutsch - Weißkirch"

Zum Geleit

Die Gemeinschaft der Siebenbürger Sachsen erinnert an ihre 850 Jahre alte Geschichte in der symbolträchtigen Stadt Frankfurt am Main, die als Krönungsstadt über Jahrhunderte das historische Erbe des "Heiligen Römischen Reiches deutscher Nation" mit der Krone an seine Kaiser weiterreichte. Zuletzt auch an jene Herrscher aus dem Geschlecht der Habsburger, die als Fürsten von Siebenbürgen zugleich die unmittelbaren Landesherren der ständischen Nation der Siebenbürger Sachsen waren. Frankfurt wurde mit der in der Paulskirche tagenden Nationalversammlung auch der Ort, an dem 1848 die Vertreter unseres Volkes zum ersten Mal um den Schutz des Mutterlandes baten, als Chauvinismus den Bestand seiner Selbstverwaltung und seiner Autonomie in Sprache und Schulwesen bedrohte.

Erst ein Jahrhundert nach diesem staats- und völkerrechtlich keineswegs abgesicherten Bittgang hat die Bundesrepublik Deutschland die volle Obhutspflicht für die Siebenbürger Sachsen übernommen, deren Kriegsfolgeschicksal sich von dem der Ost- und der Sudetendeutschen nur dadurch unterscheidet, daß sie zwar auch aus Eigentum und Rechten "vertrieben", aber im Heimatgebiet unter den Bedingungen kommunistischer Zwangsherrschaft festgehalten wurden. Mit der Einbeziehung in die Kriegsmaschinerie Hitlers - zusammen mit den anderen "Volksdeutschen" Südosteuropas - begann eine Entwicklung, die das Verhältnis der Siebenbürger Sachsen zum rumänischen Staatsvolk nachhaltig belastet hat. Die 1945 erfolgten Zwangsdeportationen in Arbeitslager der Sowjetunion und die völlige Enteignung des Gemeinschafts- und des Privatvermögens sowie Maßnahmen zur systematischen Entnationalisierung trugen, zusammen mit dem Wunsch zur Familienzusammenführung ehemaliger, nach Deutschland entlassener Kriegsgefangener, zu einem anwachsenden Willen zur Aussiedlung in die Bundesrepublik bei, der auch nach dem Sturz des Ceaușescu-Regimes nicht abnahm.

Deutschland hat das Tor zur Aufnahme der Aussiedler aus Siebenbürgen offen gehalten. Das Mutterland ist zum Vaterland der Siebenbürger Sachsen geworden. Nur etwa 14 Prozent der ursprünglichen deutschen Bevölkerung Siebenbürgens leben derzeit noch in der alten Heimat, fast zu wenig, um in einem nach freiheitlicher Demokratie strebenden Rumänien die traditionelle Brückenfunktion der Siebenbürger Sachsen zur Vermittlung deutscher Kultur - im weitesten Sinne des Wortes - vor Ort erfüllen zu können. Wir in der neuen Heimat Deutschland werden sie dabei unterstützen.

Die Ausstellung "850 Jahre Siebenbürger Sachsen" soll zeigen, welche schöpferischen Leistungen dieser kleinste der deutschen Stämme, fernab vom geschlossenen Siedlungsgebiet des deutschen Volkes, im Laufe seiner Geschichte vollbracht hat. Sie soll auch das kulturelle Erbe verdeutlichen, das die Siebenbürger Sachsen in das Vaterland Deutschland einbringen.

Dankwart Reissenberger
Bundesvorsitzender der Landsmannschaft
der Siebenbürger Sachsen in Deutschland e.V.

Grußwort

Wann die ersten Deutschen sich tatsächlich in Siebenbürgen niedergelassen haben, läßt sich auch von Historikern nicht exakt datieren. Jedenfalls erfolgte die Besiedlung, nachdem König Geysa II. (1141-1162) Deutsche als "getreue Gäste" ins Land "jenseits des Waldes" gerufen hatte.

Die Einwanderer von der Mosel, aus dem Hunsrück, aus dem Westerwald können vielleicht als die ersten europäischen Gastarbeiter bezeichnet werden. Sachsen im geographischen Sinne waren kaum dabei. In der Kanzleisprache des mittelalterlichen Ungarn wurden die Deutschen eben als Sachsen bezeichnet. Jedenfalls blieben sie über die Jahrhunderte und entwickelten eine eigene Kultur, die sie über 850 Jahre gegen zahllose Widrigkeiten bewahren konnten.

Gleichsam aus dem Nichts und in der Fremde machten die "Sachsen" das Land urbar und bildeten Lebensformen aus, die ihren Wünschen entsprachen. Sicher monopolisierten 180-200 Patrizierfamilien das politische Leben, doch früh entstanden Formen öffentlicher Verständigung, die sich als vordemokratisch qualifizieren lassen.

Siebenbürgen hielt seine Grenzen offen, seine Kaufleute vermittelten über Jahrhunderte zwischen Okzident und Orient. Ihres Minderheitenstatus bewußt, rückten die Siebenbürger Sachsen - durch den christlichen Glauben gestärkt - fest zusammen, ohne sich abzuschotten. Das ist umso beeindruckender, wenn wir bedenken, daß drei Jahrhunderte (zwischen dem 14. und dem 17. Jh.) der kriegerischen Auseinandersetzungen mit den Türken zu überstehen waren.

Die Ausstellung zeugt von Hoffnung, Zerstörung, Wiederaufbau, Reformation, von Bildungshunger und politischer Phantasie. Sie bringt uns eine gar nicht ferne Kultur nahe. Indem historische Widersprüche gestaltet werden, lassen sich Parallelen zum Europa des 20. Jahrhunderts herstellen.

Deutschland 1945: Das war ein - scheinbar für immer - moralisch, psychisch, politisch, ökonomisch zerrüttetes Land, es mußte sich mühselig - mit Hilfe anderer Völker - aus Ruinen erheben. Das Unglaubliche des Heutigen erschließt sich erst aus der Vergangenheit.

Diese Ausstellung bietet für ähnliche Entwicklungen ein faszinierendes Anschauungsmaterial; auch für die Beziehungen Siebenbürgens zu Frankfurt. Im August 1848 begrüßen die Siebenbürger Sachsen in einer Erklärung "mit Begeisterung dies Morgenroth der schönen Zukunft unseres großen Mutterlandes und folgen mit gespannter Aufmerksamkeit jedem Schritt, der von der hohen Versammlung in Frankfurt gethan wird".

"850 Jahre Siebenbürger Sachsen" ist eine erkenntnisreiche und spannende Ausstellung. Ich wünsche ihr ein großes und neugieriges Publikum.

Andreas von Schoeler
Oberbürgermeister der Stadt
Frankfurt am Main

Brukenthal - Palais am Großen Ring in Hermannstadt

Wieso die "hospites Theutonici", die deutschen Gäste in Siebenbürgen "Sachsen" genannt wurden / Im "Andreanum" von 1224 verbriefte Privilegien währten bis 1876 / Schwere Zeiten tüchtig und tapfer überstanden / Erstaunliche Leistungen auf allen Gebieten / Und nun dennoch "Finis Saxoniae"?

Am 16. Februar 1141 bestieg Geysa (Géza) II., der elfjährige Sohn König Bélas II. aus dem Geschlecht der Arpaden und der Helena, Tochter des serbischen Großzsupan Uroš I., den ungarischen Königsthron. Er herrschte einundzwanzig Jahre lang, bis zu seinem Tod am 31. Mai 1162. Während seiner langen Regierungszeit rief er deutsche Siedler in sein Reich. Eine Gruppe ließ sich in der Zips (heute in der Slowakei) nieder, die anderen in Siebenbürgen (heute zu Rumänien gehörend). Die wenigen Quellen, die aus dem 12. Jh. erhalten geblieben sind, berichten, Geysa habe den Siedlern in Siebenbürgen ein Ödland (*desertum*) verliehen, "auf dem sie in künftigen Zeiten leben werden" (*in eodem futuris temporibus essent habitaturi*). Daraus wurden 850 Jahre. Die Geschichte dieser Gruppe, ihre Eigenart und ihre Leistungen will die Ausstellung verdeutlichen, die nun in Frankfurt am Main gezeigt wird.

Die Siedler wurden unter Zusage persönlicher Freiheiten (*libertates*) geworben (*vocati fuerant*). Das sind zwei Stichworte, die Charakter und Geschichte dieser zur deutschen Ostkolonisation gehörenden Ansiedlung kennzeichnen:

- Sie erfolgte nicht durch erobernde Landnahme, sondern auf friedlichem Wege; der König selbst hat die Gäste in ein verödetes und menschenarmes Gebiet gerufen, um es wirtschaftlich zu erschließen und um seine Verteidigung zu gewährleisten, "zum Schutz der Krone" (*ad retinendam coronam*);
- Sie erfolgte mit Menschen welche die **Freiheit** liebten, diese behalten oder ausbauen wollten, und darum das Wagnis auf sich genommen haben, sich eine neue Heimat fern des Mutterlandes zu suchen, sie durch beeindruckende Aufbauarbeit zu erschaffen und zu verteidigen.

Siegel der Hermannstädter Provinz (1372). Umschrift: "S. cibiniensis provincie ad retinendam coronam" ("zum Schutz der Krone")

1. Siebenbürgen - das Land, seine Frühgeschichte und seine Bewohner

Wie ist das Land beschaffen, in das wir gerufen werden, wo liegt es, wer lebt bereits dort und wer hat dort das Sagen? - diese Fragen mögen sich um 1141 einige Tausend Deutsche, Flandrer und Wallonen gestellt haben, bevor sie aus ihrer Heimat nach Siebenbürgen fortzogen.

Einer der Nachkommen dieser Siedler und ihr bedeutendster Geschichtsschreiber, Georg Daniel Teutsch, schildert Siebenbürgen 1858 als *"ein freundliches Hochland, gering an Größe, doch reich an Schönheiten und Schät-*

zen der Natur. Sein Flächenraum beträgt wenig mehr als 1100 Geviertmeilen (eigentlich rd. 61.000 km²). *Im Anschluß an Ungarns nördlichen Bergwall umgeben es von allen Seiten mächtige Gebirgsketten, die Karpaten ... Nur wenige Pässe öffnen sie, gegen Mittag in das Tiefland der unteren Donau, gegen Morgen zu den weiten Slavenebenen Rußlands, also daß es der Herr selbst auf die Gränze abendländischer-europäischer Bildung hingestellt hat zu einer starken Wehr".*

Fruchtbares Acker- und Weideland, reiche Bodenschätze, die günstige geographische Lage an einem Schnittpunkt west-östlicher und nord-südlicher Verkehrswege, schließlich eine Bodenbeschaffenheit, die Siebenbürgen als **natürliche Festung** mit Wällen (dem Karpatenbogen) und mit Toren (den für den Handel so wichtigen Pässen) erscheinen lassen - all diese Vorzüge haben seit jeher Menschen in dieses Gebiet gelockt. Ihre Spuren sind bis in die ältere Steinzeit nachweisbar.

Als erstes namentlich bekanntes Volk sind hier die Agathyrsen im 6. Jh. v. Chr. belegt, dann die **Daker**, über die der griechische Geschichtsschreiber Herodot im 5. Jh. v. Chr. berichtet. Dieser nördliche Stamm der indoeuropäischen Thraker hat unter König Burebista (70-44 v. Chr.) einen Staat gebildet, der vom Schwarzen Meer bis an die Tatra reichte und dessen Hauptstadt Sarmizegetusa im südwestlichen Siebenbürgen lag. Im Jahr 106 n. Chr. haben die **Römer** unter Kaiser Trajan nach zwei verlustreichen Feldzügen, deren Verlauf auf der Trajanssäule ver-

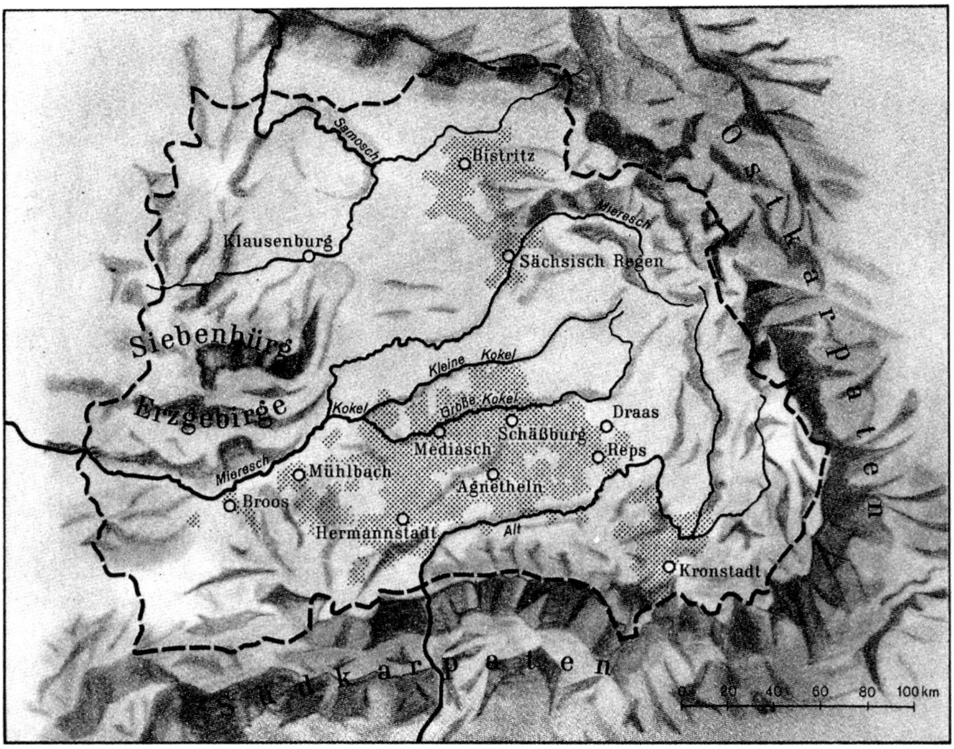

Siebenbürgen. Geographische Karte mit Kennzeichnung der siebenbürgisch-sächsischen Siedlungsgebiete. Kartenskizze nach Oskar Schuster (Hg.): Epoche der Entscheidungen. Die Siebenbürger Sachsen im 20. Jahrhundert. Köln-Wien 1984, S. 6

ewigt ist, Dakien erobert. Während ihrer über anderthalb Jahrhunderte dauernden Herrschaft (106-271) blühte die Provinz wirtschaftlich auf: Soldaten, Veteranen und Kolonisten aus allen Teilen des Reiches kamen ins Land, Gold- und Salzbergwerke wurden erschlossen, ein z. T. noch erhaltenes Straßennetz erbaut, Städte gegründet. Als die Angriffe der **Wandervölker** massiv einsetzten, gab das Römische Reich die exponierte Provinz auf und zog sich auf die Donaulinie zurück. Sieben Jahrhunderte lang drangen nacheinander germanische, asiatische und slawische Stämme auf ihrem Weg von Ost nach West, von Nord nach Süd in Siebenbürgen ein und ließen sich, angezogen u. a. von den für Viehzüchter lebenswichtigen Salzvorkommen, für kürzere oder längere Zeit hier nieder, unter ihnen die **Goten** (3.-4. Jh.), die **Hunnen** (4.-5. Jh.), die **Gepiden** (5.-6. Jh.) und die **Awaren** (6.-7. Jh.). Einheimische, von einer z. T. lateinisch sprechenden **dako-romanischen Bevölkerung** bewohnte Siedlungen bestanden jedoch weiter, wie spätrömische Funde, u. a. frühchristliche Gegenstände und Münzen belegen, wurden aber zunehmend dezimiert. Ob diese Bevölkerung fortdauerte und die Vorfahren der heutigen **Rumänen** bildete, ist in der - leider stark von politisch-territorialen Erwägungen motivierten - Forschung umstritten. Schriftquellen aus dieser Zeit fehlen, die Argumente der Archäologie oder Sprachforschung sind nicht eindeutig, an der sogenannten Kontinuitätstheorie der Rumänen in Siebenbürgen scheiden sich weiterhin die Geister. Man kann annehmen, daß eine dakisch - römische Restbevölkerung, die seit dem 7. Jh. stark slawisiert wurde, beginnend mit dem 10. Jh. durch den Zuzug romanisch/rumänisch sprechender Hirten von der Balkanhalbinsel, der Walachen, verstärkt wurde.

Auf die Dauer ließen sich im 7. Jh. die **Slawen** nieder, die in Siebenbürgen eine wichtige Rolle spielten, was sich u. a. in der Slawisierung der Ortsnamen bemerkbar machte. Andere Völker, die im 9.-10. Jh. ins Land kamen, so die **Petschenegen** und die **Bulgaren**, bildeten zeitweise die Führungsschicht in größeren oder kleineren Gebilden (Knesaten und Wojwodschaften) Siebenbürgens und der benachbarten Gebiete. Diese mußten sich dann der **Magyaren (Ungarn)** erwehren.

Dieses finnougrische Reitervolk hatte die pannonische Tiefebene ab 895 in Besitz genommen und von hier aus im 10. Jh. das spätkarolingische Westeuropa in Angst und Schrecken versetzt. Erst der Sieg Otto des Großen auf dem Lechfeld bei Augsburg (955) machte den Raubzügen ein Ende und trug zur Seßhaftwerdung dieses Volkes bei. Statt der Konfrontation suchten die Magyaren nun die Kooperation mit dem Abendland und übernahmen dessen Religion und staatliche Organisationsformen. Symbolische Bedeutung kommt der Krönung Stephans des Heiligen (997-1038) im Jahr 1000 zu. Die magyarischen Expansionsbestrebungen richteten sich nunmehr verstärkt nach Süden (Byzanz) und nach Osten, wo Siebenbürgen wegen seiner Bodenschätze, besonders wegen des Salzes, begehrt wurde und als natürliches Bollwerk gegen die östlichen Steppenvölker strategisch wichtig erschien.

Das etappenweise Vorrücken der Magyaren in Siebenbürgen im 10.-12. Jh. wirkte sich nachhaltig auf die geschichtliche Entwicklung des Landes aus, das sie - von Pannonien aus gesehen - als ein "Land jenseits der Wälder" (*Trans-Silvanien*) bezeichneten. Sie setzten sich im 10. Jh. zunächst in Westsiebenbürgen fest. Stephan der Heilige schloß den Südwesten des Landes enger an den ungarischen Staat an. Ein Sieg über die Petschenegen (1068) weitete den Herrschaftsbereich nach Osten aus und König Ladislaus der Heilige (1077-1095) konnte die Grenze nach Mittelsiebenbürgen verlagern. Im 12. Jh. rückten die Ungarn bis an den Alt vor, und erst um die Wende zum 13. Jh. wurden die Ost- und Südkarpaten erreicht, gehörte ganz Siebenbürgen zum mittelalterlichen ungarischen Königreich.

Diese Etappen konnten im Gelände an den Spuren eines Verteidigungssystems festgestellt werden, das die Ungarn an den jeweiligen Grenzen ihres Reiches angelegt haben und das sich auf 10-40 km breite Ödlandstreifen (Verhaue) stützte. Eines der wichtigsten Hilfsvölker, das von den Ungarn im Wachdienst eingesetzt werden konnte, waren die **Szekler**. Sie sind wohl ein ursprünglich türkischer Volksstamm, der sich früh den Magyaren anschloß. Szeklerorte sind in Siebenbürgen jeweils entlang der Verhausäume nachweisbar, die im Zuge der etappenweisen Eroberung mehrmals verlegt worden sind, bis die Szekler um die Mitte des 12. Jhs. ihr heutiges Siedlungsgebiet in den Senken am Fuß der Ostkarpaten erreichten.

Nach jedem Vorschieben der Grenze blieb das Ödland der alten Verhausäume frei und fiel an den König. Die Besiedlung dieses sogenannten Königsbodens war aus strategischen und wirtschaftlichen Gründen wichtig. Zudem erkannten die Ungarn, wie bereits ihr Staatsgründer, Stephan der Heilige, seinen Sohn Emmerich ermahnte, daß einwandernde *"Gäste verschiedene Sprachen und Sitten, verschiedene Lehren und Waffen mit sich bringen, die alle Reiche und den königlichen Hof schmücken und erhöhen"*.

Gäste anzuwerben, sie mit Freiheiten auszustatten und dadurch im Land zu halten, galt darum in Ungarn als eine wichtige Aufgabe des Monarchen.

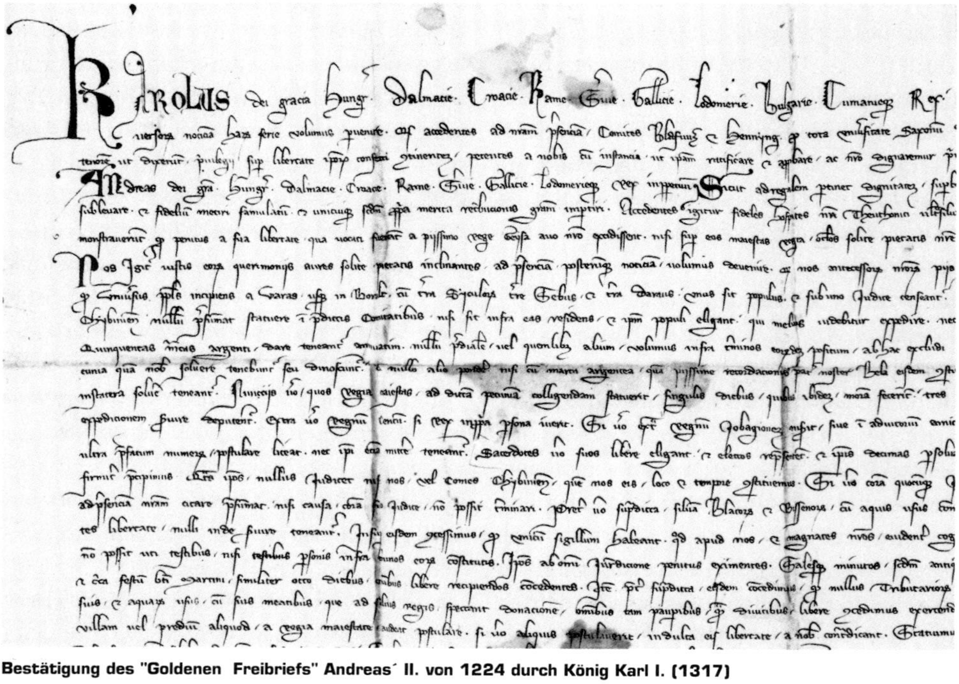

Bestätigung des "Goldenen Freibriefs" Andreas´ II. von 1224 durch König Karl I. (1317)

2. Ansiedlung und Leistungen der Siebenbürger Sachsen im Mittelalter

Diesem Auftrag ist der bereits erwähnte König Geysa II. in besonderem Maße gerecht geworden. In seiner Regierungszeit wurden Bauern, Handwerker, Kaufleute und niedere Adlige (Ministerialen) aus dem Rheinland und aus Moselfranken, aus Flandern und aus Luxemburg, aus Thüringen und aus Niedersachsen, aber auch aus anderen Gebieten des Deutschen Reiches angeworben und in Siebenbürgen auf dem Königsboden zwischen Mieresch und Alt sowie zwischen Samosch und Ostkarpaten angesiedelt. Ein klar umrissenes Herkunftsgebiet dieser Siedler ist, da die Schriftquellen weitgehend fehlen, nicht auszumachen und gab es wohl auch nicht.

Ihre Kolonisation ist Teil einer umfassenden europäischen Bewegung des Landausbaus, die von den wirtschaftlich besonders entwickelten Gebieten des Kontinentes ausging, in denen sich die Bevölkerung sprunghaft vermehrt hatte. Sie ist als **deutsche Ostsiedlung** in die Geschichte eingegangen. Sie bot vor allem jüngeren Kindern, die durch das Erbrecht benachteiligt waren, eine Chance, Grund und Boden zu erwerben. Die zunehmende Bedrückung der ländlichen Bevölkerung in den Grundherrschaften hat andere dazu veranlaßt, dem Ruf in ein fernes Land zu folgen. Denn überall wurde den Siedlern die persönliche Freiheit und Freizügigkeit garantiert, dazu meistens vererbbarer Grundbesitz, freie Richter- und Pfarrerwahl, Freijahre bis zu den ersten Abgaben; auch Frondienst gab es keinen mehr.

Es war "deutsches Recht" (*ius Theutonicum*), das Geysa II. anbot und das König Andreas II. (1205-1235) im **"Goldenen Freibrief der Siebenbürger Sachsen"** im Jahre 1224 bestätigt hat. Das Privileg *"enthält das am besten ausgearbeitete und weitestgehende Siedlerrecht, das westlichen Siedlern in Osteuropa verliehen wurde und stellt das Grundgesetz der Sachsen auf Königsboden für viele Jahrhunderte dar"* (Ernst Wagner). Für die Nutznießer dieser Rechte, deutsche Kolonisten unterschiedlicher landschaftlicher Herkunft, die anfangs als *hospites Theutonici* oder auch *Flandrenses* bezeichnet wurden, setzte sich die in der ungarischen Kanzlei benutzte Kollektivbezeichnung *Saxones* durch, die übrigens auch für die deutschen Siedler der Zips und die Bergleute in Bosnien, Serbien und auf dem Balkan verwendet wurde. Als mit den schlesischen Lokatoren vergleichbare Siedelunternehmer, die zwischen Kolonisten und König vermittelt, die Privilegien ausgehandelt und die neuen Ortschaften gegründet haben, dürften die **Gräfen** aufgetreten sein, die auch die erste Führungsschicht der Siebenbürger Sachsen bildeten und wohl der deutschen Ministerialität (Dienstadel) entstammten.

Die "Sachsen" haben die ihnen **zugewiesenen Gebiete in kurzer Zeit wirtschaftlich erschlossen**. Sie rodeten ausgedehnte Wald- und Verhauzonen, wandten eine höher entwickelte Agrartechnik und eine neue Art der Bodennutzung, die Dreifelderwirtschaft an, erschlossen die edelmetallreichen Gebiete der West- und Ostkarpaten (Siebenbürgisches Erzgebirge, Rodenauer Berge) und die Salzstöcke im Siebenbürgischen Hochland. Große wirtschaftliche Bedeutung hatte schließlich der Warenverkehr zwischen Ost und West, in den sich die sächsischen Kaufleute zunehmend einschalteten.

Wie rasch diese wirtschaftliche Tätigkeit Früchte trug, ist aus der ersten dokumentarischen Erwähnung der Siebenbürger Sachsen ersichtlich, einem Schreiben König Bélas III. (1172-1196), in dem er 1186 um die Hand der französischen Königstochter Margarete wirbt und seine Einkünfte aufzählt: Nur etwa ein Menschenalter nach ihrer Ansiedlung werden die Einnahmen von den *hospites regis de Ultrasylvas* (den Gästen des Königs von jenseits der Wälder), vielleicht mit einer gewissen Übertreibung, auf jährlich 15.000 Silbermark geschätzt. Der Andreanische Freibrief setzt dann die jährliche Abgabe auf 500 Silbermark fest.

Um den Grenzschutz auch im Karpatenbogen zu sichern und um seinen Einfluß darüber hinaus nach Kumanien, der heutigen Südmoldau und östlichen Walachei, auszudehnen, berief Andreas II. im Jahr 1211 den **Deutschen Ritterorden** ins siebenbürgische Burzenland. Die Ritter errichteten mehrere Burgen - Hauptburg und Ordenssitz wurde Marienburg am Alt - und gründeten Gemeinden, in die sie deutsche Kolonisten, bevorzugt aus den benachbarten sächsischen Siedlungsgebieten, gerufen haben. Wegen ihrer eigenstaatlichen Bestrebungen wurden die Ritter nach kurzer Zeit (1225) aus Südostsiebenbürgen vertrieben; sie bauten daraufhin in Preußen ihren Ordensstaat auf. Im Burzenland hinterließen sie, als bleibende Zeichen ihres dortigen Wirkens, ihre Burgen und, in deren Schutz, eine deutsche Siedlergruppe.

Die aufstrebende Gemeinschaft der Siebenbürger Sachsen wurde, wie die anderen Völker des Landes, durch den **Mongolensturm von 1241**, vor 750 Jahren, einer schweren Belastung ausgesetzt. Die "tatarischen" Reiter fielen fast gleichzeitig über mehrere Karpatenpässe in das Land ein, überwanden das Grenzschutzsystem fast mühelos, besiegten das ungarische Reiterherr bei Mohi am Sajó, verwüsteten ganze Landstriche, zerstörten im Werden begriffene Städte, führten Menschen, mit Vorliebe Handwerker, ab. Auf ernsthaften Widerstand stießen sie offenbar nur bei den Sachsen. Rodenau, berichtet ein Zeitgenosse, stellte sich den Mongolen entgegen. Erst durch eine List, einen vorgetäuschten Rückzug, auf den die Verteidiger "*wie es die deutsche Leidenschaft erfordert*" mit einem siegestrunkenen Vollrausch reagierten, konnte der Mongolenkhan Quadan den Ort erobern.

Der Mongoleneinfall bewirkte eine Neuordnung der ungarischen Verteidigungs- und Wirtschaftspolitik, die nun zunehmend auf die **Städte** als Bollwerke gegen fremde Eindringlinge und als Katalysatoren der wirtschaftlichen Entwicklung setzte. Zu diesem Zweck wurden neue Siedler angeworben, strategisch und handelspolitisch günstig gelegene Orte durch Privilegien und Steuervergünstigungen gefördert. Entlang des Karpatenbogens, vorrangig in der Nähe der Pässe, entstand eine Kette deutscher Handels- und Gewerbezentren, wie Bistritz, Kronstadt, Hermannstadt, Mühlbach und Klausenburg, die sich zu den Bergstädten Rodenau, Offenburg, Thorenburg oder Großschlatten gesellten.

Die Städte, deren Entwicklung unter den Königen Karl I. Robert (1308-1342), Ludwig I. (1342-1382) und Sigismund von Luxemburg (1387-1437) konsequent gefördert wurde, bewirkten den Übergang von der Natural- zur Geldwirtschaft und bezogen das örtliche Gewerbe wie die Getreide- und Viehproduktion des Umlandes in den europäischen Warenverkehr ein. Die erste erhaltene Zunftordnung weist 1376 auf eine fortgeschrittene Differenzierung des Handwerks hin, die einem Vergleich mit westeuropäischen Städten durchaus standhält. Die Städte wurden zu wirtschaftlichen und kulturellen Mittelpunkten des Landes. Sie übernahmen Verfassungs- und Rechtsnormen des Abendlandes, zum Teil das Magdeburger Stadtrecht, oder arbeiteten selbst, bereits 1271, ein deutsches *"Bergrecht von der Rodenaw"* aus. Ihre erneuerungsfreudige Bevölkerung ergriff wohl auch, angeführt von ihrer patrizischen Oberschicht (Gräfen, später Kaufleute, reiche Handwerker und Bergbauunternehmer), die Initiative zum politischen Zusammenschluß der deutschen Siedlergemeinschaften, die in vier territorial nicht ganz zusammenhängenden Gebieten lebten: den sogenannten Sieben Stühlen der Hermannstädter Provinz, den Zwei Stühlen des Kokelgebietes, dem Nösner und dem Burzenländer Distrikt. Stühle und Distrikte waren im 14. Jh. herausgebildete Verwaltungs- und Gerichtskörperschaften eines kleineren, von Sachsen bewohnten Gebietes. Unter Rückgriff auf die Vorgaben des Andreanischen Freibriefes (*unus sit populus* - einig sei die Gemeinschaft) wuchsen sie zur **Sächsischen Nationsuniversität (*Universitas Saxonum*,** d.h. Gesamtheit der Sachsen) zusammen, ihre gemeinsame politische, administrative und gerichtliche Instanz. Der langwierige Prozeß fand 1486 seinen Abschluß, als König Matthias Corvinus (1458-1490) den Andreanischen Freibrief für *"alle unsere Sachsen in Siebenbürgen"* feierlich bestätigte. Im Königreich Ungarn, das sich ständisch zu gliedern begann, konnte die Nationsuniversität politisch aktiv werden und die Interessen der privilegierten sächsischen Bevölkerung mit dem nötigen Nachdruck vertreten. Neben den freien Szeklern und dem ungarischen Adel bildete sie die dritte ständische Nation Siebenbürgens, die im Landtag vertreten war. Seit dem Ende des 14. Jhs. mußten sich die Siebenbürger Sachsen, wie alle Völker Südosteuropas, der wachsenden Bedrohung durch die osmanischen Türken erwehren. Sie ummauerten ihre Städte und bauten auf den Gemeinden ihre Kirchen zu Fluchtburgen aus. Es entstand das in seiner Dichte einmalige System der Wehrkirchen, das sich

Wir N. N. Ober- und Unter-Zechmeister des Ehrsamen Lederer-Handwerks in der Haupt-Herrmannstadt im Groß-Fürstenthum Siebenbürgen, bescheinigen hiemit, daß gegenwärtiger Gesell Namens Michael Wellmann von ... gebürtig, so 21 Jahr alt, und von Statur ... auch ... Haaren ist, bey uns allhier — Jahr 8 Wochen in Arbeit gestanden, und sich solcher Zeit über treu, fleißig, still, friedsam, und ehrlich, wie es einem ehrlichen Handwerks-Bursch gebühret, verhalten; welches wir auch also attestiren, und deßenthalben unsere sammentliche Mit-Meister diesen Gesellen nach Handwercks-Brauch überall zu befördern, geziemend ersuchen wollen. Gegeben in Herrmannstadt, den ... Anno 1808.

Zu der Zeit Aeltester Zunft-Meister.

Meister wo obiger Gesell in Arbeit gestanden.

Hermannstadt. Silhouette der Stadt auf einem Gesellenbrief der Ledererzunft (Nr. 38)

vor allem in der Verteidigung gegen kleinere Beutezüge bewährte, jedoch auch ein Vordringen stärkerer Truppenverbände wesentlich erschwerte. Hermannstadt und Kronstadt wurden zu fast uneinnehmbaren Festungen und waren auch als Waffenarsenale sehr wichtig. Die Opfer an Gut und Blut waren sehr groß.

Die Sachsen fügten sich in das vielgerühmte *Antemurale Christianitatis* ein, in die Vormauer der Christenheit, welche die süd-osteuropäischen Völker gegen die vordringenden Türken gebildet haben. Nach dem Fall von Konstantinopel (1453) konnte der Bürgermeister von Hermannstadt stolz dem Wiener Rat schreiben, die Türken bedrohten nun seine Stadt, da sie hofften *"wenn sie diese Stadt gewännen, so möchten sie nicht allein dem ... Königreich Ungarn, dem die Hermannstadt* ***ein Schild und Schirm*** *ist, sondern*

Heltau. Aquarell von Franz Neuhauser d.J., um 1817 (Nr. 142)

auch der ganzen Christenheit desto leichter nach ihrer Bosheit Willen Schaden und Irrung bringen".

In der Türkenabwehr waren die ungarischen Könige selten erfolgreich, obwohl sie in Personalunion oft über weite Teile Mittel- und Südosteuropas geherrscht haben. Unter den Königen Wladislaw II. (1490-1516) und Ludwig II. (1516-1526) aus der polnischen Dynastie der Jagellonen verfiel das Land politisch, wirtschaftlich und militärisch. Der ungarische Adel stellte die eigenen Interessen vor das Wohl des Reiches und schwächte nach Kräften das Königtum. Als Sultan Sülejman der Prächtige 1526 zum Entscheidungsschlag ausholte, hatte er ein relativ leichtes Spiel. Bei Mohács verlor der junge Ludwig II. die Schlacht und das Leben, sein Land war den Türken schutzlos preisgegeben. Sie eroberten die Hauptstadt Ofen und standen drei Jahre später erstmals vor Wien (1529).

Die Habsburger, denen nun die Krone Ungarns aufgrund von Erb- und Eheverträgen zustand, konnten ihre Ansprüche nur schwer geltend machen, da sie einerseits den türkischen Angriffen, andererseits einer starken ungarischen Adelsopposition ausgesetzt waren, die den siebenbürgischen Wojwoden Johannes Zápolya zum König gewählt hatten. Sie konnten sich nur in Kroatien, in West- und Oberungarn behaupten. Das mittlere und südliche Ungarn wurde 1541 in eine türkische Provinz (Paschalik) umgewandelt, Siebenbürgen blieb autonom, mußte aber die türkische Oberhoheit anerkennen. Das mittelalterliche Königreich Ungarn hörte auf zu bestehen.

3. Die Sachsen als ständische Nation im Fürstentum Siebenbürgen

Fast anderthalb Jahrhunderte lang, von 1541 bis 1688, war Siebenbürgen ein Fürstentum, in dem den drei privilegierten Ständen des ungarischen Adels, der freien Szekler und der Sachsen eine entscheidende Rolle zukam: Sie wählten den Fürsten, sie waren im fürstlichen Rat vertreten, sie verfügten jeweils über das sogenannte Kuriatvotum, eine Art Vetorecht gegen Landtagsbeschlüsse, die ihren Interessen zuwiderliefen. In die eigenen Angelegenheiten einer Nation durften sich weder die beiden anderen Stände noch der Landesfürst einmischen. Nicht zu Unrecht wird darum diese Periode als eine Blütezeit der ständischen Selbstverwaltung der Siebenbürger Sachsen im Rahmen ihrer Nationsuniversität bezeichnet.

Weniger erfreulich verlief die politische und wirtschaftliche Entwicklung. Siebenbürgen wurde im 16.-17. Jh. in das säkulare Ringen zwischen Habsburgern und Osmanen hineingerissen. Die österreichische Dynastie hatte ihre Ansprüche auf das strategisch so wichtige Siebenbürgen nie aufgegeben und mehrmals versucht, dort Fuß zu fassen, was ihr jedoch nur zweimal für kurze Zeit gelungen ist (1551-1556, 1600-1605). Ihre wichtigste Stütze waren hier die Siebenbürger Sachsen, die aus Verbundenheit zu einem deutschen Herrscherhaus und in der Hoffnung auf westliche Unterstützung gegen die Türken große Opfer auf sich genommen haben. *"Möge Gott uns endlich Frieden geben unter unserem deutschen König"*, bittet der aus Nürnberg stammende Hermannstädter Bürgermeister Peter Haller im Jahr 1551.

Es sollte nicht so kommen. Im Gegenteil, *"Schrecken ohne Ende"* kennzeichnet die siebenbürgische Geschichte des 16. und 17. Jhs. Die Wirtschaft liegt darnieder, die alten Handelswege, von denen der Wohlstand der sächsischen Städte abhängt, sind in türkischer Hand und damit blockiert, die großen geographischen Entdeckungen haben ihnen außerdem die Bedeutung genommen. Soziale Konflikte erschüttern die Städte. Kriege, Plünderungen, Hungersnöte, Seuchen wechseln einander ab. Die Äcker können kaum noch bestellt werden, Ernten werden vernichtet, der Viehbestand wird dezimiert. Hohe Abgaben, der Tribut an die Pforte, wertvolle Geschenke an den Sultan und seine Würdenträger, Korruption belasten den Steuerzahler. Not und Verzweiflung machen sich breit. *"Herr hilf uns, denn wir verderben"* prägen die Kronstädter 1661 auf ihre Münzen. Türkische, tatarische, kosakische, walachische und moldauische Heere fallen ins Land ein, und auch vor den kaiserlichen Truppen ist der biedere sächsische Bürger oder Bauersmann nicht sicher, vor allem unter dem Schreckensregiment des Generals Basta zu Beginn des 17. Jhs. Die eigenen Fürsten, so der berüchtigte Gabriel Báthory, der 1613 sogar Hermannstadt besetzt, fallen im Sachsenland ein. Als alles endlich vorbei und 1695 eine Bestandsaufnahme möglich ist, werden in den 228 Ortschaften des Sachsenlandes fast 6.000 wüste Höfe gezählt; in den entvölkerten Gemeinden lassen sich Rumänen nieder.

Johann Oelhan: "Der Patrizier Andreas Enyeter", Öl auf Leinwand, 1761 (Nr. 139)

Man fragt sich, wie die Siebenbürger Sachsen diese Zeit überlebt haben, wie sie damals in dieser unwirtlich gewordenen Heimat ausharren konnten. Eine Erklärung dürfte das erstarkte Selbstbewußtsein sein, eine andere das feste Band, das diese Gemeinschaft gerade jetzt im geistlichen, rechtlichen und kulturellen Bereich knüpfte. Die treibende Kraft war dabei die gemeinsame politische Institution der Sächsischen Nationsuniversität.

Sie nahm sich zunächst der kirchlichen Erneuerung an, wodurch sie die sogenannte geistliche Universität der Sachsen stärkte. Kaufleute und Studenten verbreiteten Martin Luthers Schriften bereits 1519 in Siebenbürgen; sie wurden in den vierziger Jahren des 16. Jhs. aktiv und traten für die Erneuerung der Kirche ein. Ein Kronstädter Ratsherr wurde zum Motor der **Reformation**: Johannes Honterus. 1550 beschloß die

Johannes Honterus (1498-1549), Reformator der Kirche der Siebenbürger Sachsen und Humanist

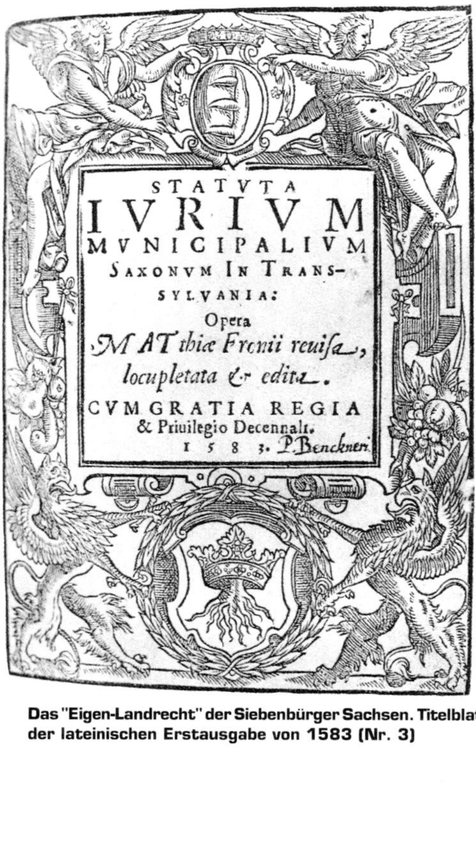
STATVTA
IVRIVM
MVNICIPALIVM
SAXONVM IN TRANS-
SYLVANIA:
Opera
MATthiæ Fronii reuisa,
locupletata & edita.
CVM GRATIA REGIA
& Priuilegio Decennali.
1583.

Das "Eigen-Landrecht" der Siebenbürger Sachsen. Titelblatt der lateinischen Erstausgabe von 1583 (Nr. 3)

Nationsuniversität, die auf ihn zurückgehende *"Kirchenordnung aller Deutschen in Sybenbürgen"* in allen Städten und Gemeinden des Sachsenlandes einzuführen.

Damit schufen sich die Siebenbürger Sachsen eine eigene Kirche, die *ecclesia Dei nationis Saxonicae*, der im Laufe der Zeit auch wichtige weltliche Aufgaben in diesem christlich geprägten Genossenschaftswesen zufallen sollten. Den Bestimmungen der Kirchenordnung entsprechend wurde das Schulwesen in den Städten und Dörfern neu organisiert, ebenso die Armen- und Krankenfürsorge. In Kirche und Schule wurde deutsch gesprochen und das Augsburger Bekenntnis hochgehalten, während die Ungarn und Szekler reformiert oder katholisch waren und die Rumänen griechisch-orthodox blieben. Glaube und Volkstum wurden auf diese Weise in Siebenbürgen zu Synonymen, gehörten nunmehr zusammen, wobei man sich aber bereits 1557, auf dem Landtag zu Thorenburg und auf Initiative der Sächsischen Nationsuniversität, erstmals in Europa zum Grundsatz der **Toleranz** bekannte, *"daß jeder den Glauben behalten könne, den er wolle"*.

1583 faßte die Nationsuniversität die alten sächsischen Rechtsgewohnheiten zusammen, ergänzte sie mit Klauseln aus dem römischen Recht und ließ diese vom Landesherren, dem Fürsten Stephan Báthory, der damals auch polnischer König war, bestätigen: *"Der Sachsen in Siebenbürgen Statuta oder eygen Landrecht"*. Das Gesetzbuch, das allen Mitgliedern der Sächsischen Nationsuniversität persönliche Freiheit, Eigentumsrecht und Rechtsgleichheit bestätigte, sollte bis 1853 gültig bleiben.

Das neue Selbstbewußtsein der Siebenbürger Sachsen findet Ausdruck in einer Rede, die der Sachsengraf **Albert Huet** im Jahre 1591 vor dem siebenbürgischen Fürsten hält, der

"Grundausführliche Sermon von der Sachsen Ursprung, Leben, Handel und Wandel". Sie ist als Verteidigung der sächsischen Freiheiten konzipiert, die der ungarische Adel unter Hinweis auf die fremde Herkunft und den niederen Stand der deutschen Bauern und Handwerker in Frage gestellt hat. Dem hält Huet entgegen, sie seien von König Geysa *"geladen und gebeten"* und hätten *"nach solcher Besitzung des Landes so lange gestritten und Krieg geführt, bis ihre Schwerter und Spieße zu Pflugeisen verwandelt worden"*. Als Bauern, Handwerker und Kaufleute hätten sie sich *"ehrlich ernähret ... und zur Not dem König und dem Land einen dicken, fetten, guten und angenehmen Zins geben können"*, der weitaus größer sei, als jener anderer Nationen. Huet meint stolz: *"Darum sind wir nun nicht mehr Fremdlinge, sondern bekräftigte Bürger und Einheimische des Landes"* und fügt versöhnlich hinzu, alle Bewohner des Landes befänden sich in einem Boot, darum sollten sie *"mit einer Waage gemessen werden, auf daß die Widerwärtigkeit zu Gleichförmigkeit werde"*.

Huets Rede, ein Bekenntnis zur Herkunft, zu den Freiheiten, zu den Verdiensten seines Volkes, aber auch ein Bekenntnis zur neuen Heimat, in der er kein *"Fremdling"* mehr sei, zeugt nicht nur vom stolzen Selbstbewußtsein der Siebenbürger Sachsen in schwerer Zeit. Sie ist auch ein Zeugnis gediegener humanistischer Kultur und guter Kenntnis der eigenen Geschichte, die in den altehrwürdigen Schulen des Landes vermittelt und auf ausländischen Universitäten vertieft wurde.

Diese gute Ausbildung der Siebenbürger Sachsen mag erklären, wieso sie gerade in wirrvoller Zeit wie im 16. und 17. Jh. bedeutsame künstlerische und kulturelle Leistungen zu vollbringen vermochten. Sächsische Humanisten verbreiteten den Buchdruck in Siebenbürgen und standen mit ihren bedeutendsten Zeitgenossen im Briefwechsel. Sächsische Historiker wurden in Westeuropa gedruckt und gelesen. Als Künstler der Renaissance und des Barock haben sich sächsische Bildhauer, Baumeister, Goldschmiede und Musiker einen Namen gemacht. Auf einem Gebiet haben sie gleich mehrmals Pionierleistungen vollbracht, dem Raketenbau: 1566 entwarf der Hermannstädter Geschützmeister Conrad Haas (1529-1569) den Plan einer Rakete, 1697 veröffentlichte Valentin Franck von Franckenstein (1648-1697) einen *"Breviculus Pyrotechnicus"* mit dem Plan einer Stufenrakete. Steht der Siebenbürger Sachse Hermann Oberth (1894-1989), der Vater der modernen Raumfahrt, in einer Tradition?

4. Unter österreichischer Herrschaft

Im Schwung der Begeisterung nach der siegreichen Abwehr der osmanischen Belagerung von Wien (1683) ergreift das habsburgische Heer die Initiative und drängt in mehrjährigen Kämpfen (1683-1699) die Türken aus dem Donau- und Karpatenraum. Die Siege der Feldherren Herzog Karl von Lothringen, Markgraf Ludwig von Baden ("Türkenlouis") und vor allem Prinz Eugen von Savoyen ("der edle Ritter ...") verändern die politische Landkarte Europas: Es entsteht **eine neue, abendländisch orientierte Großmacht in Mittel- und Südosteuropa**, die habsburgische Donaumonarchie.

Als Voraussetzung dafür gilt **der Erwerb und die Sicherung Siebenbürgens**. Im Herbst 1687 beginnen die kaiserlichen Truppen das Land systematisch zu besetzen, stoßen aber auf überraschenden Widerstand, sogar im sächsischen Kronstadt, wo sich die antihabsburgische Strömung im sogenannten Schusteraufstand (Mai 1688) entlädt. Die führenden Politiker der Siebenbürger Sachsen aber, so ihr Komes Valentin Franck (später mit dem Prädikat "von Franckenstein" geadelt) und ihr Provinzialnotär Johannes Zabanius (später "Sachs von Harteneck"), wirken zeitgerecht für das deutsche Kaiserhaus: Am 9. Mai 1688 sagt sich der Hermannstädter Landtag, auf Betreiben und mit den Stimmen der Sächsischen Nationsuniversität, von der türkischen Oberherrschaft los und unterstellt sich dem Kaiser. 1690 nimmt Leopold I. (1658-1705) den Titel eines Fürsten von Siebenbürgen an und als solcher bestätigt er 1691 die geltende Landesverfassung, damit die Vorrechte der drei ständischen Nationen und die Religionsfreiheit. Dieses **Leopoldinische Diplom** bleibt bis 1848 sozusagen das Grundgesetz von Siebenbürgen. Der Frieden von Karlowitz (1699) bestätigt die habsburgischen Neuerwerbungen: Siebenbürgen wird aus dem türkisch-balkanischen Machtbereich entlassen und gehört nunmehr über 200 Jahre lang wieder zu Mitteleuropa, dem es durch Natur und Geschichte zutiefst verbunden ist.

Es folgt die stufenweise **Eingliederung in den Gesamtkomplex der habsburgischen Länder**, im Sinne des vereinheitlichenden Absolutismus. Gegen den Partikularismus der Stände, die eifersüchtig auf die Wahrung ihrer Privilegien achten, setzt sich der Zentralismus des Wiener Hofes durch.

Die Siebenbürger Sachsen müssen dabei an mehreren Fronten kämpfen:

• Der katholische Kaiser will ihre evangelische Kirche schwächen und ihre ständische Sonderstellung beseitigen, bis hin zur Zerschlagung der Nationsuniversität; vor allem in den ersten Jahren belastet er sie mit ungeheuren Kontributionen.

• Der ungarische Adel bedroht ihre Rechtslage, weil er sich auf Königsboden festsetzt, dort jedoch keine Steuern bezahlen will.

• Die Rumänen, deren Zahl im 17. Jh. jäh angestiegen ist, da sie sich in den leer gewordenen sächsischen Dörfern niedergelassen haben, beanspruchen nun das Bürgerrecht, die Gefahr der Überfremdung wird akut.

Das Siebenbürger Deutschtum muß also einerseits den schweren Weg von der ständischen Nation, die ihr Schicksal weitgehend selbst bestimmt, zur nationalen Minderheit beschreiten; andererseits wird es aber auch gestärkt, weil es wieder in engste Verbindung zum Reich treten kann und durch **Zuwanderungen** aufgefrischt wird (aus dem Salzkammergut, der Steiermark und Kärnten die "Landler", außerdem Hanauer, Baden-Durlacher, preußische Kriegsgefangene u. a.). Zudem garantiert die Eingliederung in ein gut organisiertes Staatswesen für lange Zeit Frieden und geordnete Verhältnisse, so daß sich die wirtschaftliche Lage stabilisieren kann. Die Kultur- und Kunstströmungen des Abendlandes, dem die Sachsen nun wieder angehören, finden schneller und leichter Verbreitung.

In dieser Zeit des Übergangs erhofft sich Johannes Zabanius **Sachs von Harteneck** (1664-1703) eine Verbesserung der staatspolitischen Stellung der Sachsen unter einem *"angestammten Herrscherhaus"*. Er sieht in den Habsburgern den natürlichen Verbündeten gegen die Arroganz, die Ansprüche und die Privilegien des ungarischen Adels. Als politisches Programm kann man seine Schrift mit dem bezeichnenden Titel *"Folgende Gesetze des ungarischen Vaterlandes sind dem Sachsenrechte abträglich"* ansehen. Er fordert die gerechte Verteilung der Lasten auf alle Bewohner des Landes, den Adel nicht ausgenommen, also Steuergleichheit. Damit ist Harteneck seiner Zeit weit voraus, und das rächt sich: Er fällt einem Intrigenspiel zum Opfer und wird 1703 wegen Verstrickung in eine Mordtat hingerichtet.

"Fidem genusque servabo" (ich diene meinem Glauben und meinem Volk) konnte jener Siebenbürger Sachse behaupten, der es in der Hierarchie des österreichischen Staates am weitesten gebracht hat: **Samuel von Brukenthal**. Ihm ist es gelungen, unter einer "allerkatholischen Majestät" wie Maria Theresia (1740-1780) und in einer Zeit des katholischen Proselytentums Gouverneur von Siebenbürgen (1774-1787) zu werden, ohne sich selbst zu verleugnen. Er verbindet selbstbewußt und geschmeidig den treuen Dienst für das Herrscherhaus mit der Interessenvertretung aller Siebenbürger und dem Eintreten für seine sächsischen Mitbürger. Er schützt ihre lutherische Kirche, wehrt Angriffe auf ihre privilegierte Rechtsstellung ab und versucht, sie vor der Gefahr der Überfremdung zu schützen.

In seiner Argumentation gegen die Gewährung des Bürgerrechts auf Sachsenboden an ungarische Adlige oder rumänische Untertanen preist Brukenthal die Rechtsgleichheit und das Gemeinschaftsbewußtsein aller Glieder der Sächsischen Nationsuniversität: *"Sie tragen die gemeinen Lasten gemeinschaftlich, stellen ihren Anteil an der Kriegsmannschaft. Kein Einzelner darf die Gerechtigkeitspflege ausüben, nur gewählte Communitäten, die sie vertreten und das ganze Volk vorstellen."*

Mit seinen Reformen, die eigentlich einen modernen Einheitsstaat mit einer zusammenwachsenden "natio Austriaca" gleichberechtigter Bürger schaffen wollte, hatte Kaiser Joseph II. (1780-1790) eine Lawine losgetreten, die dem Vielvölkerstaat zum Verhängnis werden sollte: Die Völker ordneten sich nicht einer gemeinsamen Staatsidee unter, sondern entwickelten ein eigenes Nationalbewußtsein. Der **Nationalismus** wurde das beherrschende Thema des folgenden Jahrhunderts. Josephs Maßnahmen, die den ständischen Partikularismus in Siebenbürgen beseitigen wollten, trafen vor allem die Sachsen. Überzeugt, daß die *"Difficultäten zwischen den Nationen nicht aufhören, wenn nicht alle Siebenbürger werden"*, setzte er das "Leopoldinische Diplom" außer Kraft. Die Sächsische Nationsuniversität wurde 1784 aufgelöst. Das Konzivilitätsreskript öffnete Schleusen, Ungarn und Rumänen konnten sich auf Sachsenboden ungehindert niederlassen und wurden *"in allen Rechten gleichgehalten"*. Garantien für die Fortdauer einer Gruppe, die nur 10 % der Landesbevölkerung ausmachte, wurden aber nicht gegeben. Joseph II. widerrief zwar, wie bekannt, seine "Revolution von oben", ihre Wirkungen konnten aber nicht einfach wieder rückgängig gemacht werden. Den Siebenbürger Sachsen zeichneten sie sozusagen die Zukunft vor: als nationale Minderheit unter dem Druck eines fremden Nationalismus - des ungarischen im 19. Jh., des rumänischen

Samuel von Brukenthal. Lithographie. Der Sohn eines Leschkircher Königsrichters war von 1774 bis 1787 Gouverneur von Siebenbürgen (Nr. 19)

im 20. Jh. Ihre Existenzberechtigung leiteten sie zunehmend aus der Wirtschaftskraft, aus einem wachsenden deutschen Selbstbewußtsein und vor allem aus den kulturellen Leistungen ab.

Auch hier hatte Brukenthal den Weg gewiesen. Er war einer der bedeutendsten Vertreter des Barock und der Aufklärung in Siebenbürgen. Ein neues geschichtliches Bewußtsein, das Leistungen und daraus erwachsene Vorrechte der Siebenbürger Sachsen hervorhob, aber neuzeitlich-nationale Überlegungen mit einbrachte, stärkte das Selbstverständnis seiner Landsleute. Der Göttinger Gelehrte **August Ludwig Schlözer** (1735-1809) konnte für die Abfassung einer ersten Geschichte der Deutschen in Siebenbürgen gewonnen werden. Der Buchdrucker und Freigeist **Martin von Hochmeister** (1740-1789) wurde zum Wegbereiter der siebenbürgischen Publizistik. Brukenthal hat auf seine Landsleute auch als feinsinniger Kunstliebhaber und Mäzen gewirkt.

Auf Brukenthal und seine Zeit folgten die sogenannten "stillen Jahre". Eine "sächsische Gewohnheitsaristokratie", vom Metternichschen System gefördert, stellte sich einer geistigen und wirtschaftlichen Erneuerung in den Weg. Erst der Vormärz brach diese verkrusteten Strukturen auf. Sparkassen wurden gegründet, die dem Kapitalmangel abhelfen sollten, Landwirtschafts- und Gewerbevereine ins Leben gerufen, Dampf-maschinen wurden in den neuen Manufakturen und Fabriken eingesetzt. Stephan Ludwig Roth warb württembergische Siedler an, die in Musterwirtschaften die Vorteile modernen Ackerbaus vorstellen

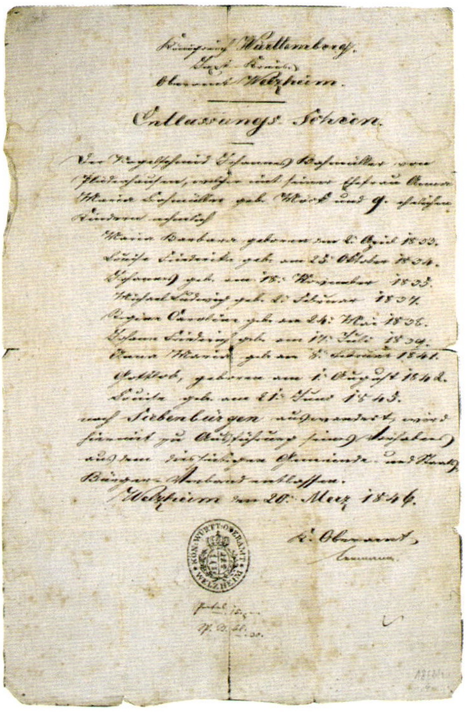
Entlassungs-Schein.

"Entlassungs-Schein" von Johannes Bahmüller aus Württemberg. Auf Anregung St. L. Roths kamen etwa 2000 Württemberger als letzte Zuwanderergruppe nach Siebenbürgen. Bahmüller ließ sich mit Frau und neun Kindern in Agnetheln nieder, wo die Familie fast anderthalb Jahrhunderte lang lebte (Nr. 22)

sollten. Der 1840 gegründete "Verein für siebenbürgische Landeskunde" schuf den Rahmen für ernste wissenschaftliche Forschung. Er stand *"jeder Nation und jedem Stand"* offen - ein Novum. Wie in ihrer damals entstandenen Volkshymne, die Siebenbürgen als *"Land des Segens, Land der Fülle und der Kraft"* pries und um **alle** seine Söhne *"der Eintracht Band"* schlingen wollte, versuchten damit die Sachsen, sich in einer nationalistisch geprägten Zeit als ausgleichendes Element zu profilieren. Deutlich hat diese neue Komponente ihres Selbstverständnisses der Pfarrer und Pädagoge **Stephan Ludwig Roth** artikuliert. Der Forderung der Ungarn, das Magyarische als Amts- und Geschäftssprache einzuführen, hält er, angesichts der spezifischen Situation im Lande seine Schrift "Der Sprachkampf in Siebenbürgen" (1841) entgegen:
"Eine Sprache zur Landessprache zu erklären hat nicht Not ... Beruft sich der Magyare zur Erlangung des Vorrechtes und Bevorzugung seiner Sprache auf sein Schwert und die Eroberung, steht es dem Deutschen frei, auf Verträge und die Bebauung des Landes zu weisen ... Sieht man auf die Anzahl der Sprechenden, so muß (man) *walachisch* (rumänisch) *sprechen."*
Während der **Revolution von 1848/49** sind solche Sätze nicht gefragt. Im Gegenteil, die auf Ausgleich pochende Stimme eines Stephan Ludwig Roth wird mundtot gemacht. Er wird von ungarischen Nationalisten hingerichtet.
Hauptthema wird nun die Vereinigung Siebenbürgens mit Ungarn. Die Siebenbürger Sachsen und die Rumänen widersetzen sich, beide orientieren sich auf ein Staatsvolk, das außerhalb der österreichischen Grenzen liegt. Die Siebenbürger Rumänen denken erstmals über eine Vereinigung mit der Moldau und der Walachei ernsthaft nach, die Sachsen aber, vor allem die Jugendlichen, schwär-

Stephan Ludwig Roth (1796-1849), Bronzebüste von Richard E. Boege (Nr. 24)

men für die **Frankfurter Nationalversammlung**. Ihr schreiben sie: *"Alle Welt ist deutscher Kinder voll. Auch wir sind Sprößlinge dieser Wurzeln. Geographisch getrennt ... leben wir doch ... durch Erinnerungen der Vergangenheit und Hoffnungen der Zukunft mit und durch Deutschland ... Wir wollen sein und bleiben, was wir immer gewesen sind, ein ehrlich deutsches Volk und auch ehrliche treue Bürger desjenigen Staates, dem wir angehören."*
Dieses **Bekenntnis zum Deutschtum, verbunden mit dem Bekenntnis zum Staat**, in dem sie leben, beherrscht die nächsten hundert Jahre der siebenbürgisch-sächsischen Geschichte. Es hilft zunächst, die **Folgen des österreichisch-ungarischen Ausgleichs** (1867) zu tragen: Die Eingliederung Siebenbürgens in den ungarischen Teil der nunmehrigen Doppelmonarchie, der weitgehende Verlust der politischen Mitsprache, die Zerschlagung der Nationsuniversität (1876), der wachsende Magyarisierungs-

Briefwechsel von Theodor Fabini mit seinem Vater. Fabini war einer der Abgesandten des Deutschen Jugendbundes aus Siebenbürgen mit Sendschreiben an die Frankfurter deutsche Nationalversammlung von 1848. Er war dort Student und hat sich später in das siebenbürgisch-sächsische Jägerbataillon eingereiht. Im Februar 1849 starb er beim Sturm auf eine Brücke den Heldentod. Der Briefwechsel zwischen ihm und seinem Vater Joseph Fabini, Pfarrer in Reichesdorf, hat dokumentarischen Wert (Nr. 23)

Georg Daniel Teutsch, Bischof der evangelischen Kirche (1817 - 1893)

druck, die Enttäuschung über das habsburgische Herrscherhaus. Das Bismarckreich von 1871 zieht die Sachsen geistig und kulturell in seinen Bann und wird von ihnen zweifellos idealisiert.

Statt der Nationsuniversität wird die eigene Kirche zum Symbol für die Einheit der Siebenbürger Sachsen, sie wird zur **Volkskirche**, repräsentiert durch den "Sachsenbischof" als allgemein anerkannte geistliche wie weltliche Autorität. Persönlichkeiten wie **Georg Daniel Teutsch** (1817-1893) und sein Sohn **Friedrich Teutsch** (1852-1933) überragen ihre Zeitgenossen. Mit ihrer "Geschichte der Siebenbürger Sachsen für das sächsische Volk" stärken sie das Selbstwertgefühl ihrer Landsleute, als Bischöfe reorganisieren sie die Kirche und passen sie den Erfordernissen der Zeit an, als Volksführer stemmen sie sich der Magyarisierung entgegen, bauen das eigene Schulwesen aus, fördern Wissenschaft, Künste und Publizistik. Neben ihnen wirken Pfarrer und Lehrer nicht nur als Träger des geistigen und kulturellen Lebens, sondern auch der wirtschaftlichen Erneuerung. Diese aber ist vor allem dem Wirken von **Carl Wolff** (1849-1929) zu verdanken, der dem Handel und der Industrie das nötige Kapital beschafft, die Anbindung an das neue internationale Verkehrsmittel, die Eisenbahn, durchsetzt und den elektrischen Strom als neue Energiequelle zu einer Zeit erkennt, als das keineswegs selbstverständlich ist. Auf sein Betreiben wird Oskar von Miller bereits 1892 damit beauftragt, den Plan eines Elektrizitätswerks für Hermannstadt zu entwerfen. Es wurde, nach jenen in Heilbronn, Fürstenfeldbruck und Kassel, das vierte Wasserkraftwerk in Europa, das erste im Habsburgerreich, einer der vielen Beweise für die Mittlerrolle, die die Siebenbürger Sachsen im wirtschaftlich-technischen wie kulturellen Bereich zwischen Deutschland und Südosteuropa gespielt haben.

5. Im Königreich Rumänien

Den Ersten Weltkrieg hat der österreichisch-ungarische Vielvölkerstaat nicht überlebt. Er zerfiel in mehrere Nationalstaaten. Siebenbürgen, so proklamierten die in Karlsburg versammelten Rumänen am 1. Dezember 1918, wurde mit Rumänien vereinigt. Eingedenk der eigenen leidvollen Erfahrungen, aber auch auf Druck der Weltöffentlichkeit, die das Selbstbestimmungsrecht der Völker einforderte, wurde in Karlsburg *"die volle nationale Freiheit für die mitwohnenden Völker"* versprochen. Daraufhin stimmten die Siebenbürger Sachsen dem Anschluß an Rumänien zu. Der Vertrag von Trianon (1920) trug auch dieser Zustimmung Rechnung und sanktionierte die Vereinigung. Ferdinand I. von Hohenzollern-Sigmaringen wurde König von Großrumänien. Der Minderheitenschutz (Gleichberechtigung, kirchliche und kulturelle Autonomie, Repräsentation, Gebrauch der Muttersprache und eigenes Schulwesen) wurden vertraglich abgesichert und 1921 unter die Garantie des Völkerbundes gestellt.

In der Praxis wurden diese Zusagen nie widerrufen, aber auch fast gar nicht angewandt. Die neue Verfassung (1923) beachtete sie kaum. Die Agrarreform traf vor allem die sächsischen Körperschaften. Schulgesetze bedrohten das eigenständige Unterrichtswesen, kleinliche Schikanen der Behörden gesellten sich dazu, das Unverständnis der neuen, vor allem aus der Moldau und der Walachei rekrutierten Führungsschicht für die nationale Frage machte alles noch schlimmer.

Trotzdem gedieh das kulturelle Leben. Schriftsteller wie Adolf Meschendörfer, Erwin Wittstock oder Heinrich Zillich wurden im ganzen deutschen Sprachraum bekannt, der bereits erwähnte Wissenschaftler Hermann Oberth entwarf in Siebenbürgen sein bahnbrechendes Buch "Die Rakete zu den Planetenräumen", die Geisteswissenschaften, vor allem die Historiographie, erlebten einen neuen Aufschwung. Politisch suchten sich die rund 253.000 Siebenbürger Sachsen durch den Zusammenschluß mit den anderen deutschen Siedlergemeinschaften des Landes (insgesamt fast 800.000 Bürger) zum "Verband der Deutschen in Rumänien" und durch die aktive Mitwirkung in der internationalen Minderheitenschutzbewegung zu profilieren. Dabei taten sich vor allem **Rudolf Brandsch** (1880-1953), der zeitweilig auch Unterstaatssekretär für Minderheitenfragen war, und **Hans Otto Roth** (1893-1953) hervor. Wesentliche Verbesserungen ihrer Situation konnten aber nicht durchgesetzt werden. Die Weltwirtschaftskrise vergrößerte die Unzufriedenheit. So konnten auch unter den im Grunde liberal-konservativ

Hans Otto Roth und Rudolf Brandsch - zwei bedeutende Politiker der Siebenbürger Sachsen. Als Abgeordnete im Budapester und, nach 1918, im Bukarester Parlament vertraten sie die Interessen ihres Völkchens. Sie wurden Opfer der stalinistischen Repression in Rumänien und starben 1953 schuldlos im Gefängnis

eingestellten Siebenbürger Sachsen radikalnationale Bewegungen Fuß fassen. Diese gerieten nach 1933, dem Jahr der Machtergreifung Hitlers in Deutschland, zunehmend in den Sog der nationalsozialistischen Volkstumspolitik.

Das wirkte sich verheerend aus. Der vermeintliche nationale Höhenflug in der Zeit des **Nationalsozialismus** sollte das Ende eines geschichtlich gewachsenen Eigenlebens einläuten. Die Siebenbürger Sachsen wurden in eine Globalstrategie einbezogen, welche die deutsche "Volksgruppe" Rumäniens als Hebel benutzte, um das Land dem deutschen Einflußbereich einzuverleiben. Dem "sächsischen" Selbstverständnis wurde "deutsches" Sendungsbewußtsein aufgepfropft. Die bisherige Volksführung wurde zerschlagen, gleichgeschaltet oder durch Formationen ersetzt, die reichsdeutschen Parteistellen hörig waren. Sogar altbewährte wissenschaftliche Institutionen wie den "Verein für siebenbürgische Landeskunde" löste man auf. Die Schulen wurden der kirchlichen Obhut entzogen und einem ferngelenkten Schulamt unterstellt. Immer offener mischte sich die deutsche Reichsführung in die Angelegenheiten der "Volksgruppe" ein, bis hin zu einem zwischenstaatlichen Abkommen, das den Kriegsdienst rumänischer Staatsbürger deutscher Herkunft in der Wehrmacht bzw. der Waffen-SS vorsah (1943). Wie alle Volksdeutschen Ost- und Südosteuropas wurden sie in die deutsche Kriegsmaschinerie einbezogen. So kam es, daß sie in zwei Heeren dienten, die älteren im rumänischen, die jüngeren im deutschen. Zudem wurden die Siebenbürger Sachsen 1940, unter maßgeblicher Beteiligung der deutschen Reichsregierung, durch den sogenannten 2. Wiener Schiedsspruch erstmals auseinandergerissen: Nordsiebenbürgen mit dem Nösnerland wurde Ungarn zugesprochen, Südsiebenbürgen, wo um Hermannstadt und Kronstadt die meisten Sachsen lebten, verblieb bei Rumänien.

Im Jahr 1941 trat Rumänien an der Seite Deutschlands in den Krieg gegen die Sowjetunion ein. Zahlreiche Siebenbürger Sachsen, wie gesagt in zwei Heeren dienend, fielen in den Kämpfen oder wurden zu Kriegsgefangenen. Wie Millionen anderer Soldaten wurden sie Opfer, auch Täter, eines sinnlosen und verbrecherischen Krieges.

Am 23. August 1944 schloß Rumänien im Angesicht der vormarschierenden Sowjetarmee einen Waffenstillstand ab und erklärte kurz danach seinem bisherigen Verbündeten den Krieg. In Nordsiebenbürgen erkannte der deutsche General Artur Phleps, ein Siebenbürger Sachse, daß die Situation aussichtslos war; er ordnete die Evakuierung der Deutschen aus dem Nösnerland an. In Südsiebenbürgen konnte ein ähnlicher Plan nicht mehr durchgeführt werden. Der konservative Politiker Hans Otto Roth, als Gegner des Nationalsozialismus bekannt, rief hier die deutsche Bevölkerung zur Besonnenheit auf und knüpfte Kontakte zu rumänischen bürgerlichen Politikern, um Gefahren von seinem Volk abzuwenden. Anfang September besetzten sowjetische Truppen Hermannstadt. Für die in Siebenbürgen verbliebenen Sachsen begann ein Leidensweg, der bis heute nicht zu Ende gegangen ist.

6. Nach 45 Jahren Kommunismus - "Finis Saxoniae"?

Der Frontenwechsel hat Rumänien und den am Umsturz beteiligten Kräften wenig genützt. Nur den Kommunisten brachte er Vorteile. Ihre Machtübernahme konnte nicht verhindert werden. Denn sowjetische Truppen hatten bald das Sagen im Land und ihr Generalissimus Stalin wußte seit der Konferenz von Teheran, daß er hier nach Belieben schalten und walten durfte. Sowjets saßen an den Schaltstellen der Macht. Im März 1945 wurde eine kommunistische Regierung eingesetzt, am 30. Dezember 1947 mußte König Michael das Land verlassen. Nun war der Weg für die kommunistische Umgestaltung des Landes frei: Roter Terror überzog das Land, bürgerliche Politiker und Intellektuelle wurden interniert, Persönlichkeiten wie Rudolf Brandsch, Hans Otto Roth oder Rudolf Spek kamen im Gefängnis um. Parteien (außer der KP) wurden verboten, die Wirtschaft verstaatlicht (1948), die konfessionellen und privaten Schulen aufgelöst, die Sozialisierung der Landwirtschaft (1949) eingeleitet.

Die Deutschen des Landes wurden - obwohl sie kaum Schuld am Kriegsgeschehen traf - in eine Art **nationale Sippenhaft** genommen. Im Januar 1945 erfolgte die Deportation der arbeitsfähigen Männer und Frauen in die Sowjetunion. Sie wurden durch Kälte, Hunger und Seuchen dezimiert, der Rücktransport eines guten Teiles erfolgte nicht in die Heimat, sondern in die damalige sowjetische Besatzungszone Deutschlands. Für Jahre und Jahrzehnte wurden Familien auseinandergerissen.

In Siebenbürgen blieben die Sachsen jahrelang politisch rechtlos und waren als "Faschisten" der behördlichen Willkür ausgesetzt. Durch die Agrarreform von 1945 wurde die Mehrzahl der sächsischen Bauern enteignet. In den Städten wurden nicht nur die Großbetriebe und Banken, sondern auch die kleinen Handwerker und Kaufleute enteignet; ihre Häuser wechselten den Besitzer. Vom Genuß der 1945 zugesagten Minderheitenrechte wurden sie ausdrücklich ausgeschlossen, auch das Wahlrecht wurde ihnen aberkannt. Nur die in anderen Ländern Osteuropas vorgenommene Vertreibung und Racheakte des Staatsvolkes, mit dem sie ja friedlich zusammengelebt hatten, blieben ihnen erspart. Die evangelische Kirche durfte fortbestehen. Sie blieb in den schweren Jahren der kommunistischen Diktatur die einzige halbwegs intakte Einrichtung der Siebenbürger Sachsen, ihr letztes Refugium.

Es erfolgte eine radikale Veränderung der sozio-ökonomischen Schichtung der Bevölkerung. Die enteigneten Bauern wurden zu LPG- oder Industriearbeitern. Unverhältnismäßig hoch ist die Zahl deutscher Hochschulabsolventen. Viele nun besitzlose Eltern opferten sich auf, um ihren Kindern ein Studium zu ermöglichen. Auch diese einzige Mitgift, die sie geben konnten, erwies sich oft als gefährlich, denn gerade Intellektuelle wurden im Kommunismus besonders verfolgt, wie der Schriftstellerprozeß oder die Verurteilung deutscher Studenten Ende der fünfziger Jahre zeigen. Enteignung und Industrialisierung haben eine unumkehrbare soziale Umschichtung bewirkt, die die Bindung an den heimatlichen Boden zunehmend lockerte.

Darum ist die kommunistische Katastrophe in ihren Folgen für die Existenz der Siebenbürger Sachsen mit früheren schweren und schwersten Zeiten nicht zu vergleichen. Damals konnte ein Neubeginn gewagt werden, diesmal fehlen die Voraussetzungen, die Kraft und auch der Wille. Die Maßnahmen der unmittelbaren Nachkriegszeit haben das Verhältnis der Siebenbürger Sachsen zu diesem Staat nachhaltig zerrüttet, allerdings nicht jenes zum rumänischen Volk, das sich in all den Jahren weitgehend tolerant und korrekt verhalten hat. Die immer unerträglicher werdende Diktatur, mit ihrem Spitzel- und Büttelapparat, verstärkte die **Sehnsucht nach Freiheit**. Und auch das Streben nach wirtschaftlicher Verwirklichung ist legitim. All diese Faktoren erklären den Wunsch der meisten Siebenbürger Sachsen, ihre Heimat zu verlassen. Die Bleibenden, in ihrer Mehrzahl ältere Sachsen, sind noch zu manchen, auch herausragenden Leistungen imstande, eine überlebensfähige Gruppe können sie aber kaum noch bilden. Ein trauriger Zufall will es, daß dieses Fazit 850 Jahre nach der Einwanderung der ersten Siebenbürger Sachsen gezogen werden muß.

Was ist von der jahrhundertelangen Anwesenheit der Siebenbürger Sachsen im fernen Südosten Europas geblieben? Sichtbar sind ihre Kirchenburgen, ihre Städte, ihre Kunst- und Kulturdenkmale. Ihre wirtschaftliche Leistung ist unbestreitbar, d.h. ihr Beitrag zur Entwicklung von Ackerbau und Viehzucht, von Handel und Gewerbe, von Bergbau und Industrie in diesem Lande. Sie haben sich in Siebenbürgen ein Gemeinwesen geschaffen, in dem sie ihre bäuerlichen und bürgerlichen Freiheiten, auch ihre ethnische Substanz, über Jahrhunderte bewahren konnten. Sie können auf ein jahrhundertealtes demokratisches Gemeinwesen stolz sein. Sie wirken bis heute als Mittler zwischen den östlichen und westlichen Regionen Europas, eine Mittlerrolle, die bereits ihr Kolonistendasein bestimmt und sich aus der Polarität zwischen alter und neuer Heimat ergeben hat. Sie haben immer enge wirtschaftliche und geistige Verbindungen zur alten Heimat gepflegt und sich damit als natürlicher Katalysator kulturellen Austausches bewährt. Ihr Freiheitsdrang schließlich, der sie seinerzeit in die Fremde getrieben und nach Jahrhunderten ins Mutterland zurückgeführt hat, bildet jenes grenzüberschreitende Band, das heute die Völker Europas umschlingt.

Konrad Gündisch

Wirtschaftsleben und Sozialstruktur

Sächsische Bauern, Handwerker und Kaufleute erschaffen die Kulturlandschaft Siebenbürgen / Vieh und Wein für Mitteleuropa / 25 Gewerbe in 19 Zünften schon anno 1376 / Nachbarzeichen als Symbol einer Ordnung / Über 200 Vereine prägten den Zusammenhalt der Gemeinschaft

Erfahrungen im Bereich der Wirtschaft haben die deutschen Siedler aus ihrer Urheimat nach Siebenbürgen mitgebracht. Die spärlichen Geschichtsquellen erschweren es allerdings, Fragen der Wirtschaftsgeschichte eindeutig zu klären. Es steht außer Zweifel, daß die überwiegende Mehrheit der Siedler Bauern waren, die Weichen für ihre wirtschaftliche Entfaltung aber stellten Angehörige anderer Gesellschaftsschichten. Die frühe Einrichtung einer eigenständigen Kirche der Deutschen in Siebenbürgen (1191 bestätigt) deutet darauf hin, daß die sächsische Ansiedlung zusammen mit Geistlichen erfolgte. Außerdem kamen Handwerker, Kaufleute und Angehörige des niederen Adels, die Gräfen.

Ausschlaggebend für das wirtschaftliche Gedeihen der sächsischen Siedlungen auf dem siebenbürgischen Königsboden war das Siedlerrecht. Alles deutet darauf hin, daß die Gräfen als Vertreter der Sachsen diese Privilegien mit den ungarischen Königen aushandelten, daß sie dem König finanzielle und militärische Unterstützung zusagten, ansonsten aber das Gewohnheitsrecht aus dem Altsiedelland bestätigen ließen. Höchstwahrscheinlich haben die deutschen Siedler in Südosteuropa aber auch gewisse Korrekturen an den in der Urheimat bekannten Strukturen vorgenommen.

So wehrten sich die Kaufleute gegen die zahlreichen Zölle und erhielten freien Durchzug durch das ganze Ungarnreich. Freier Warenverkehr war für die Produzenten einer Naturalwirtschaft weniger wichtig als für finanzkräftige Kaufleute, die Fernhandel treiben. Dem Wunsch nach wirtschaftlicher Entfaltung entsprach auch eine weitere Klausel des "Andreanischen Freibriefes", nämlich die Zusage, keinem Adligen Güter auf Königsboden zu schenken, verbunden mit dem Widerstandsrecht, falls dieses doch geschehen sollte. Diese und ähnliche Korrekturen im Vergleich zu den Gegebenheiten in der Urheimat deuten auf bewußtes Handeln von vielen Generationen. Auch die Gräfen Henning von Petersdorf und Blafuuz von Rothberg handelten im Interesse der freien Bauern, Gewerbetreibenden und Kaufleute, als sie 1317 von König Karl Robert von Anjou die Bestätigung des Freibriefes erwirkten; sie handelten jedenfalls nicht als Adlige. Kurz darauf standen sie an der Spitze eines Aufstandes gegen den siebenbürgischen Wojwoden Thomas Szécsenyi, der sich als adeliger Landherr über die freien Sachsen aufspielte. Erst ein königliches Aufgebot konnte sie bei Reps niederwerfen.

Die ungarische Zentralgewalt fand in den Siebenbürger Sachsen nicht nur eine wirtschaftliche und militärische Stütze; sie waren auch ein wichtiger Faktor für das soziale Gleichgewicht. Schon in den ersten Kongregationen im 13. Jh. und nachher in den siebenbürgischen Landtagen bildeten die Sachsen einen gesonderten Stand, auf den sich die ungarischen Könige und später die Fürsten Siebenbürgens gegen den widerspenstigen Großadel und gegen die Anführer der Szekler stützen konnten. Während die deutschen Siedler in den meisten anderen Gastländern der Ostkolonisation vor allem wirtschaftliche Rechte erhielten, stiegen die Siebenbürger Sachsen von Anfang an auf die Stufe eines staatstragenden Volkes. Diese Stellung wurde nach der Eroberung Sieben-

Weinlese anno dazumal in Seiden an der Großen Kokel, einem berühmten siebenbürgischen Weinbaugebiet

bürgens durch die Habsburger (1691) eingeschränkt und erst 1867 durch den österreichisch-ungarischen Ausgleich aufgehoben. Auch der Mongolensturm hat die wirtschaftliche Entwicklung bei den Siebenbürger Sachsen nicht längerfristig beeinträchtigen können. Sie treten als ein durchgebildeter Sozialkörper von Bauern, Handwerkern, Kaufleuten, Gräfen und Geistlichen in die Geschichte Siebenbürgens ein und können die Wirtschaft vorantreiben. Nicht bei allen Siebenbürger Sachsen waren die rechtlichen Voraussetzungen für die wirtschaftlichen Leistungen die gleichen. Durch sogenannte Sekundärsiedlungen, die von Adligen oder Gräfen auf ihrem Grundbesitz gegründet und wohin siebenbürgische Bauern durch verschiedene Zugeständnisse (vor allem Selbstverwaltung und geringere Abgaben) gelockt wurden, gerieten ein Drittel der sächsischen Bauern in den Hörigenstand, gleich den Ungarn und Rumänen, obwohl sie besser gewirtschaftet haben. Es ist aber kennzeichnend, daß in den Komitaten, wo keine sächsischen Sonderrechte galten, auch keine Städte entstanden sind. Die gleichgeschaltete rumänische Geschichtsschreibung nach dem Zweiten Weltkrieg ging gewiß zu weit mit der Behauptung, daß in Siebenbürgen nicht die ethnische Zugehörigkeit, sondern der soziale Status für die wirtschaftliche Entwicklung entscheidend gewesen sei.

Eine umfassende Darstellung sämtlicher Bereiche der Wirtschaft ist auf diesem engen Raum nicht möglich; nur Grundzüge der Entwicklung können aufgezeigt werden.

Ein besonderes Merkmal der sächsischen **Landwirtschaft** war bis ins 20. Jh. das Gleichgewicht von Ackerbau und Viehzucht, wobei, je nach Beschaffenheit des Bodens, nur regionale Unterschiede festzustellen sind. Entsprechend der sogenannten "flämischen" Flurordnung wurden Wald, Weide und Gewässer gemeinschaftlich von den Ortsgemeinden benutzt. Nur die Obst-, Gemüse- und Weingärten waren im Besitz der einzelnen Familien, die Anteile an den drei Ackerfeldern (Dreifelderwirtschaft: Herbstfrucht, Sommerfrucht und Brache) waren gleich groß und somit soziale Differenzierungen meist geringfügig. In einigen Ortschaften wurde Zweifelderwirtschaft betrieben. Überall stand der gemeinsame Wille der Gemeinschaft im Vordergrund, nicht der Wille des Einzelnen, obwohl die historischen Quellen oft auch Gegensätze zwischen der Gemeinschaft und den Gräfen bzw. Dorfhannen oder anderen Ortsvorstehern erwähnen.

Die seit dem Ende des 15. Jhs. periodisch vorgenommenen Volkszählungen auf dem Königsboden enthalten außer demographischen Angaben auch solche über die Lage des sächsischen Bauernstandes. Die inneren

Fehden im Lande, sodann die andauernden Türkenkriege, führten öfters dazu, daß in den Gemeinden viele Witwen und Waisen lebten. Oft ist auch die Rede von verlassenen oder wüsten Höfen. Bemerkenswert ist der hohe Anteil sächsischer Bauernsöhne an den sächsischen Gymnasien und an ausländischen Hochschulen, die für viele Bauernkinder zugänglich waren. Allerdings war der Ertrag der bäuerlichen Wirtschaften von der Bodenfläche und der Anzahl der Arbeitskräfte in der Wirtschaft abhängig.

Die wenigen Erneuerungen im Bereich der landwirtschaftlichen Technik bis zum 19. Jh. führten zu einem gewissen Stillstand in der ländlichen Produktion. Das übliche Mittel, das Einkommen der Bauernfamilien zu erhöhen, war die Vergrößerung der angebauten Bodenfläche. Fränkischem Erbrecht zufolge fiel der Hof gewöhnlich an den jüngsten Sohn, der Ackerboden wurde unter den Kindern gleichmäßig aufgeteilt. Jungen Eheleuten wurde am Ortsrand eine neue Hofstelle zugeteilt. Fehlte Ackerland, so wurde ein neues Gewann aus der Gemeinerde unter den Pflug genommen. Das führte zu einer Flurzersplitterung, die erst im 19. Jh. durch die sogenannte Kommassation bereinigt wurde.

Da die Anbauflächen nicht beliebig auf Kosten der Wald- und Weidebestände ausgedehnt werden konnten, kam es sehr oft zu Gemarkungsstreitigkeiten und Prozessen zwischen Nachbargemeinden. Vor allem volkreiche Gemeinden mit kleiner Gemeindeflur versuchten schwächeren Nachbargemeinden gewisse Flächen wegzunehmen. Es gibt kaum eine sächsische Gemeinde, die nicht mit dem Nachbarn um Weide- oder Anbauflächen gestritten hätte, manche führten jahrhundertelang Prozesse gegeneinander. Berühmt sind die Streitigkeiten der Gemeinde Stolzenburg gegen den früher hauptsächlich von Ungarn besiedelten Nachbarort Salzburg. Sie dauerten vom 14. bis gegen Ende des 18. Jhs., wiederholt kam es zu Bauernschlachten um das "Burgerfeld". Die Lage der sächsischen Bauern auf Königsboden war erheblich besser als auf Adelsboden. Der großzügige Bau von Kirchen, Burgen, Schulen und anderen öffentlichen Einrichtungen ist Ausdruck des zähen sächsischen Bauernfleißes. Die sächsische Landwirtschaft hat nicht nur den eigenen Bedarf an Lebensmitteln gedeckt, sie hat durch hinreichende Nahrung auch die Entwicklung der Städte ermöglicht und sogar für die Ausfuhr produziert, vor allem von Vieh und Wein in Richtung Mitteleuropa.

Die sächsische Wirtschaft hat sich Neuerungen nicht verschlossen, bis zum 18. Jh. aber keine wesentlichen Änderungen durchgemacht.

Für das ungarische Königtum war das Erschließen der **Bodenschätze** Siebenbürgens außerordentlich wichtig. Bereits in der Frühphase der Kolonisation wurden deutsche Bergleute angeworben, um den Salzabbau voranzubringen, der für die Viehzüchter der Pannonischen Tiefebene unerläßlich war. Der wachsende Bedarf an Edelmetallen wurde z.T. aus den Gold- und Silbergruben befriedigt, die die Sachsen im siebenbürgischen Erzgebirge und bei Rodenau ausgebaut haben.

Besondere Berücksichtigung verdient die **Stadtwirtschaft** der Siebenbürger Sachsen. Im Gewerbe, Handel und anderen spezifisch städtischen Beschäftigungen waren sie den Ungarn und Rumänen weit voraus. Handelte es sich bei der Anlage sächsischer Dörfer während der Ansiedlungszeit hauptsächlich um eine Frage der territorialen Verschiebung bereits in der Urheimat bewährter Organisationsformen, so stehen wir im Städtewesen vor einer Neuschöpfung. Denn in der

Kaiserliche Urkunde (Adelsbrief) für Joseph Bedeus Freiherr von Scharberg, 1850 (Nr. 25)

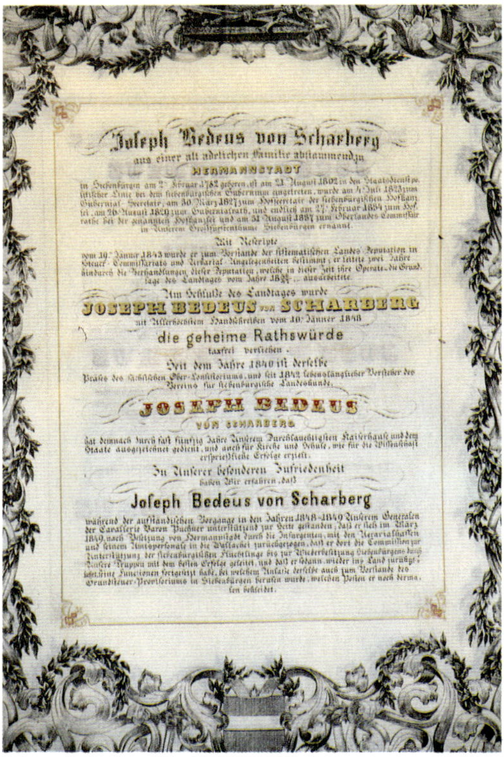

Joseph Bedeus von Scharberg
aus einer alt adelichen Familie abstammend zu
HERMANNSTADT
in Siebenbürgen am 2. Februar 1782 geboren, ist am 21. August 1802 in den Staatsdienst politischer Linie bei dem siebenbürgischen Gubernium eingetreten, wurde am 4. Juli 1823 zum Gubernial-Secretair, am 30. März 1827 zum Hofsecretair der siebenbürgischen Hofkanzlei, am 26. August 1829 zum Gubernialrath, und endlich am 27. Februar 1834 zum Hofrathe bei der genannten Hofkanzlei und am 31. August 1837 zum Oberlandes-Commissär in Unserem Großfürstenthume Siebenbürgen ernannt.

Mit Rescripte
vom 19. Jänner 1843 wurde er zum Vorstande der sistematischen Landes-Deputation in Steuer-Commissariats und Urbarial-Angelegenheiten bestimmt; er leitete zwei Jahre hindurch die Verhandlungen dieser Deputation, welche in dieser Zeit ihre Operate - die Grundlage des Landtages vom Jahre [illegible] - ausarbeitete.

Am Schlusse des Landtages wurde
JOSEPH BEDEUS von SCHARBERG
mit Allerhöchstem Handschreiben vom 10. Jänner 1848
die geheime Rathswürde
taxfrei verliehen.

Seit dem Jahre 1840 ist derselbe
Präses des sächsischen Ober-Consistoriums, und seit 1842 lebenslänglicher Vorsteher des Vereins für siebenbürgische Landeskunde.

JOSEPH BEDEUS
VON SCHARBERG
hat demnach durch fast fünfzig Jahre Unserem Durchlauchtigsten Kaiserhause und dem Staate ausgezeichnet gedient, und auch für Kirche und Schule, wie für die Wissenschaft ersprießliche Erfolge erzielt.

Zu Unserer besonderen Zufriedenheit
haben Wir erfahren, daß
Joseph Bedeus von Scharberg
während der aufständischen Vorgänge in den Jahren 1848-1849 Unserem Generalen der Cavallerie Baron Puchner unterstützend zur Seite gestanden; daß er sich im März 1849, nach Besetzung von Hermannstadt durch die Insurgenten, mit den Aerarialcassen und seinem Amtspersonale in die Wallachei zurückgezogen, daß er dort die Commission zur Unterstützung der siebenbürgischen Flüchtlinge bis zur Wiederbesetzung Siebenbürgens durch Unsere Truppen mit dem besten Erfolge geleitet, und daß er sodann wieder ins Land zurückgekehrt, seine Functionen fortgesetzt habe, bei welchem Anlasse derselbe auch zum Vorstande des Grundsteuer-Provisoriums in Siebenbürgen berufen wurde, welchen Posten er noch dermalen bekleidet.

Ansiedlungszeit, im 12.- 13. Jh., gab es im Deutschen Reich zwar Städte, die meisten befanden sich jedoch in irgendeiner Phase des Auf- und Ausbaus. Man kann daher die Chronologie nicht umstellen und in Siebenbürgen Städtegründungen nach fertigen Modellen erwarten.

Ein großer Teil der Handwerker war noch direkt mit der Bauernschaft verbunden, der sie entstammten, und befaßte sich nur teilweise oder gelegentlich mit dem Gewerbe; sie waren Ackerbürger. Erst allmählich trennten sich besser qualifizierte Handwerker von der Dorfgemeinschaft und sammelten sich räumlich in den zukünftigen Städten. Dieser Trennungsprozeß zwischen Acker- und Bürgergemeinden war in Deutschland noch nicht abgeschlossen, als die Ansiedlung begann; die Entstehung der Städte in Siebenbürgen verlief also zeitgleich mit der zweiten Phase deutscher Stadtentwicklung.

Die älteren sächsischen Historiker meinten, daß schon die ersten Siedler die Zünfte nach Siebenbürgen mitgebracht hätten. Auch diese Vorstellung ist falsch, denn im 12. Jh. war das Zunftwesen in Deutschland erst in sehr wenigen rheinischen Städten bekannt.

Auch äußerlich betrachtet sind die siebenbürgisch-sächsischen Städte keine Kopie bestimmter deutscher Städte, nicht einmal im Grundriß. Man kann sie von der Planimetrie her als "allgemein deutsch" oder "mitteleuropäisch" bezeichnen. Außerdem hat der Grundriß nicht viel mit dem Umfang der städtischen Wirtschaft zu tun. Vergleicht man z.B. den Grundriß der ältesten Anlagen von Reußmarkt, Hermannstadt und Großschenk, so sind bei allen drei Ortschaften die Möglichkeiten der Entfaltung zur Stadt gegeben, da nicht nur der Hauptplatz, sondern auch die Straßenzüge kaum voneinander abweichen. Aber trotz der ähnlichen Anlagen ist

Zunftzeichen der "Tschismenmacher" (Stiefelschuster) in Alzen, 1597 (Nr. 31)

von den drei genannten Ortschaften nur Hermannstadt zur Stadt geworden, die anderen beiden Stuhlsvororte kamen über das Niveau von Marktgemeinden mit z.T. handwerklicher Orientierung nicht hinaus. Wenn die Anlage und der Start zur Stadtentwicklung bloß als "allgemein deutsch" bezeichnet werden kann, so hat diese Entwicklung keine Anstöße von Ungarn oder Rumänen erhalten, da es während und nach der sächsischen Ansiedlung in Siebenbürgen kaum solche Vor-Bilder gegeben hat. Die künstliche Einordnung der sächsischen Städte in die Reihe der ungarischen und rumänischen Städte ist nicht gerechtfertigt. Andererseits verdanken die älteren sächsischen Städte (Mühlbach, Klausenburg, Hermannstadt, Bistritz und Kronstadt) ihre Entwicklung zur Stadt gerade dem wirtschaftlichen Gefälle gegenüber den ungarischen und rumänischen Siedlungsgebieten in- und außerhalb der Karpaten. An wichtigen Verkehrswegen gelegen, die z. T. über die Karpatenpässe führten, waren die sächsischen Städte zugleich Umschlagplatz für den Ost-West-Handel. So wird die volkreichste sächsische Stadt, Kronstadt, in der Zeit des Fürstentums (1542-1689), als in Siebenbürgen vermutlich die Hälfte der Siedler Rumänen waren, nicht nur zum größten sächsischen Gewerbezentrum, sondern zugleich das größte Handelsemporium zwischen Konstantinopel, Wien und Krakau, vor allem aber die größte Handelsstadt aller Rumänen. Überhaupt gilt der sächsische Handwerker und Kaufmann als Initiator und Katalysator eines Wirtschaftsraumes, der meist über die Landesgrenzen des heutigen Rumäniens hinausreichte. Die wichtigste Zunfturkunde aus der Anfangszeit stammt aus dem Jahre 1376 und betrifft die **Zünfte** aus vier sächsischen Städten: Hermannstadt, Mühlbach, Broos und Schäßburg. 25 Gewerbe, in 19 Zünften zusammengefaßt, erhielten im Jahr 1376 gemeinsame Satzungen: Fleischer, Bäcker, Lederer, Weißgerber, Schuster, Schmiede, Nagler, Kupferschmiede, Wagner, Gürtler, Schwertfeger, Schlosser, Kürschner, Handschuhmacher, Messerschmiede, Mantelschneider, Hutmacher, Seiler, Wollweber, Weber, Faßbinder, Töpfer, Bogner, Schneider und Beutelmacher. Zum Vergleich: in Augsburg wurden damals 20, in Straßburg 28 Gewerbe ausgeübt. Wenn so viele Handwerker damals in Zünften organisiert waren, so kann man annehmen, daß die ältesten Zünfte schon zu Beginn des Jahrhunderts bestanden haben. Andererseits ist aber kaum anzunehmen, daß diese Zünfte in allen vier genannten Städten schon funktioniert haben; zumindest im Fall von Schäßburg konnte nachgewiesen werden, daß einige Berufe nicht einmal im 15. Jh. ausgeübt wurden, von Zünften ganz zu schweigen. Dasselbe gilt wohl auch für Broos und Mühlbach. Es handelt sich dabei eher um Rahmensatzungen, z. T. für Zünfte, die es am Ende des 14. Jhs. insgesamt vielleicht nur in Hermannstadt gab. Wichtig ist, daß man damals eine "Gründerzeit" der Zünfte erlebte und es noch keine gewerblichen Einschränkungen gab.

Die Erzeugnisse der sächsischen Zünfte wurden auf zahlreichen Märkten innerhalb und außerhalb der Karpaten verkauft. Der **Handel** der Siebenbürger Sachsen umfaßte nicht nur ganz Siebenbürgen und das Ungarnreich, er dehnte sich nach der Gründung der Moldau und Walachei im 14. Jh. auch östlich und südöstlich der Karpaten aus. Der Umfang des sächsischen Warenhandels war nicht berechenbar bzw. nicht konstant, Fernhändler finden wir aber quer durch Europa in weit entlegenen Gebieten. In der Zeit des unabhängigen siebenbürgischen Fürstentums reichte dieser Handel von Groningen in den Niederlanden bis nach Trapezunt an der kleinasiatischen Küste des Schwarzen Meeres, also über Konstantinopel hinaus. Durch diesen Eigenhandel, selbst nachdem die Türken Südosteuropa unterworfen hatten, gelang es den Sachsen direkt - ohne Zwischenhändler, deren Ware immer teurer wurde - mit orientalischen Waren, vor allem Gewürzen, aber auch feinen Handwerkserzeugnissen aus der Levante sowie gefragten Produkten aus dem westlichen Europa Handel zu treiben. Man schätzt, daß der sächsische Handel bis zum 17. Jh. in stetem Wachstum begriffen war.

Im 17. Jh. begann für die sächsische Warenproduktion und die Handelstätigkeit eine Periode des Stillstands und dann des langsamen Niedergangs. Dieser Vorgang hatte sowohl von außen, als auch aus dem Inneren des Landes eingesetzt. Durch die großen geographischen Entdeckungen und die Entwicklung der Schiffahrt auf See kamen in die westlichen Kolonialstaaten billige Rohstoffe, die in neuen Manufakturen verarbeitet wurden und gegen die mittel- und südosteuropäischen Zunfterzeugnisse mit Erfolg konkurrierten. Diese Entwicklung wurde im 18. Jh. durch die absolutistischen Landesherren mit umfangreichen Merkantilvorschriften und Schutzzöllen gefördert. Die europäischen Land- und Wasserwege sanken zu wirtschaftlich sekundären Verkehrsadern herab.

Von Siebenbürgen her zeichneten sich desgleichen grundlegende **Veränderungen** ab, die zunächst die sächsische Wirtschaft nicht gefährdeten, diese dann aber immer mehr in die Enge trieben. Die fortschreitende Spezialisierung der westeuropäischen Manufakturen und deren kostbare Produkte führten zu einem Umdenken des ungarischen Adels. Um diese neuen und besseren Waren kaufen zu können, begann er, seine Dominien immer besser zu bewirtschaften, er steigerte die Frontage der Leibeigenen, um größere Mengen von Agrarprodukten auf den Markt zu bringen und dafür westliche Produkte besserer Qualität zu kaufen. Dieser neue Trend hatte direkte Folgen für die sächsische Bauernschaft, die nun ihre Waren billiger verkaufen mußte. Andererseits fielen der Adel, später auch andere Schichten als Käufer sächsischer Zunftwaren aus.

Die Einengung der sächsischen Märkte war der Anfang dieser neuen Entwicklungstendenz. Als Folge der Konflikte, die hauptsächlich wegen der Steuerverteilung zwischen Adel und sächsisch-städtischer Oberschicht entbrannten, erteilte der vom Adel beherrschte siebenbürgische Landtag im 17. Jh. Juden, Armeniern, Makedorumänen u.a. das Recht, sich in gewissen siebenbürgischen Städten niederzulassen. Die orientalischen Kaufleute hatten immer mehr Erfolg, der sächsische Kaufmann war "eingekreist" worden. Nach der Eroberung Siebenbürgens durch das Haus Habsburg ging die vorgezeichnete Entwicklung zügig voran. Hinzu kam noch die Auffassung Österreichs, wonach die im Südosten neu eroberten Gebiete vor allem als Rohstoffquellen für die Industrie der Erbländer genutzt werden sollten. Der Abgang der Rohstoffe und die Konkurrenz der österreichischen Manufakturen versetzten nun die sächsische Wirtschaft endgültig vom Haupt- auf ein Nebengleis, aus welchem die Sachsen nicht wieder emporsteigen sollten. Die sächsische Wirtschaft hat zwar nie ihre Bedeutung in Siebenbürgen oder auf dem Königsboden verloren, aber ihre frühere südosteuropäische Vorrangstellung war dahin. Im 18. und frühen 19. Jh. gelang es den Sachsen, Manufakturen und Aktiengesellschaften zu gründen. Die sächsischen Zünfte waren zwar noch sehr zahlreich, verloren aber an Absatzmärkten. In seinen Bemühungen, möglichst wenig an die Konkurrenten abtreten zu müssen, griff das vormals progressive sächsische Patriziat zu dem letzten, schon unfairen Mittel. Auf dem Verwaltungsweg wurde das dörfliche Gewerbe weitgehend ausgeschaltet, stadtnah florierende Gemeinden wurden niedergehalten, deren Steuern erhöht, Familienherrschaften in den Städten errichtet und vieles andere, bis zur Kleiderordnung, die nun auch nach außen hin andeutete, wer man war und was man zu sein hatte.

Dr. Carl Wolff (1849 -1929) hat den wirtschaftlichen Fortschritt im Siebenbürgen seiner Zeit geprägt

In der Zeit des Vormärz setzte ein Umdenken ein. Akuten Schwierigkeiten im Wirtschaftsleben versuchte man durch gemeinsame Anstrengungen zu begegnen. Stephan Ludwig Roths Buch über den "Geldmangel" greift eine der dringenden Fragen der Zeit auf: Für ein modernes Unternehmertum fehlt das Kapital. Um dem abzuhelfen, werden in Kronstadt und Hermannstadt Allgemeine **Sparkassen** gegründet (1835, 1841). Gewerbevereine ersetzen die überkommenen Zünfte. 1845 wird ein "Sie-

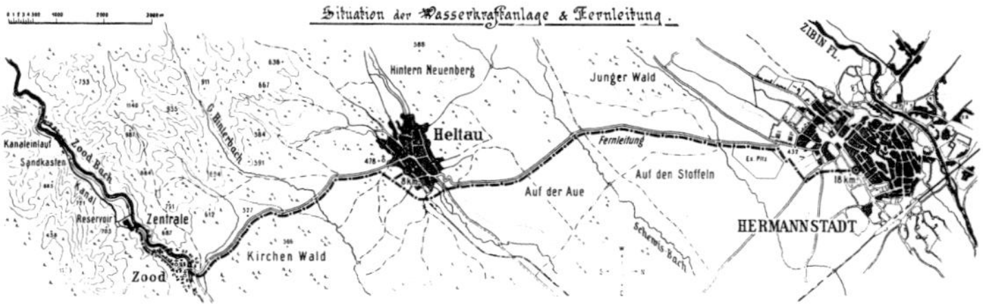

Der Münchener Ingenieur Oskar von Miller war zusammen mit Carl Wolff Urheber des 1896 in Betrieb genommenen Elektrizitätswerks für Hermannstadt, des vierten Wasserkraftwerks in Europa und des ersten in Südosteuropa

benbürgisch-sächsischer Landwirtschaftsverein" ins Leben gerufen. Sein geistiger Vater, St. L. Roth, wirbt für die Ansiedlung württembergischer Landwirte, die beispielgebende Musterwirtschaften einrichten sollen. Etwa 2000 sind tatsächlich nach Siebenbürgen gekommen.

In der zweiten Hälfte des 19. Jhs. erlebt die siebenbürgisch-sächsische Wirtschaft dank dieser Initiativen einen gewissen Aufschwung. Dr. Carl Wolff baut die Sparkassen zu finanzkräftigen Kreditinstituten aus, die für Handel und Industrie das nötige Kapital zur Verfügung stellen können. Eine, allerdings vergleichsweise bescheidene, Industrialisierung Siebenbürgens ist die Folge. Wolff wirbt auch für den Ausbau der Eisenbahnen, um den Anschluß an das europäische Verkehrsnetz zu erreichen, und führt, in Zusammenarbeit mit Oskar von Miller, frühzeitig die Elektrizität in Hermannstadt ein. Wolffs wichtigste Leistungen sind zweifellos die Gründung und der Ausbau der siebenbürgischen Raiffeisengenossenschaften sowie der sogenannten Vereinsbank. Der Landwirtschaftsverein sorgte durch die Gründung von Ackerbauschulen, durch eine eigene Zeitschrift und durch Wanderlehrer für Verbesserungen in der landwirtschaftlichen Produktion, vor allem in der überkommenen Dreifelderwirtschaft, und für die Flurbereinigung. Diese wird in drei Vierteln der sächsischen Gemeinden verwirklicht. (In Deutschland wurde dieser Stand erst Mitte der 60er Jahre des 20. Jhs. erreicht.)

Die **Industrialisierung** beschränkt sich, sieht man von der Maschinenfabrik "Schell" in Kronstadt und der Eisengießerei "Rieger" in Hermannstadt ab, vorwiegend auf die Produktion von Konsumgütern. So entstehen Tuchfabriken (z.B "Scherg" in Kronstadt, "Scherer" in Hermannstadt), Bierbrauereien ("Czell", Kronstadt), Lederfabriken ("Karres", Mediasch), eine moderne Zuckerfabrik in Brenndorf. Diese Industrie verarbeitet z. T. landwirtschaftliche Erzeugnisse der Siebenbürger Sachsen.

Einen harten Schlag fügt ein Zollkrieg der siebenbürgisch-sächsischen Wirtschaft zu, der in den 80er Jahren des 19. Jhs. zwischen Rumänien und Österreich-Ungarn ausbricht. Plötzlich werden jahrhundertelang bestehende Wirtschaftsverbindungen gekappt, Handel und Gewerbe kommen dadurch fast zum Erliegen. Wegen der Wirtschaftskrise weichen sächsische Unternehmer ins rumä-

Außenansicht der Papierfabrik in Petersdorf bei Mühlbach

nische Prahovatal aus, wo sie blühende Industriebetriebe gründen. Die Bauern, deren Produkte keinen Absatz finden, wandern ebenfalls massenweise aus; etwa 10 % lassen sich zeitweise oder auf Dauer in den USA nieder.

Um die Jahrhundertwende konnte sich die Wirtschaft allmählich wieder erholen, u. a. infolge konzertierter Maßnahmen der sächsischen Kreditinstitute und Wirtschaftsvereine. Auf Anregung von Carl Wolff haben diese z.B. den Ankauf von adligen Gütern betrieben, die parzelliert und an verarmte Kleinbauern weitergegeben wurden. Die Folgen des Zollkriegs, die den Siebenbürger Sachsen die Bedeutung ihrer Wirtschaftsbeziehungen mit Rumänien drastisch vor Augen geführt haben, erleichterten ihnen die Entscheidung, 1919 der Vereinigung Siebenbürgens mit Rumänien zuzustimmen.

Die Eingliederung in den neuen Staat und in ein neues Wirtschaftsgefüge verlief nicht reibungslos und wurde zudem durch Maßnahmen der rumänischen Regierung erschwert. Die Sparkassen und Banken verloren durch nicht mehr einlösbare Anleihen an den früheren österreichisch-ungarischen Staat, durch den Währungsumtausch und durch Inflation einen großen Teil ihrer Reserven. Die Agrarreform von 1921 traf siebenbürgisch-sächsische Privatpersonen nur in sehr geringem Maße, doch wurde Gemeinbesitz einbezogen. Zu ihm gehörten die großen Siebenrichter-Waldungen der Sächsischen Nationsuniversität, etwa die Hälfte der Gemeinerde auf den Dörfern (die fälschlicherweise als Gemeinde-, nicht als Gemeindemitgliedervermögen behandelt wurde) und etwa 55 Prozent des Landbesitzes der Kirchengemeinden. Dadurch entfiel ein guter Teil der Einnahmen, die zum Unterhalt des deutschen Schulwesens dienten; hohe Kirchen- und Schulsteuern mußten zum Ausgleich entrichtet werden. Die Ausfuhr landwirtschaftlicher Erzeugnisse in die Nachfolgestaaten der Habsburgermonarchie wurde zeitweise verboten, traditionelle Absatzmärkte gingen verloren. Die Weltwirtschaftskrise (1929-1933) verschärfte die Situation: Agrarpreise brachen zusammen, Betriebe gingen bankrott, Banken konnten sich, trotz Fusionen, nicht über Wasser halten. Chronischer Kapitalmangel bei schlechter Auftragslage war die Folge.

Verglichen mit der allgemeinen Lage der rumänischen Wirtschaft ging es der siebenbürgisch-sächsischen trotzdem besser. Das ist ein Verdienst des Landwirtschaftsvereins und der Raiffeisengenossenschaften, die die Einfuhr moderner Maschinen und Neuerungen in der Bodenbearbeitung, den Anbau von Industriepflanzen und eine modern betriebene Viehzucht förderten. Die Konsumgüter- und die metallurgische Industrie, die

Landwirtschaftliche Blätter
für Siebenbürgen

Organ des Siebenbürgisch-sächsischen Landwirtschaftsvereines
Direktor: Fritz Connert, verantwortlicher Schriftleiter: Hans Benning
Eigentümer: Siebenb.-sächs. Landwirtschaftsverein / Eingetragen: Gerichtshof Hermannstadt, Zahl 32/1938

Nr. 53 Hermannstadt, Sonntag, den 29. Dezember 1940 68. Jahrgang

Ein Wort des Abschieds

Mit dieser Nummer wird die Herausgabe der „Landwirtschaftlichen Blätter für Siebenbürgen, Organ des Siebenb.-sächs. Landwirtschaftsvereins" eingestellt. Damit hört das Bestehen der verbreitetsten in deutscher Sprache gedruckten Zeitung auf dem rumänischen Staatsgebiet auf. Diese Tatsache ist wohl wichtig genug, um heute einen kurzen Rückblick auf die wechselvolle Geschichte dieser Zeitung zu werfen. Die erste Nummer der „Landwirtschaftlichen Blätter" ist erschienen im Januar 1873; die letzte erscheint Ende Dezember 1940. Achtundsechzig Jahre hat somit dieses Blatt, das aus dem Leben unseres Volkes in den letzten Jahrzehnten nicht wegzudenken ist, bestanden und im Interesse unseres sächsischen Volkes und der deutschen Sache gewirkt.

Als Anfang der 70er Jahre des vorigen Jahrhunderts auf Einschreiten der Oberverwaltung unseres Vereines die Mediascher Ackerbauschule errichtet worden war, wurde an diese Anstalt als ihr erster Direktor Dr. Salfeld aus Deutschland berufen. Ihm ist wohl das Hauptverdienst der Gründung der „Landwirtschaftlichen Blätter" zuzuschreiben. Man dürfte aber nicht fehlgehen mit der Annahme, daß sich ein wesentliches Verdienst um ihre Gründung auch der damalige Vorsteher des Mediascher landw. Bezirksvereines, Dr. Franz Obert, Pfarrer in Hetzeldorf, erworben hat. Hat doch dieser Mann als erster unserem Volke das Leben Stephan Ludwig Roths dargestellt und sich für dessen Ideen eingesetzt. Die Gründung einer landwirtschaftlichen Zeitung aber für unseren Bauernstand war ein Vermächtnis, das St. L. Roth unserem Volke hinterlassen hatte.

Als erster verantwortlicher Schriftleiter der „Landw. Blätter" zeichnete Dr. Salfeld. Verlegt wurden sie von Josef Drotleff sen. in Hermannstadt, in dessen Eigentum sie im Jahre 1875 ganz übergingen. Zwanzig Jahre später aber, im Jahre 1895, wurden sie Eigentum der Oberverwaltung des Siebenb.-sächs. Landwirtschaftsvereines. Diese hatte bereits früher die Herausgabe dieser Zeitung nicht nur moralisch, sondern auch materiell unterstützt, um zu erreichen, daß unser Bauer ein billiges und für seine besonderen Verhältnisse zugeschnittenes landwirtschaftliches Fachblatt erhalte. Immer schon bestand ein enges Verhältnis zwischen den „Landw. Blättern" und dem Landwirtschaftsverein. Und so konnten sich die „Landw. Blätter" von allem Anfang an mit Recht als „Organ" des Landwirtschaftsvereins bezeichnen. Die erste Nummer führte den Titel „Landwirtschaftliche Blätter für Siebenbürgen, Organ der landw. Bezirksvereine Großschenk, Mediasch und Schäßburg und der Ackerbauschule in Mediasch". Schon vom nächsten Jahr an bezeichneten sie sich als Organ des Gesamtvereins. Nach weiterer zweimaliger Aenderung des Titels übernahm man im Jahre 1903 den heute noch gültigen Titel.

Die Entwicklung der „Landw. Blätter" ist aufs engste verbunden mit der Entwicklung des Landwirtschaftsvereines. Die erste Nummer war in 320 Exemplaren gedruckt worden. Da sich aber die Zahl der Abnehmer auf 700 vermehrte, mußte von der ersten Nummer eine zweite Auflage veranstaltet werden. Doch scheint sich in der Höhe von 700 die Auflage nur einige Zeit gehalten zu haben. Später sinkt sie und beginnt sich erst Mitte der 80er Jahre wieder zu heben. Ein rasches Anwachsen aber der Abnehmer der „Landw. Blätter" erfolgte erst in den 90er Jahren, im selben Maße, als auch die Zahl der Vereinsmitglieder zunahm. 1893 erschienen sie in 1500, 1900 in 5350, 1910 in 9000, 1912 in 10.200 Stück. Im letzten Jahrzehnt betrug ihre Auflage etwas über 14.000, im Jahre 1940 — vor dem Wiener Schiedsspruch — 14.400.

Im Laufe der Jahrzehnte erhöhte sich aber nicht nur die Auflage der „Landw. Blätter" in einem verhältnismäßig außerordentlichem Maße, sondern es wurde auch der Umfang der Zeitung vergrößert und die Häufigkeit des Erscheinens vermehrt. Zunächst erschienen sie monatlich einmal, einen Bogen stark; ab 1890 monatlich zweimal. Seit 1903 erscheinen sie wöchentlich 1½—2 Bogen stark.

Um die Verbreitung der „Landw. Blätter" möglichst zu fördern, wurden sie seinerzeit den Mitgliedern des Landwirtschaftsvereines, die sie abonnierten, zu einem herabgesetzten Preise geliefert, die dadurch entstehenden Kosten aber durch die Oberverwaltung gedeckt. So zahlten z. B. die Mitglieder vom Jahre 1903 an, seitdem die „Landw. Blätter" wöchentlich einmal erscheinen, nur 1.40 Kr. gegen 4 Kr. was

Aus dem Inhalt:

- Ein Wort des Abschieds
- Michael Ambrosi d. J. †
- Verhütung und Heilung von Wildschäden an unseren Obstbäumen
- Wirtschaftsausbau bäuerlicher Betriebe
- Rücktritt des Bischofs D. Dr. Viktor Glondys
- Zum Jahresausklang

Titelblatt der "Landwirtschaftlichen Blätter für Siebenbürgen", der auflagenstärksten deutschen Publikation der Vorkriegszeit in Siebenbürgen (Nr. 118)

Nachbarschaftstruhe aus Bodendorf, 1893 (Nr. 44)

im 19. Jh. aufgebaut worden war, konnte sich gegenüber der rumänischen Konkurrenz behaupten. Das brachte nicht nur Anerkennung, sondern auch Neid. 1937 stand ein Gesetzentwurf kurz vor seiner Verabschiedung, wonach in Gewerbe und Industrie ein Mindestanteil von Rumänen beschäftigt werden sollte, ein "numerus Valachicus". Nur ein Einspruch vor dem Völkerbund verhinderte ihn. Ökonomische Vorteile erbrachte dafür ein deutsch-rumänischer Wirtschaftsvertrag, der siebenbürgisch-sächsische Unternehmer begünstigte.

Nach 1945 wurde das eigenständige sächsische Wirtschaftsleben durch die kommunistische Umgestaltung Rumäniens vernichtet. 1945 wurden die Arbeitskräfte in die Sowjetunion deportiert, durch die zweite Agrarreform der Grundbesitz der deutschen Bevölkerung fast völlig enteignet. 1948 erfolgte die Verstaatlichung der Industrie, des Handels, der Banken, der Versicherungs- und Transportunternehmen. Auch Handwerker und Kleinkaufleute verloren ihre Existenzbasis. 1949 wurde die Sozialisierung der Landwirtschaft in die Wege geleitet und bis 1962 abgeschlossen. Ackerbau und Viehzucht lohnten sich nun kaum noch, selbständiges Arbeiten war fast nicht mehr möglich. Die Siebenbürger Sachsen wurden zu einer Gruppe unselbständiger Kollektivbauern, Arbeiter und Angestellten degradiert. Pendeln, häufiger Wohnortwechsel, schließlich die Aussiedlung waren die Folge. Der Umsturz vom Dezember 1989 kam zu spät; ein eigenständiges Wirtschaftsleben werden die Sachsen in Siebenbürgen wohl nie wieder aufbauen.

Thomas Nägler

Nachbarschaften

Eine typische soziale Institution der Siebenbürger Sachsen ist die Nachbarschaft. Im Laufe der Zeit entwickelte sich die Nachbarschaft (sie bezeichnete zunächst in der Stadt den Rechtsbegriff für die Gesamtheit der Hausbesitzer) zur selbständigen Körperschaft, die einige Aufgaben der sächsischen Selbstverwaltung übernahm. In der Nachbarschaft wurden die sozialen Kontakte intern geregelt und nach außen vermittelt. Jedes Mitglied einer sächsischen Kirchengemeinde trat der Nachbarschaft bei, nachdem es die Schwestern- oder Bruderschaft durchlaufen und das 24. Lebensjahr erreicht oder geheiratet hatte. Die Mitgliedschaft war eine Verpflichtung, der sich praktisch niemand entziehen konnte. Eine Existenz außerhalb der Nachbarschaft war undenkbar.

Somit stand, bedingt durch das Territorialprinzip, die Nachbarschaftszugehörigkeit bereits von Geburt an fest. Durch die Lage des Hauses war auch jedem zwingend vorgeschrieben, welcher Nachbarschaft er anzugehören hatte.

Jede Nachbarschaft war in Zehntschaften eingeteilt, die in den Dörfern zehn aneinanderliegende Bauernhöfe und in den Städten zehn sächsische Familien umfaßte. Der Nachbarschaft stand ein geheim gewählter Nachbarschaftsvater vor, dessen soziales und moralisches Ansehen eine große Rolle spielte. Er berief die Versammlungen ein, leitete sie und hatte gleichzeitig dafür zu sorgen, daß alle Funktionen der Nachbarschaft ordnungsgemäß wahrgenommen wurden. Er organisierte kirchliche und soziale Hilfeleistungen für die Gemeinschaft. Ihm oblag die Weitergabe von Beschlüssen des Presbyteriums, des Pfarramts und der kommunalen Behörden. Er schlichtete Streitigkeiten zwischen Nachbarschaftsmitgliedern und Eheleuten. Auch die Wahrung von Sitte und Anstand gehörten zu seinen Aufgaben, ebenso die Aufsicht über die Jugendlichen.

Die ältesten urkundlichen Hinweise auf die sächsischen Nachbarschaften stammen aus dem 16. Jh. aus städtischem Bereich: 1526 in Schäßburg, 1533 in Kronstadt. Aus Hermannstadt ist eine Nachbarschaftsordnung aus dem Jahr 1563 überliefert, z. B. die "Artikel der Gross Saltzs Gassen" aus Hermannstadt.

Im 17., vor allem aber im 18. Jh. verbreiten oder verallgemeinern sich die sächsischen Nachbarschaftsordnungen auch auf den Dörfern, so die Großschenker Statuten aus dem Jahr 1720.

Die Nachbarschaften hatten ihre eigenen Truhen zum Aufbewahren der Statuten und der Nachbarschaftszeichen. Das Zeichen war ein Symbol der Nachbarschaft, das vom Nachbarschaftsvater ausgeschickt wurde. Ein Nachbar mußte es dem anderen übergeben und gleichzeitig das Anliegen des Nachbarschaftsvaters mitteilen.

Die künstlerische Ausführung der Nachbarzeichen war vielfältig. Manche hatten die Form eines vereinfachten Renaissance-Schildes, andere waren herz- oder tulpenförmig. Die aus Hartholz hergestellten Nachbarschaftszeichen eigneten sich besonders gut zum Schnitzen und sind gewöhnlich beidseitig verziert. Das Blumenmotiv herrscht vor, oft erscheinen auch landwirtschaftliche Geräte und Symbole (z.B. die Pflugschar). Die Namen oder die Initialen der Nachbarschaftsväter, vor allem aber die Nummer der Nachbarschaft sind fast auf allen Zeichen anzutreffen. Im Besitz einer Nachbarschaft

Bruderschaftskrug ("Knechtenkanne") mit Trinkspruch aus Dürrbach, 1823 (Nr. 69)

befand sich zumindest ein großer Weinkrug. Er war gewöhnlich einfarbig glasiert und wurde bei spezialisierten Töpfern bestellt. Der Name des Nachbarschaftsvaters und das Herstellungsdatum wurden gewöhnlich in einer Ritzinschrift festgehalten.

Volker Wollmann

Bruder- und Schwesternschaften

Die ersten Bruderschaftsordnungen vom Ende des 15. Jhs. zeigen, daß diese Körperschaften zuerst in den siebenbürgischen Städten, und zwar als "Verband der Gesellen in der Zunft" entstanden sind. Sie waren kirchliche Einrichtungen und standen unter der Aufsicht des Presbyteriums, des Pfarrers und der beiden Knechtväter. Geleitet wurden sie von den selbstgewählten Amtsknechten. Die Versammlungen, der

Schwesternschaftszeichen aus geschnitztem Lindenholz, Bodendorf 1901 (Nr. 70)

"Zugang", fanden in der Regel monatlich beim Knechtvater statt, wo über Vergehen und Strafen verhandelt wurde. Die meisten Bruderschaftsstatute aus den sächsischen Gemeinden datieren aus dem 18. Jh. und vom Beginn des 19. Jhs.

Für das "Bruderschaftsamt" wurden am zweiten Weihnachtstag in geheimer Wahl der "Altknecht", der "Jungaltknecht", die beiden "Schaffner" und die beiden "Irtenknechte" frei gewählt. Zum Aufgabenbereich der Bruderschaft gehörte der allsonntägliche Kirch- und Vesperbesuch und die "Gebädes" (verschiedene öffentliche Arbeitsleistungen im Rahmen des kirchlichen und kommunalen Aufgabenbereichs). Zu Pfingsten wurde der Maibaum nach altem Brauch errichtet. Wie die Nachbarschaft hatte auch die Bruderschaft eine eigene Truhe zum Aufbewahren der Statuten und eine große Weinkanne, die mit dem Namen der Knechtväter und mit Trinksprüchen versehen sein konnte.

Die Schwesternschaft war ähnlich wie die Bruderschaft organisiert. Es wurde vor allem auf die strenge sittliche Zucht und Ordnung geachtet. Die "Zugänge" der Mägde wurden in der Kirche abgehalten, wo die Schwestern in der Festtracht ("Kirchenkleid") erscheinen mußten. Eine der wichtigsten Obliegenheiten der Schwesternschaft waren sonntags das Schmücken des Altars und, am 25. November, die Veranstaltung des "Kathreinenballes".

Volker Wollmann

Vereinswesen

Eine allumfassende Darstellung der über 200 Vereine aus der Vergangenheit und Gegenwart der Siebenbürger Sachsen wäre in diesem Rahmen nicht möglich.

Der erste und wichtigste war der "Verein für siebenbürgische Landeskunde". Seine Gründung wurde bereits in der Zeit der Aufklärung angeregt, konnte aber erst nach einem halben Jahrhundert verwirklicht werden. Der Aufruf ging am 8. und 9. Oktober 1840 von Mediasch aus. Im darauffolgenden Jahr, zu Pfingsten, wurde dann die erste Generalversammlung in Schäßburg abgehalten. Ziel des Vereins war die *"Unterstützung von Forschungen in allen Zweigen der Vaterlandskunde"*, wie es im ersten Artikel der Statuten hieß, über alle nationalen, politischen und konfessionellen Grenzen hinweg. Die Forschungsschwerpunkte des über ein Jahrhundert bestehenden Vereins, der auch als "kleine Akademie der Wissenschaften" bezeichnet wurde, lagen, neben Quelleneditionen, in der Bestandsaufnahme der Bau- und Kunstdenkmäler, der Veröffentlichung einer Geschichte und einer Rechtsgeschichte der Siebenbürger Sachsen, eines Schriftstellerlexikons, einer Märchen-, Sagen- und Volksliedersammlung, einer Kirchengeschichte und einer Volkskunde. Seine beiden Publikationen - die 54 Bände der alten und neuen Folge des "Archivs für siebenbürgische Landeskunde", die 64 Jahrgänge des "Korrezpondenzblattes des Vereins für siebenbürgische Landeskunde", und der "Siebenbürgischen Vierteljahresschrift" -, die drei Bände des "Wörterbuchs" und die vier Bände des "Urkundenbuchs" sprechen für die Leistungen des Vereins, der nicht einmal eigene Arbeitsräume besessen hat, geschweige denn institutionell gefördert worden wäre. Einen ähnlichen Wirkungskreis hatte der 1849 ins Leben gerufene "Siebenbürgische Verein für Naturwissenschaften in Hermannstadt", der bis zur Gründung der Klausenburger Universität (1872) im Mittelpunkt der naturwissenschaftlichen Forschung in Siebenbürgen stand. Seine bedeutendsten Leistungen sind die Veröffentlichung der 92 Bände der Vereinszeitschrift "Verhandlungen und Mitteilungen des Vereins für Naturwissenschaften" und die Gründung des Naturwissenschaftlichen Museums, sowie mehrere selbständige naturwissenschaftliche Arbeiten.

Joseph Bedeus von Scharberg, der erste Vorsitzende des 1840 gegründeten Vereins für Siebenbürgische Landeskunde. Radierung (Nr. 21)

Die guten Traditionen der beiden Vereine werden heute vom "Arbeitskreis für Siebenbürgische Landeskunde e. V. Heidelberg" (1962) weitergeführt. In vierzehn Sektionen mit breitgefächerter Thematik führt der Arbeitskreis die *"siebenbürgische Forschung im Geiste der Völkerverständigung und gegenseitiger Toleranz in europäischem Rahmen"* fort. Der inzwischen zu einer wissenschaftlichen Institution herangewachsene Verein mit seinem Sitz im kulturellen Zentrum der Siebenbürger Sachsen, Gundelsheim, gibt das "Siebenbürgische Archiv" (ab 1962, 24 Bde.) und als Ergänzung zu diesem die Reihe "Studia Transilvanica" (ab 1968, 18 Bde.) für Einzeluntersuchungen so-

Das 1894 erbaute und eröffnete Naturwissenschaftliche Museum in Hermannstadt

Robert Gutt-Schutzhütte (Negoi) des Siebenbürgischen Karpatenvereins (SKV) im Fogarascher Gebirge, erbaut 1890

wie die Reihe "Schriften zur Landeskunde Siebenbürgens" (ab 1976, 14 Bde.) für Nachdrucke heraus. Kleinere Beiträge und Mitteilungen erscheinen in der "Zeitschrift für Siebenbürgische Landeskunde" (ab 1971). Zur Zeit stellt sich der Arbeitskreis für Siebenbürgische Landeskunde folgende wissenschaftlichen Ziele: die Weiterführung und Vollendung des "Urkundenbuchs zur Geschichte der Deutschen in Siebenbürgen" und des "Siebenbürgisch-sächsischen Wörterbuchs" (in Zusammenarbeit mit dem Forschungszentrum Hermannstadt), die Erarbeitung des "Historischen Atlas' von Siebenbürgen", Forschungen über die Deportation in die Sowjetunion, die Dokumentation siebenbürgisch-sächsischen Kulturgutes. Darüberhinaus leistet der Arbeitskreis einen wichtigen Beitrag zur Information der deutschen und europäischen Öffentlichkeit über Siebenbürgen und wirkt sozusagen als Brükke nach Ostmittel- und Südosteuropa.

Um die landeskundliche und naturwissenschaftliche Erschließung Siebenbürgens hat sich auch der "Siebenbürgische Karpatenverein" (1880) verdient gemacht. Zu seinen Zielsetzungen gehörte es, die Karpaten durch den Bau von Schutzhütten und das Anlegen von Wanderwegen zugänglich zu machen. Bis zur Verstaatlichung seines Vermögens (1945) hatte der Verein 60 Schutzhütten errichtet, über 1.000 km Wege und Markierungen geschaffen, ein Museum gegründet und 56 Bände des "Jahrbuchs des Siebenbürgischen Karpatenvereins" veröffentlicht. Darin erschienen, als wertvolle Ergänzung zu den Publikationen des Landeskunde- und des Naturwissenschaftlichen Vereins, Forschungsbeiträge, die dank der hohen Auflage breitere Kreise erreichten.

Große Verdienste um die Erhaltung des kulturellen Erbes der Siebenbürger Sachsen hat der am 24. November 1904 in Hermannstadt gegründete "Sebastian Hann-Verein" erworben. Ihm ist es zu verdanken, daß die Bausubstanz der sächsischen Städte und Dörfer erhalten blieb und der Abriß mehrerer Kirchenburgen und Baudenkmäler verhindert wurde, darunter die Kirchenburg von Meschen und der Hermannstädter Ratsturm. Damit hat der Sebastian Hann-Verein bis 1945 die Rolle eines Denkmalschützers gespielt. Zudem förderte er das Verständnis für die zeitgenössische einheimische Kunst, empfahl die Anlegung von Privatsammlungen, organisierte mehrere Ausstellungen, pflegte und belebte die Volkskunst und richtete in Michelsberg ein Heimatmuseum ein. Der größte Verein, der "Gustav Adolf-Verein", wurde 1861 in Mediasch gegründet. Er umfaßte sämtliche siebenbürgisch-sächsischen Gemeinden, hatte 253 Ortsvereine, 10 Zweigvereine und einen zentralen Dachverband mit 52.000 Mitgliedern, das waren etwa 25 Prozent der Siebenbürger Sachsen. Als Bindeglied mit dem Mutterland hat der Verein *"das Bewußtsein der Zusammengehörigkeit, die Hoffnung, daß man in seiner Not treue, helfende Hände finden werde, in jedes Bauernhaus getragen"*, schrieb R. Briebrecher. Gleichzeitig hat er den Zusammenhalt mit der deutsch-evangelischen Welt hergestellt, auf den Wert der Selbsthilfe hingewiesen. Seine Mittel kamen insbesondere finanzschwachen Gemeinden zugute.

Dem Gustav Adolf-Verein eng verbunden war der "Allgemeine evangelische Frauenverein". Auf Initiative des Hermannstädter Stadtpfarrers Fr. Müller 1884 gegründet, zählte er in der Zwischenkriegszeit 259 Ortsvereine mit 34.314 Mitgliedern. Seine Hauptbestimmung war es, die Aufgaben der evangelischen Kirche landesweit zu fördern, durch Unterstützung des Schulsystems, Förderung der kirchlichen Armenpflege, Qualifizierung von Fachkräften für die Krankenpflege und von Kindergärtnerinnen. Anklang fanden die Frauenarbeits- und Haushaltungsschulen und die Lese- und Familienabende. Die Frauenvereine übernahmen auch die Ausschmückung der Kirchen sowie die Pflege der Friedhöfe. In Hermannstadt wurden ein Vereinshaus auf der Kleinen Erde (1907) und eine evangelische Krankenpflegeanstalt (1887) errichtet, in Kronstadt entstanden das Schwesternhaus der evangelischen Landeskirche, eine Volksschule, ein Kindergarten sowie ein Mädchenheim.

Im Vormärz wurde auch die Gründung von Vereinen angeregt, deren Aufgabenbereich in der Wirtschaft lag. Allen voran ist hier die Tätigkeit des "Siebenbürgisch-sächsischen Landwirtschaftsvereins" (1845) zu würdigen, der einen wesentlichen Beitrag zur Entwicklung und zur Modernisierung der

Emil Sigerus, ein vielseitiger Historiker, Volkskundler und Sammler, war Gründungsvorsitzender des Sebastian Hann-Vereins

Landwirtschaft in ganz Siebenbürgen, nicht nur bei den Siebenbürger Sachsen, geleistet hat.

Für die Förderung der Landwirtschaft wirkten auch die Bodenkreditanstalt (1872) und 36 Vorschußvereine, die nach dem System Schulze-Delitsch arbeiteten.

Ebenfalls in den vierziger Jahren des 19. Jhs. entstanden die sächsischen Gewerbevereine. Da aber der Zerfall des Gewerbes unaufhaltsam war und die Gründung von Industriebetrieben nur schleppend vorankam, hatten diese weniger Erfolg. Das ist auch der inneren Zersplitterung der Gewerbevereine zuzuschreiben, deren Gründungen den lokalen Horizont nicht überschritten und die es zu keiner Dachvereinigung brachten. Kleine positive Ergebnisse erzielte man im Bereich des Berufsschulwesens und bei der Gründung von Fachbibliotheken.

Dagegen konnten die erst Ende des vorigen Jahrhunderts ins Leben gerufenen Raiffeisenvereine bedeutende Erfolge erzielen. Carl Wolff war der Initiator dieser Einrichtungen. Obwohl sie ihre Tätigkeit grundsätzlich auf das eigene Dorf beschränkten, vereinigte Wolff sie zu einem Zentralverband, der Sparvereine, Genossenschaften und Kellerwirtschaften zusammenschloß. Durch vorteilhafte Kreditvergabe bewahrten die Raiffeisenvereine manche Bauernwirtschaft vor dem wirtschaftlichen Ruin. Weniger erfolgreich war der Raiffeisenverein in der genossenschaftlichen Absatzregelung, weil die sächsischen Bauernwirtschaften relativ klein waren und wenig große Mengen einheitlicher Agrarprodukte erzeugten. Doch bewahrte das System das sächsische ländliche Genossenschaftswesen vor dem harten Konkurrenzkampf mit den ausgedehnten landwirtschaftlichen Gütern aus dem Baragan und an der Donau.

Ein wichtiges Ereignis im Leben der Siebenbürger Sachsen waren im 19. und 20. Jh. die Vereinstage. Oft hielten mehrere Vereine ihre Veranstaltungen gleichzeitig ab, verbanden diese mit gewissen Gedenktagen, mit der Einweihung von Kirchen oder der Eröffnung neuer Schulgebäude. Dabei wurden Festzüge veranstaltet, Ausstellungen eingerichtet, Denkmäler eingeweiht, gesellige Abende organisiert. Den Höhepunkt bildeten jeweils der Festgottesdienst und die Festeröffnungsrede des Vorsitzenden des Vereins für Siebenbürgische Landeskunde. Diese haben den Zusammenhalt der sächsischen Gemeinschaft wesentlich geprägt und ihr nationales Bewußtsein aufgewertet.

Martin Rill

Schloß Horneck in Gundelsheim am Neckar: Eigentum des Johannes-Honterus-Vereins, Sitz des Siebenbürgisch-Sächsischen Kulturrats, des Arbeitskreises für Siebenbürgische Landeskunde, des Siebenbürgischen Museums, des Siebenbürgen-Archivs und der Siebenbürgischen Bibliothek

Kirchliches Leben

Eigenständige Hermannstädter Propstei schon vor 800 Jahren / Erste Luther-Schriften finden seit 1518 Verbreitung / Reformation / Brukenthals Wahlspruch: "Fidem genusque servabo" / Die Sachsen "ein Schulvolk par excellence" /"Schola Coronensis" in Kronstadt, das erste humanistische Gymnasium Südosteuropas

Rund vierhundert Jahre hat sich das kirchliche Leben der deutschen Siedler Siebenbürgens im Rahmen der - vom morgenländischen Ritus abgesehen - noch einheitlichen katholischen Kirche, der Una Sancta Ecclesia, bewegt. Das hat sie entscheidend geprägt, mit Folgewirkungen, die bis heute spürbar sind.

Die Ausgangslage ist im Gästerecht der ungarischen Könige verankert, kodifiziert im "Andreanischen Freibrief" von 1224. Kirchenrechtlich wurde darin den Siedlern auf dem südsiebenbürgischen Königsboden das Recht der freien Pfarrerwahl zugesprochen, den Pfarrern das Recht auf Bezug des vollen Zehnten gewährt und den Gemeinden das Recht verbürgt, über das Kirchenvermögen in eigener Verantwortung zu verfügen. Dies zusammengenommen hat den Siedlern den Ausbau einer kirchlichen Selbstverwaltung ermöglicht, die hier *"eine für abendländische Verhältnisse einzigartige Verwirklichung"* erfahren hat (D. Kurze).

Auf diesem Rechtsgrund wurden die kirchlichen Verhältnisse geordnet: Als ein genossenschaftlich organisierter Verband erbaut sich die Gemeinde ihr Gotteshaus selber und stattet es aus. Die gewannweise über die Feldmark verstreute Kirchenhufe wird im Durchschnitt mit etwa 36 Joch (20,52 ha) bemessen. Für den genossenschaftlichen Aufbau dieser Gemeinwesen ist es bezeichnend, daß auch die grundherrlichen deutschen Dörfer ihre kirchliche Selbstverwaltung weitgehend erhalten können. Auch sie verfügen über das freie Pfarrerwahlrecht und können ihre Gotteshäuser selber ausstatten; lediglich in zehntrechtlicher Hinsicht sind sie ungünstiger gestellt.

Frühzeitig haben die umliegenden Kirchengemeinden sich zu Landdekanaten zusammengeschlossen, einer kirchlichen Organisationsform, die es im Bereich der Stephanskrone allein noch bei den Zipser Sachsen im Nordosten Ungarns gegeben hat; ein Beweis dafür, daß sie von den deutschen Siedlern unmittelbar aus ihrer Urheimat an Rhein und Mosel verpflanzt worden ist, wo diese Organisationsform seit altersher vorhanden war.

Kirchenrechtlich unterstanden die Dekanate zwei verschiedenen Jurisdiktionen. Das Hermannstädter Kapitel mit den zu ihm in enger Beziehung stehenden Verbänden von Leschkirch und Schenk sowie das Burzenländer Kapitel waren dem Erzbistum Gran unterstellt. Alle übrigen Kapitel, einschließlich der auf Komitatsboden errichteten meist kleineren Kirchenverbände, gehörten zum siebenbürgischen Bistum Weißenburg. Es muß ebenfalls als eine Besonderheit siebenbürgischer Kirchengeschichte angesehen werden, daß diese auf ethnischer Grundlage zusammengeschlossenen Landdekanate über die Diözesangrenzen hinweg einen eigenen Abgabeverband bildeten. Daraus hat sich im späten Mittelalter, aber noch vor der Reformation, die "Geistliche Universität" des gesamtsächsischen Klerus entwickelt. Ihr stand seit dem Jahr 1502 der jeweilige Dechant des Mediascher Kapitels als Generaldechant vor.

Um das Jahr 1190 hat der Ungarnkönig Béla III. in Hermannstadt die St. Ladislaus-Propstei als freie exemte Kollegiatskirche gegründet. Sie sollte alle deutsch-flandrischen Siedler Siebenbürgens erfassen. Als sogenannter "praelatus nullius dioeceseos" unterstand

Siegel des Burzenländer Kirchenkapitels, 14. Jahrhundert

Die Schwarze Kirche in Kronstadt, Kohlezeichnung von Fritz Kimm (Nr. 161)

der Propst unmittelbar dem Papst. 1212 ging König Andreas II. einen Schritt weiter und unterbreitete Papst Innozenz III. den Plan, die Propstei in ein Bistum umzuwandeln. Dieses Ansinnen hat Innozenz zwar rundweg abgewiesen. Doch scheint von diesem Versuch, das siebenbürgische Deutschtum in einem eigenen Bistum zusammenzufassen, durch die prägende Kraft der genossenschaftlichen Gemeindekirche eine Langzeitwirkung ausgestrahlt zu haben, die erst in der Reformation zum Tragen gekommen ist. In einer so freiheitlich gelockerten Atmosphäre fielen Luthers Thesen vom allgemeinen Priestertum der Laien und von der Rechtfertigung allein durch den Glauben auf einen besonders fruchtbaren Boden. Hermannstadt stand dabei zunächst in vorderster Linie. 1518/19 tauchten hier die ersten lutherischen Schriften auf. Und wenig später verkündigten zugereiste ehemalige Mönche mit Duldung des Stadtrates von einigen Winkelkanzeln Luthers neue Gedanken von der Freiheit eines Christenmenschen. Im Haus des angesehenen Ratsherrn Johannes Hecht trat um die gleiche Zeit die erste evangelische Hausgemeinde zusammen. Es erklangen die Lieder Luthers und ein entlaufener Dominikaner legte die Heilige Schrift in deutscher Sprache aus. Später mußte man sich mäßigen, da Hermannstadt in den Thronwirren zwischen Ferdinand I. und Johann Zápolya, dem siebenbürgischen Wojwoden und späteren König, mit Eifer die Partei des katholischen Habsburgers ergriffen hatte.

Die Fahne der siebenbürgischen Reformation wechselte damit nach Kronstadt, wo sie nach mehr als einem Dutzend Jahren Johannes Honterus entfaltete. 1539 bezeugte er in Vorreden zu zwei von ihm herausgegebenen Schriften des Kirchenvaters Augustin, wenn auch in einigermaßen verdeckter Sprachführung, seine Hinneigung zum Luthertum. In den stürmischen Auseinandersetzungen darüber stand Honterus auf Seite der

Gemäßigten. Als der Streit auszuufern drohte, übertrug der Stadtrichter Johannes Fuchs mit Rat und Hundertmannschaft dem damaligen Ratsherrn Honterus die Ordnung der kirchlichen Verhältnisse in Kronstadt und dem Burzenland. Er wurde als Stadtpfarrer eingesetzt und hat seinen Auftrag in überraschend kurzer Zeit glänzend gelöst. Noch im Oktober 1542 hielt er in der Hauptkirche Kronstadts den ersten offiziellen evangelischen Gottesdienst in einer siebenbürgischen Kirche. Die Wirkung war einmalig.

Kirchen
ordnung aller
Deutschen in Sy
bembürgen.

M. D. xlvij.

Titelblatt der 1547 in der Honterus-Druckerei erschienenen evangelisch-lutherischen "Kirchenordnung aller Deutschen in Sybembürgen"

In kürzester Zeit wurden alle deutschen Gemeinden des Burzenlandes lutherisch und nacheinander auch die übrigen Städte des Landes. Um den Gemeinden des Burzenlandes die rechte Handhabe dafür zu geben, veröffentlichte Honterus 1543 in seiner eigenen Druckerei das "Reformationsbüchlein für Kronstadt und das Burzenland". Einleitend zeigt er den unheilvollen Zustand der bisherigen Kirche auf und wirft ihren Geistlichen Unkenntnis der in der Heiligen Schrift vorgegebenen christlichen Lehren vor. Das Hauptgewicht legt Honterus auf die Predigt, die er als erbauliche Bibelauslegung aufgefaßt sehen will. Auch für die schulische Jugenderziehung wie die Armen- und Waisenpflege gibt er wertvolle Richtlinien.

Nun schaltet sich auch die Nationsuniversität als oberste weltliche Behörde ein. Sie beruft nach Hermannstadt einen "Rat gelehrter Männer", mit der Aufgabe, Honterus' Reformationsbüchlein für die Bedürfnisse der Gesamtgemeinde umzuarbeiten und damit *"der Neuordnung des kirchlichen Lebens"* im Sachsenland *"eine endgültige Gestalt zu geben"* (L. Binder). Im Jahr 1547 erscheint diese "Kirchenordnung aller Deutschen in Sybembürgen" zusammen mit einer lateinischen Ausgabe. Sie wird 1550 von der Nationsuniversität zur Richtschnur für evangelisch gewordene Kirchengemeinden erhoben. Und am 6. Februar 1553 wählt die in Hermannstadt zusammengetretene Synode den dort zum Stadtpfarrer aufgestiegenen ehemaligen Laibacher Exulanten Paul Wiener zum ersten evangelischen Superintendenten Siebenbürgens. An den damals die Gemüter erregenden Streitigkeiten über die Natur Christi in den Elementen des Abendmahles bricht um 1560 der bisher einheitliche siebenbürgische Protestantismus auseinander. Von der vorwiegend deutsch bestimmten lutherischen Kirche sondern sich, unter innerungarischem Antrieb, die Reformierten als eigenes Bekenntnis ab. Um gefährlichen Weiterungen aus dem Weg zu gehen, nimmt die in Mediasch im Juni 1572 versammelte geistliche Synode, deren Ausbau zur Institution der reinen Lehre sich im Zuge der Reformation vollzieht, das Augsburgische Bekenntnis als verpflichtende Glaubensnorm an. Es ist die Geburtsstunde der Evangelischen Kirche A.B. in Siebenbürgen.

Kirchenpolitisch ergab sich, daß die theologische Ausrichtung der neuen Kirche bis tief ins 17. Jh. hinein im Einflußbereich der Uni-

Hermann Konnerth: "Kirchgang in Deutsch-Weißkirch, Monotypie (Nr. 150)

versität Wittenberg stand, wo nach dem Tod Melanchthons die lutherische Orthodoxie die Oberhand hatte. Hier wie dort machten sich allerdings auch starke Gegenkräfte bemerkbar. In Siebenbürgen haben sie sich öffentlich weniger deutlich manifestiert. Sie werden aber in den Privatbüchereien klar faßbar, die sich in Hermannstadt in großer Zahl erhalten haben. Es ist das Schrifttum der großen Ireniker jener Zeit, des französischen Exulanten Franciscus Junius, des Schlesiers David Pareus, des Helmstedters Georg Calixt und vieler Gleichgesinnter, das dies erweist. Man versuchte über die vermittelnde Brücke der Theologie Melanchthons Wege der Annäherung, des Ausgleichs und des Friedens zwischen den einander befehdenden europäischen Konfessionen zu finden. Wie neuere Untersuchungen zur Hermannstädter Büchergeschichte lehren, war diese irenische Strömung in der evangelischen Kirche Siebenbürgens stärker verwurzelt als man bisher gesehen hat. Nur wurde sie von der offiziellen lutherischen Orthodoxie insoweit überdeckt, als jede Abweichung von dieser Richtung gleich als Kryptokalvinismus gebrandmarkt werden konnte, was auch in der zeitgenössischen Beurteilung von Bischof Matthias Schiffbaumer augenfällig wird.

Mit der Besitzergreifung Siebenbürgens durch das Haus Habsburg gegen Ausgang des 17. Jhs. war der Gegenreformation im Land Tor und Tür geöffnet. Die Reformation hatte indes in den verflossenen anderthalb Jahrhunderten tiefe Wurzeln gefaßt, auch war die freie Religionsausübung staatsgesetzlich verankert, so daß man dagegen schwer ankämpfen konnte. Lediglich in den Städten mußten einstige Klosterkirchen ihren Besitzer erneut wechseln. Die Proselytenmacherei hielt sich in Grenzen. Samuel von Brukenthal gab ein leuchtendes Gegenbeispiel. Auch als Gouverneur besuchte er regelmäßig den evangelischen Gottesdienst und nahm häufig das Abendmahl. Sein berühmter Wahlspruch *"fidem genusque servabo"* (meinem Glauben wie meinem Volk will ich treu bleiben) dürfte manchen seiner Landsleute, wenn auch unbewußt, zu gleichem Tun angeleitet haben. Aufs ganze gesehen blieben die Rekatholisierungsbestrebungen erfolglos.

Vom auslaufenden 17. bis tief ins 18. Jh. hinein haben der Pietismus und die in diesem wurzelnde Brüdergemeinde in Siebenbürgen gelegentlich recht spürbar Fuß zu fassen gesucht. Man zielte auf eine von individueller Frömmigkeit durchtränkte Erneuerung der Kirche, in der Wärme und Liebe das Lebenselement sein sollten. Das aber lehnte die institutionalisierte lutherische Orthodoxie von Grund aus ab, ebenso wie das wenig später auftretende Herrenhutertum mit seinen etwas weitergehenden

Bestrebungen. Es ist darüber in der evangelischen Kirche Siebenbürgens häufig zu schweren Auseinandersetzungen gekommen, wie in Hermannstadt im Zusammenhang mit der Besetzung von Lehrstellen am Gymnasium durch erklärte Pietisten u. ä. Bischof Georg Jeremias Haner hat gegen die Herrenhuter scharfe Waffen ins Treffen geführt und wies im Jahr 1761 die Synode ausdrücklich darauf hin, daß man hundert Jahre früher die "Kryptokalvinisten" nur damit in die Knie zwingen konnte.

Ein Ruhmesblatt Haners war die im Verein mit Brukenthal durchgeführte Konsistorialverfassung, die ein paritätisches Zusammenwirken von Geistlichen und Weltlichen in der Kirche bis hin zum Oberkonsistorium bezweckte. Dem Vernunftdenken der Aufklärung hat auch das Gesangbuch von 1792 mit seiner rationalistischen Grundhaltung Pate gestanden, von dem ansonsten wenig Rühmenswertes zu sagen ist.

Das innerkirchliche Leben hat sich trotz Krieg und Revolution bis über die Mitte des 19. Jhs. hinaus in den überlieferten Bahnen weiterentwickelt. Eine fühlbare Vertiefung ist unter Bischof Daniel Georg Neugeboren durch die Wiederaufnahme und Verlebendigung der Kirchenvisitationen eingetreten. Auch das konfessionelle Schulwesen konnte unter seiner persönlichen Einwirkung wesentlich verbessert werden. Nach dem Abklingen des habsburgischen Neoabsolutismus in den fünfziger Jahren, brachte die neue Kirchenverfassung von 1861 eine entscheidende Wende.

Die vorübergehende Aufhebung der "Sächsischen Nationsuniversität" hatte jedem Klarsichtigen gezeigt, daß das innere Gefüge der Siebenbürger Sachsen auf neue tragfähige Strukturen gestellt werden mußte. In der eben zur Ausarbeitung gegebenen, zeitgemäßen Kirchenverfassung bot sich das entsprechende Auffangbecken geradezu an. Man legte dem Neubau das altsächsische Gemeindeprinzip zugrunde, mit der Ortsgemeinde und ihrem Presbyterium als Basis, den übergeordneten Bezirkskonsistorien und, an der Spitze, dem Landeskonsistorium mit dem Bischof, beide mit dem Sitz in Hermannstadt. Da in dieser auf synodal-presbyterialer Grundlage stehenden Kirchenverfassung die kirchlichen Vertretungskörper aus Wahl durch Gemeindemitglieder hervorzugehen hatten, war das nationale Sein der Siebenbürger Sachsen auch nach der endgültigen Zerschlagung der Nationsuniversität im Jahr 1876 im Protestantismus von Kirche und Schule geborgen, und damit der Weg zur Volkskirche nach allen Seiten frei. Auch das mühselige, dreihundert Jahre dauernde Doppelregiment von Bischof in Birthälm und Oberkonsistorium in Hermannstadt war damit endgültig beseitigt.

Bischof Friedrich Teutsch (1852-1933)

Bischof Friedrich Müller d.J. (1884-1969)

Bischof Albert Klein (1910-1990)

Bis zum Ersten Weltkrieg wurde das Arbeitsfeld der Kirche nach den verschiedensten Richtungen erweitert: Für einen systematischen Religionsunterricht wurden Lehrbücher herausgegeben. Ab 1897 erschienen die "Kirchlichen Blätter" in regelmäßiger Folge. Und *"die Tätigkeit des Gustav-Adolf-Vereins, des Allgemeinen Evangelischen Frauenvereins wie die umfassende Fürsorgearbeit ist aus dem Leben der Kirche dieser Zeit nicht wegzudenken"* (Binder).

Nach Beendigung des Ersten Weltkriegs wurde Siebenbürgen 1920 im Frieden von Trianon staatsrechtlich Rumänien zugesprochen. In Artikel 11 des diesem Vertrag zugrundeliegenden Abkommens wurde ausdrücklich festgelegt: *"Rumänien stimmt zu, den Gemeinschaften der Szekler und der Sachsen in Siebenbürgen eine lokale Selbstverwaltung ... hinsichtlich der religiösen und Schulfragen zu bewilligen."* Damit ließ sich leben. Beeinträchtigungen gab es allerdings, z.B. durch die Agrarreform (1921), der auch die uralte Kirchenhufe zum Opfer fiel. Viele Kirchengemeinden konnten jetzt die Besoldung ihrer Schul- und Kirchenangestellten oft nur mit großer Verspätung vornehmen. Denn die vorgesehene Unterstützung durch den Staat fiel mäßig aus. So mußten die Kirchensteuern stark erhöht werden, was zu einer Unzufriedenen-Bewegung führte, die sich besonders gegen den Pfarrerstand richtete. 1937 erhielt die evangelische Kirche als die, wie es im Gesetz heißt, *"entscheidende Einrichtung für die Bewahrung und Pflege der Kultur der sächsischen Bevölkerung Siebenbürgens"* durch die Auflösung der seit 1876 als Relikt verbliebenen "Vermögensgemeinschaft der ehemaligen Sächsischen Nationsuniversität" mehrere Millionen Bargeld und einige Häuser, darunter das altehrwürdige Komeshaus und das Sächsische Nationalarchiv.

Ganz unheilvoll für Volk und Kirche hat sich die Tätigkeit der von der Volksdeutschen Mittelstelle des NS-Regimes 1940 ins Leben gerufenen "Deutschen Volksgruppe in Rumänien" ausgewirkt. Sie dehnte ihren Führungsanspruch sehr bald auch über die Kirche aus; und schon 1942 gelang es ihr, die Übergabe des bisher konfessionellen Schulwesens an die staatlich subventionierte "Volksgruppe" zu erzwingen. Der Versuch des damaligen Bischofvikars Friedrich Müller, wenigstens die grundbuchliche Übertragung des gewaltigen Schulvermögens an die "Volksgruppe" zu vereiteln, indem er eine Vermietung vorschlug, scheiterte.

In dieser Atmosphäre hat es nicht an Versuchen gemangelt, neuheidnischen Strömungen des Nationalsozialismus auch in Siebenbürgen Vorschub zu leisten. Sie waren der volkskirchlichen Substanz der Gemeinschaft fremd und sind auf erbitterten Widerstand namentlich aus Kreisen der Pfarrerschaft gestoßen, deren Seele wieder Fr. Müller war. Als Rumänien sich am 23. August 1944 auf die Seite der Antihitlerkoalition schlug und die Volksgruppe wie ein übler Spuk zerstob, waren es die Männer dieses Kreises, im wesentlichen also die Männer der Kirche, denen die schwere Aufgabe zufiel, das belastende Erbe der Jüngstvergangenheit aufzufangen und zu bewältigen. Unter den gegebenen Umständen der Verschleppung der aktivsten Bevölkerungsteile beiderlei Geschlechtes nach Rußland und der Totalenteignung des ländlichen Grundbesitzes rückten Fragen der Diakonie an den alten Menschen und an den vielen daheim elternlos zurückgebliebenen Kindern in den Vordergrund. Volkskirchliche Antriebe kamen dazu. Allmählich konnte man der Schwierigkeiten Herr werden und das innere Leben der Kirche fand wieder zu sich.

Besonders wichtig wurde die Frage der Pfarrerausbildung, die früher meist individuell durch den Besuch deutscher Hochschulen gelöst worden war. 1948 konnte, in Verbindung mit der Theologischen Fakultät der reformierten Kirche Klausenburgs, eine evangelisch-lutherische Abteilung gegründet werden, die 1955 nach Hermannstadt übersiedelte.

Nr. 40. Hermannstadt, den 31. Januar 1900. III. Jahrg.

Erscheint jeden Mittwoch. Administration: W. Krafft, Hermannstadt.

Kirchliche Blätter

aus der ev. Landeskirche A. B. in den siebenb. Landesteilen Ungarns.

Für das Inland: Halbjährlich K. 3.—. Evang. Wochenschrift für die Glaubensgenossen aller Stände. Für das Ausland: Halbjährlich Mk. 3.—.

Inhalt: Religiöse Vertiefung. — Von der 45. Versammlung deutscher Philologen und Schulmänner. II. — Korrespondenzen. — Nachrichten aus Schule und Kirche. — Bücherschau.

Religiöse Vertiefung.

Mit gehobenem Herzen hat wohl jeder unter uns Kenntnis genommen von jenen ehrenden öffentlichen Vorträgen und Zeitungsberichten, in welchen die Mehrzahl der zum Enthüllungsfest des Teutsch-Denkmals am 19. August v. J. aus dem deutschen Mutterland erschienenen Ehrengäste die hier empfangenen Eindrücke niedergelegt und den deutschen Volksgenossen über unsere Verhältnisse und Zustände, unser Leben und Streben ausführliche und zuverlässige Kunde gebracht haben. Mit gehobenem Herzen sage ich, denn jene Schilderungen haben ja, wie das unter dem Eindruck festlicher Tage und gehobener Stimmung nur natürlich ist, vor allem die schönen und rühmenswerten Seiten unseres Volkslebens betont und hervorgehoben, und wer freut sich nicht zu hören, daß jene ernsten Männer „voll Stolz" es rühmen, „daß hier feste, opferfreudige deutsche Herzen uns ein Muster nationaler Treue zeigten, und daß eine arbeitsfreudige, mutige Kirche uns hier ein Bild lebendigen Volkschristentums bot." . . . „Für einfach fromme empfindende Menschen war es eine Freude, eine Kirche vor sich zu sehen, die vom ganzen Volk verstanden und geliebt wird."

Wir freuen uns dieses und so manches andern Lobes, das über uns erklungen ist, aber wir dürfen uns dabei doch nicht verhehlen, daß vieles auch bei uns nicht so glänzend ist, als es im Schmuck besonders festlicher Tage einem freundlich-beurteilendem Auge erscheint. Und gewiß wäre auch unseren lieben Ehrengästen gar manches weniger rühmenswert erschienen, wenn sie unser gesamtes Leben mehr im Alltagsgewande zu beobachten Gelegenheit gehabt hätten. Es gilt das namentlich auch vom kirchlich-religiösen Leben unter uns, das mehr in den Städten, weniger auf dem Lande, aber doch allenthalben um einige Grade mehr ausdauernde Wärme und Begeisterung zu vertragen in der Lage wäre. Und es ist gewiß eine Richtung zum Bessern, daß wir solches mehr und mehr zu empfinden beginnen. Oder hat denn nicht aus solcher Empfindung und klaren Erkenntnis heraus ein politisches Blatt, die „Bistritzer Zeitung", der man gewiß Voreingenommenheit nicht zur Last legen kann, das unverholene Bekenntnis in ihrem letzten Weihnachtsartikel abgelegt: „Vertiefung des religiösen Bewußtseins ist die ernsteste und in unserer Zeit dringenste Forderung, an welche uns Weihnachten mahnt." Wer sehen will, dem wird es nicht entgehen, daß in manchen Kreisen unseres Volkes, besonders in den Städten, eine betrübende Gleichgiltigkeit gegen Religion und religiöse Dinge sich bemerkbar macht. Sie äußert sich unter anderem auch in dem auffallend schwachen Kirchenbesuch. . . Daß der dem Evangelium abholde Geist des Materialismus, welcher nur einen Kampf ums Dasein predigt und die beseligende Kraft des Glaubens leugnet, auch in unserer Mitte überhand nimmt, muß als ein krankhafter, ungesunder Zustand betrachtet werden. Darum darf die Mahnung der Weihnachtszeit, unser religiöses Bewußtsein zu vertiefen, . . . nicht ungehört verhallen."

Wir wollen die Klage des sehr beachtenswerten Artikels, daß der Geist des Materialismus auch in unserer Mitte überhand nimmt, diesmal unerörtert lassen, weil sie uns zu weit führen und vielfach eingeschränkt werden würde. Dagegen steht für uns als unbestreitbare Thatsache der auffallend schwache Kirchenbesuch, welchen der Artikel hervorhebt, und welcher nicht nur in allen unsern sächsischen Städten, sondern auch schon hie und da in Landgemeinden als betrübende Erscheinung uns entgegentritt. Daß wir diese Abwendung vom kirchlichen Leben teilweise als eine Folge der völligen Gleichgiltigkeit gegen Religion und religiöse Dinge ansehen und beklagen müssen, leidet keinen Zweifel. Aber wo das auch nicht der Fall ist, — und es giebt ja Gottlob auch in unserer städtischen Bevölkerung noch solche Kreise, in denen die Liebe speziell zum evang. Glauben und Kirchentum noch nicht erstorben ist, — so kann doch niemand bestreiten, daß das darniederliegende kirchliche Leben auf die Dauer eine schwere Gefahr für die Pflege und Erhaltung des religiösen Gefühls und Empfindens und für die wirksame Kraft unseres evang. Glaubens in sich schließt.

Titelseiten der in Hermannstadt erscheinenden "Kirchlichen Blätter" (Nr. 113)

KIRCHLICHE BLÄTTER

MONATSSCHRIFT DER EVANG. KIRCHE A. B. IN DER SOZIALISTISCHEN REPUBLIK RUMÄNIEN

13. (51.) Jahrgang, Nummer 3 MÄRZ 1985

Auf die Blickrichtung kommt es an

„Meine Augen sehen stets auf den Herrn, denn er wird meinen Fuß aus dem Netz ziehen." Psalm 25,15

Ein ganz plastisches Bild steht vor uns. Da ist ein gefährliches Gelände, mit verborgenen Fußangeln und unsichtbaren Fangnetzen belegt. Wer unachtsam ist, wird plötzlich unversehens festgehalten. Er ist gefangen und kann sich nicht mehr selbst befreien. Er muß zappeln und warten, bis einer kommt und die Falle öffnet.

Der Beter des 25. Psalms hat offenbar etwas erfahren, das solchen Erlebnissen bei der Jagd oder im Streit ähnlich ist. Er fühlte sich überraschend gefangengesetzt, unfrei. Sein Fuß war im Netz. Er konnte nicht weiter. Aber da kam der Herr und löste den Gefangenen. Er zog ihm den Fuß aus dem Netz. Er schenkte Freiheit.

Weil der Beter diese befreiende Erfahrung mit seinem Gott machen durfte, weiß er nun: nichts ist wichtiger, als die Verbindung mit Gott. Nun sollen die Augen stets auf Gott ausgerichtet sein. Das ist die rechte Blickrichtung.

Mitten in der Passionszeit steht der Sonntag Okuli. Er hat seinen Namen von dem ersten Wort aus der lateinischen Fassung des Psalmverses, der im Gottesdienst als Eingangsspruch verwendet wurde: „Meine Augen sehen stets auf den Herrn, denn er wird meinen Fuß aus dem Netz ziehen." Wir werden in die rechte Blickrichtung gelenkt. Wir sollen in dieser Passionszeit — und nicht nur in ihr — unsere Augen auf den richten, der uns Befreiung, Lösung von unseren Banden schenken will. Es ist die Wirklichkeit des Bösen, der Sünde, die unversehens nach uns greift und uns gefangen nimmt. In der Tat vermag keine noch so große eigene Anstrengung uns aus ihrer Gewalt zu befreien. Die Befreiung muß von außen kommen. Ein Erlöser muß sie vollziehen.

Wie das geschehen ist, wird uns gerade in der Passionszeit deutlich. Gott hat sich das Erlösungswerk etwas kosten lassen. Er ist den Weg des Opfers und der Stellvertretung gegangen. Er hat seinen Sohn Jesus Christus für uns dahingegeben. Wenn es nun heißt, die rechte Blickrichtung zu haben und auf den Herrn zu sehn, dann ersteht vor uns die Gestalt des Gekreuzigten: „Lasset uns aufsehen auf Jesus, den Anfänger von Vollender des Glaubens."

Zur rechten Blickrichtung ruft uns auch der Wochenspruch der dritten Passionswoche: „Wer seine Hand an den Pflug legt und sieht zurück, der ist nicht geschickt zum Reiche Gottes" (Luk. 9, 62). Wer den Kampf mit der Sünde aufgenommen hat und zur Nachfolge bereit ist, muß seine Augen fest aufs Ziel, fest auf den Herrn richten. Das Reich Gottes erringen keine Halben. Hier ist voller Einsatz nötig. Wer beim Ackern gerade Furchen ziehen will, muß vorwärts sehen und nicht zurück. Wer seine Augen auf den Herrn richtet, darf nicht gleichzeitig andere Größen und Werte neben seinem Wort gelten lassen. Es gibt auch eine falsche „Rücksicht". Leicht können sich Ansprüche anderer melden, die unsere Blickrichtung verändern wollen. Wie gerne blicken wir zurück auf vergangene, versunkene Größe. Es gibt eine Faszination der Vergangenheit, der falschen Bindung an das, was einst war. Darüber gerät man in Trauer und ist nicht mehr fähig, in der Gegenwart die rechten Entscheidungen zu treffen. Es gibt auch die Faszination utopischer Illusionen. Man hat seine eigenen Wunschbilder, die man krampfhaft festhält, und verliert den Blick für die Wirklichkeit. Übersteigertes Selbstgefühl schlägt leicht in Selbstmitleid um, und beides führt zu einer falschen Blickrichtung. Unvermerkt ist man im Netz eigener Vorstellungen und Gedanken gefangen und kann nicht mehr auf das rettende Wort hören, das uns gesagt wird.

Wir brauchen eine immer neue Ausrichtung unserer Augen. Wir haben es nötig, daß uns auch in dieser Zeit neu gesagt wird, welches der Orientierungspunkt ist, der uns die Richtung weist: es ist das Kreuz Christi. In diesem Zeichen allein ist uns das Heil bereitet.

HERMANN PITTERS

„Christus hat geliebt die Gemeinde und hat sich selbst für sie gegeben." Eph. 5,25

Herr Jesus Christus, du bist nicht in die Welt gekommen, um zu herrschen, sondern um uns Menschen zu dienen. Wir danken dir für deinen Dienst und für dein Opfer zur Vergebung aller Schuld. Du verschmähst auch nicht den bescheidenen Dienst, den wir für dich tun wollen. Stärke uns, in deinem Namen zu helfen und Opfer zu bringen, wenn wir gebraucht werden. Herr, du bist gehorsam den Leidensweg gegangen. Vergib uns, wenn wir oft nach eigenem Gutdünken handeln und dabei vergessen, nach deinem Willen zu fragen. Schenke uns den Gehorsam, den du von uns erwartest. Laß uns Ja sagen zu dem Weg, den du uns führst, wenn er auch anders verläuft, als wir uns es wünschen. Laß uns mit jedem Tag bessere Jünger werden, die ihre Fehler erkennen und mit allem immer wieder zu dir kommen, unserem Heiland. Amen.

Zum Schicksalsproblem weitete sich die Frage der Familienzusammenführung aus, die sich zu einer Massenauswanderung mit geradezu springflutartigem Charakter entwickelte. Die damit zusammenhängenden Probleme stellten die Kirche zunehmend vor neue Aufgaben. Einem Bericht von Bischof Christoph Klein an dasLandeskonsistorium vom Januar 1991 zufolge ist *"der Aufbau einer Diasporakirche aus den Resten der volkskirchlich strukturierten Gemeinden"* vorgesehen, mit zentralen Diaspora-Pfarrstellen, ebenso der Ausbau einer organisierten Diakonie mit Alten- und Armenhilfe usw. Das Sammeln und Zentralisieren des kirchlichen Kunst- und Kulturgutes sowie der Archivalien wird in Angriff genommen. In mehreren Kirchengemeinden sind die Lichter bereits erloschen. Die einst so hochgemute ECCLESIA DEI NATIONIS SAXONICAE (die Kirche Gottes sächsischer Nation) neigt sich dem Abend zu. *Gustav Gündisch*

Schulwesen

Die Schule hatte für die Siebenbürger Sachsen eine existenzielle Bedeutung. *"Das deutsche Eigenleben war von jeher verkörpert in der Schule"*, meinte Heinz Brandsch und der Abgeordnete Emil Neugeboren schrieb 1911, die Siebenbürger Sachsen seien *"ein Schulvolk par excellence"*. *"Die Sachsen mußten, was ihnen an zahlenmäßiger Masse abging, durch bessere Leistungen so zu ersetzen trachten, daß sie im Lande immer wieder als unentbehrlich empfunden und ihnen darum allezeit die nötige Entwicklungs- und Bewegungsfreiheit eingeräumt wurde"*, stellt Friedrich Müller fest.
Das Schulwesen der Siebenbürger Sachsen entstand in seinen Grundzügen in vorreformatorischer Zeit, und zwar auch in den Landgemeinden. Einige dieser Schulen gibt es wohl seit dem 12. Jh. Die ersten werden 1332 und 1334 urkundlich erwähnt. In Hermannstadt besteht seit über 600 Jahren (1380) eine Schule ununterbrochen an dem gleichen Ort, seit 200 Jahren in demselben Gebäude.
Was die allgemeine Verbreitung von Schulen anbelangt, hatten die Siebenbürger Sachsen eine Spitzenstellung in Europa. Kaum ein sächsisches Dorf ist längere Zeit ohne Schule geblieben. Schon Ende des 14. Jhs. studierten siebenbürgisch-sächsische Studenten in größerer Zahl an mitteleuropäischen Hochschulen. Bis zur Reformation stand die Universität Wien bei weitem an erster Stelle: Von 1377 bis 1530, also in 153

Sein 600jähriges Bestehen durfte im November 1980 das Hermannstädter Brukenthal-Lyzeum (Gymnasium), eine der ältesten Schulen in Südosteuropa, feiern

Doppelte "Saxonia"-Schärpe des Georg-Daniel-Teutsch-Gymnasiums, der heute nach Josef Haltrich benannten Schäßburger Bergschule (Nr. 81)

Jahren, haben 1.019 Sachsen in Wien studiert.
Mit der Reformation, die in Siebenbürgen stark vom Humanismus geprägt war, nahm das Schulwesen einen großen Aufschwung. Der Reformator Johannes Honterus gab dazu den Anstoß: 1541 gründete er in Kronstadt die "Schola Coronensis", das erste humanistische Gymnasium Südosteuropas. Seine Schulordnung ("Constitutio") von 1543 wurde zum Muster für die anderen Schulen in Hermannstadt (1555), Bistritz (1551), Schäßburg und Mediasch, die ebenfalls zu humanistischen Lateinschulen umgestaltet wurden. Die Schulordnung erlaubte eine weitgehende Schülerselbstverwaltung, die in Abwandlungen an den Oberklassen der Gymnasien bis 1940 in dem sogenannten "Coetus" praktiziert wurde. Der Besuch auswärtiger Universitäten nahm zu, wobei nun den Hochschulen im protestantischen Deutschland eine Vorzugsstellung zukam.
1722 beschloß die Generalsynode die allgemeine Schulpflicht. Mitte des 18. Jhs. entwickelte sich die Dorfschule zur allgemeinen Volksschule. Bischof Neugeboren stellte 1821 als Fazit dieser Bestrebungen fest: *"Die ärmste Gemeinde hat ihre eigene Schule und würde ihren Untergang vor sich sehen, wenn sie die Schule müßte lassen"* und, *"daß nach dem allgemeinen Urteil das Schulegehen in das Leben eines jeden Sachsen, männlichen und weiblichen Geschlechts, gehört"*. Stephan Ludwig Roth, ein Pestalozzi - Schüler, machte vor 1848 zukunftsweisende Vorschläge zur Verbesserung der Volksbildung.
Auch der Kindergarten und das berufsbezogene Bildungswesen der Siebenbürger Sachsen können auf eine beachtliche Tradition zurückblicken. 1871 wurde, unter dem Einfluß der Lehre Fröbels, der erste Kindergarten gegründet. Schon 1825 war in Hermannstadt und 1841 in Kronstadt je eine Handelsschule (Handelslehrlingsschule) gegründet worden, die in der Folge ausgebaut wurden. Zur technischen Ausbildung des Nachwuchses und zur Erhaltung der Wettbewerbsfähigkeit beschloß die Nationsuniversität 1871, auf Initiative der Gewerbevereine, die Errichtung von Gewerbeschulen (Gewerbelehrlingsschulen) in neun sächsischen Städten und Märkten. Es waren die ersten Berufsschulen Südosteuropas. Ebenfalls unter der Trägerschaft der Nationsuniversität wurden dann drei Akkerbauschulen gegründet, landwirtschaftliche Lehranstalten, die mit einem Versuchs- und Musterbetrieb verbunden waren.
Nach dem Anschluß Siebenbürgens an Ungarn (1867) und nach dem Verlust der Autonomie gelang den Siebenbürger Sachsen, gestützt auf ihre evangelisch-lutherische Kirche, in der Abwehr der Magyarisierungsbestrebungen ein qualitativer Ausbau ihres allgemeinbildenden Schulwesens (achtjährige Schulpflicht für Mädchen, neunjährige für Jungen und danach drei bis vier Jahre Fortbildungsschule!) und der Ausbau der Lehrerbildung und Lehrerfortbildung. Während die Schule im übrigen Ungarn ein Instru-

"Erstes Lesebuch", gedruckt 1847 in Kronstadt bei Johann Gött (Nr. 76)

ment der Magyarisierung wurde, war sie in Siebenbürgen ein Bollwerk gegen diese.
Um die Jahrhundertwende verfügten die rund 230.000 Siebenbürger Sachsen neben 253 Volksschulen und 14 höheren Volks- und Bürgerschulen über neun Mittelschulen, d.h. Gymnasien (sechs achtklassigen und drei vierklassigen), die von ihnen besucht und auch erhalten wurden. Das ist ein einmalig dichtes Netz von Mittelschulen mit einer hohen Abiturientenquote. Sie waren gesamtsiebenbürgische Bildungsstätten und wurden auch von nichtdeutschen Schülern gern besucht, wobei der Anteil rumänischer Schüler bis 1918 besonders hoch war. Hingegen gab es keine einzige deutsche Mittelschule in Ungarn.
Bei der Angliederung Siebenbürgens an Rumänien nach dem Ersten Weltkrieg sicherten der Friedens- und der Minderheitenschutzvertrag den Siebenbürger Sachsen (und den Szeklern) eine regionale Religions- und Schulautonomie zu - der einzige Fall, in dem diese Rechte korporativ erteilt wurden. Diese Verpflichtungen und Rechte wurden zwar nie ganz eingelöst, aber das Partikularschulgesetz von 1925 gab den Kirchen die Möglichkeit, eigene Schulen zu gründen und zu erhalten. Dem Staat räumte es zwar große, aber doch begrenzte Aufsichtsrechte ein.
Die Siebenbürger Sachsen besaßen vor Beginn des Zweiten Weltkrieges ein sehr differenziertes privat-konfessionelles Schulwesen - vom Kindergarten bis zu den Lyzeen, den Lehrerbildungsanstalten und den berufsbildenden Schulen. Man hatte eigene Lehrpläne im Rahmen der relativ engen staatlichen Richtlinien, eigene Schulbücher, es blieb beim Studium der Mittelschullehrer in Deutschland, und die kulturellen Kontakte wurden sogar intensiviert.
Nach dem Umsturz in Rumänien am 23. August 1944 und nach der Verstaatlichung des Schulwesens (1948) traten grundlegende Veränderungen ein: die Schule wurde von der Kirche streng getrennt; es gab kein selbständiges deutsches Schulwesen mehr, sondern deutsche Abteilungen an gemeinsamen Schulen; die Einrichtung solcher Abteilungen (vom Kindergarten bis zum Lyzeum) wurde von bestimmten Schülerzahlen abhängig gemacht; an den Hochschulen konnte nur das Fach Deutsch in der Muttersprache studiert werden; die Lehrpläne und Schulbücher waren, bis auf das Fach "Deutsche Sprache und Literatur", an deutschen und rumänischen Abteilungen gleich. Deutsch war aber nicht nur Unterrichtsfach, sondern Unterrichtssprache in der Mehrzahl der Fächer, soweit dafür Lehrkräfte zur Verfügung standen.
Selbstverständlich hatte bis 1989 die kommunistische Partei die absolute Führungsrolle, die ideologischen Grundsätze des Marxismus-Leninismus waren verbindlich und das Bildungswesen war Teil der zentralen Wirtschaftsplanung. Die totale Ideologisierung, die Gängelung durch den Partei- und Staatsapparat, die Konzeption einer extremen Lernschule und die Ausrichtung des Bildungswesens auf die Erfordernisse der Volkswirtschaft blieben nicht ohne Auswirkungen auf die deutschen Abteilungen.

Einige Schulen konnten trotzdem ein eigenes Profil bewahren und eine intensive pädagogische Wirkung nach innen ausüben. Insgesamt haben die deutschen Schulen und Abteilungen in Rumänien auch in dieser Zeit, trotz ideologischer Einengung, bei durchgehender Zweisprachigkeit und unter schwierigen Bedingungen, Beachtliches geleistet - mit großen Unterschieden von Schule zu Schule. Es gab nichts Vergleichbares in Ost- und Südosteuropa. Freilich: der vor allem durch die Aussiedlung bedingte Rückgang der Schülerzahlen und der Lehrermangel gefährdeten den Erhalt der deutschen Abteilungen.

Dann kam, schneller als erwartet, im Dezember 1989 die sogenannte Revolution. Für den deutschsprachigen Unterricht eröffneten sich neue Möglichkeiten. Aber nun zeigte sich, daß durch die Ceaușescu-Zeit mehr zerstört worden ist, als zunächst angenommen wurde, vor allem das Vertrauen. Die massive Abwanderung im Jahr 1990 führte zur Auflösung vieler deutschsprachiger Dorfschulabteilungen. In den meisten ländlichen Ortschaften blieb nur die wenig gegliederte Grundschule bestehen. Aus Orten ohne Sekundarstufe müssen die Schüler ab der 5. Klasse in die Stadt- und Zentrumsschulen fahren oder die rumänische Abteilung am Heimatort besuchen.

Im Lyzealunterricht konzentrieren sich die deutschen Schüler auf traditionsreiche Schulen wie das Brukenthal-Lyzeum in Hermannstadt, das Johannes-Honterus-Lyzeum in Kronstadt und das Josef-Haltrich-Lyzeum in Schäßburg.

Die Zukunft der deutschen Schulabteilungen auf dem Lande ist sehr ungewiß. Die Existenz der Stadtschulen ist mittelfristig gesichert, wenn es gelingt, sie mit Lehrern zu versorgen. Die Öffnung Rumäniens nach dem Westen hat den Andrang rumänischer Schü-

Maifestfahne aus Hermannstadt, 1900 (Nr. 77)

ler noch verstärkt. In vielen deutschen Kindergartengruppen und Schulklassen überwiegt der Anteil rumänischer Schüler. Damit haben die Stadtschulen ihren alten Charakter verloren. Sie sind "Begegnungsschulen" geworden, mit doppelter Funktion: Vermittlung der eigenen Kultur und Stützung der Identität für die einen - Begegnung mit der deutschen Sprache und Kultur für die anderen. Sie können aber Begegnungsschulen bleiben, nur solange ein Element da ist, mit dem man sich begegnet. Falls das einmal nicht mehr der Fall sein sollte, wenn es diese "qualitative Mindestpräsenz" nicht mehr geben sollte, werden es rumänische Schulen in deutscher Sprache, "Schulen in einer Weltsprache", die zwar eine kulturpolitische Bedeutung haben, aber doch eine andere Funktion erhalten.

Walter König

Buchwesen

Druckereien, Verlage, Buchhandel, Bibliotheken

Allein aus dem Jahr 1539 zehn Honterus-Drucke vorhanden / Martin von Hochmeister, Johann Gött, Carl Wolff, Krafft & Drotleff, Zeidner, Markus, Meschendörfer - markante Namen deutscher Buch- und Zeitungsproduktion / Schon die Tatsache, daß Hermann Oberth ein Siebenbürger Sachse war ...

Das Buch hat im Kulturleben aller ethnischen Inselgruppen einen besonderen Rang und übt auch auf die umgebenden Völker eine starke Wirkung aus.
Geistliche und Mönche brachten nicht nur Handschriften und die ersten gedruckten Bücher nach Siebenbürgen, sie beherrschten auch die Schreibkunst und waren erfahren im Illuminieren und in der Buchbinderei. Einige von ihnen sind namentlich bekannt. Die ältesten erhaltenen Meßbücher entstanden um 1360 und 1394; besonders prächtig illuminiert ist eine Graduale um 1500. In Klöstern, vor allem der Dominikaner, und in Kirchen befanden sich demnach die ältesten Büchersammlungen. Die Marienkirche in Hermannstadt besaß 1442 z.B. 147 Handschriften.
Später brachten Kaufleute und Studenten Bücher ins Land und es begann bald auch ein richtiggehender Handel mit Büchern. Belegt sind u. a. *Ioannes bibliopola*, 1506 in Hermannstadt, ein "Buchführer" 1522 in Schäßburg. Sehr rege wurde der Handel vor allem mit Luther-Drucken und Reformationsschriften.
Inzwischen hatte man 1528/29 in Hermannstadt begonnen, Bücher zu drucken - rund 1800 km südöstlich von Frankfurt/M. und zehn, zwanzig oder dreißig Jahre bevor es in Berlin, Königsberg, Hannover oder Graz Druckereien gab. Von den ersten nachge-

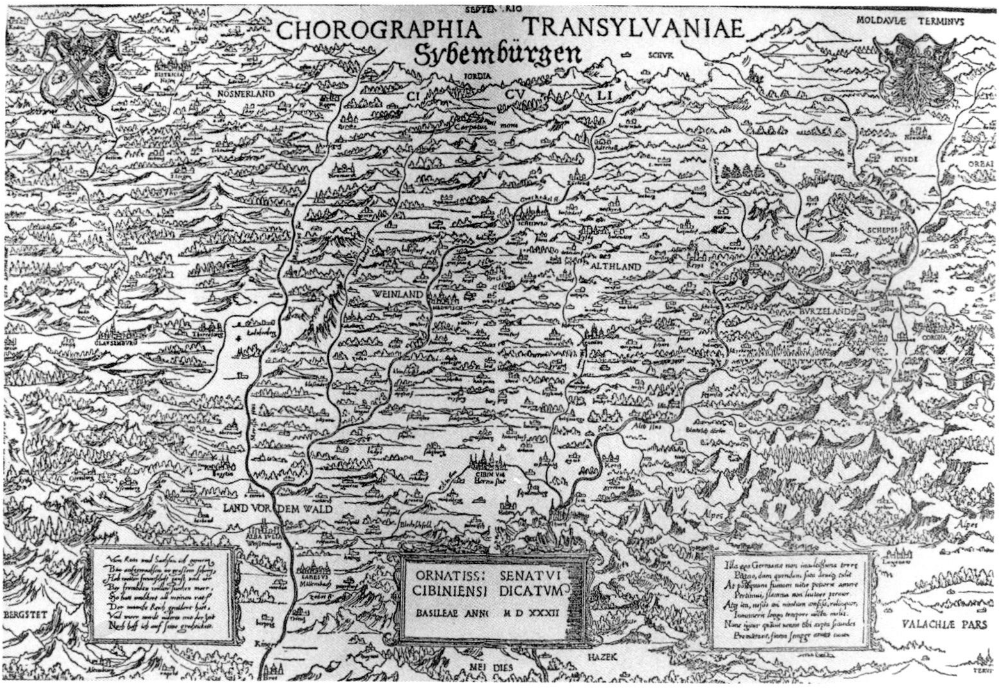

Siebenbürgen-Karte von Johannes Honterus (Nr. 1)

wiesenen Drucken haben sich keine Exemplare erhalten. Dafür aber sind aus der von Johannes *Honterus* in Kronstadt gegründeten Druckerei allein aus dem Jahr 1539 zehn Drucke vorhanden. Der aus Hermannstadt gebürtige Kaspar *Helth,* wie Honterus ein vielseitig gebildeter Humanist, gründete mit Georg *Hoffgreff* 1550 in Klausenburg eine Druckerei, die sich zur fruchtbarsten Offizin Südosteuropas entwickelte.

Bemerkenswert ist die Vielfalt in sprachlicher, typographischer und inhaltlicher Hinsicht. Es erschienen Sprachbücher, griechische und lateinische Klassiker, Ausgaben des Neuen Testaments, Reformationsschriften, Rechtscodices, historische Bücher sowie Pest- und Gesundheitsbücher in lateinischer, griechischer, deutscher, kirchenslawischer und, erstmals, in ungarischer und rumänischer Sprache. Gedruckt wurde mit Antiqua- und Kursivschriften, mit griechischen und kyrillischen Lettern und mit Frakturtypen. Und dies alles zu einer Zeit äußerster kriegerischer und politischer Bedrohung.

Während und nach der Reformation gingen die Bücherbestände der aufgelösten Klöster in den Besitz der neuerrichteten Gymnasien über. Den besten Ruf genoß die 1543 errichtete, öffentlich zugängliche Gymnasialbibliothek in Kronstadt, für die 1547 ein eigenes Gebäude, die "Liberei", errichtet wurde. Hermannstadt und Kronstadt wendeten beträchtliche Summen zum Ankauf von Büchern auf. Die Bestände einiger bedeutender Privatbibliotheken gingen ebenfalls in die Gymnasialbibliothek über. 1592 wurden die mit der Schulbibliothek in Hermannstadt vereinigten Bücherbestände in der St. Jakobs-Kapelle untergebracht ("Kapellenbibliothek"); 1680 zählte sie 2614 Bände, darunter 280 Inkunabeln, die größtenteils erhalten sind. Die Kronstädter Bibliothek aber wurde durch den "großen Brand" 1689 vollständig vernichtet; um 1700 begann der Neuaufbau. Auch Bistritz, wo die Anfänge noch in vorreformatorische Zeit reichen, Schäßburg, Mediasch und Mühlbach besaßen ihre Gymnasialbibliotheken.

Die vier Evangelien (Tetraevangheliarul) in altslawischer Sprache und cyrillischer Schrift, gedruckt von Philippus Pictor, Hermannstadt 1546 (Nr. 90)

Wirtschaftlicher Niedergang lähmte sowohl den Handel mit Büchern als auch den Buchdruck im 17. und 18. Jh. Doch waren auch in dieser Zeit Buchführer tätig, so z.B. Benjamin *Fiebick* 1616/17 in Hermannstadt. Und auch die Buchdruckereien stellten, obwohl sie zeitweilig geschlossen waren, Schulbücher, Disputationen, Erbauungsbücher, einzelne Geschichtswerke und die ersten Kalender her.

Die wirtschaftlichen Verhältnisse besserten sich mit der Zugehörigkeit Siebenbürgens zur Großmacht Österreich mit ihrem Kultur-

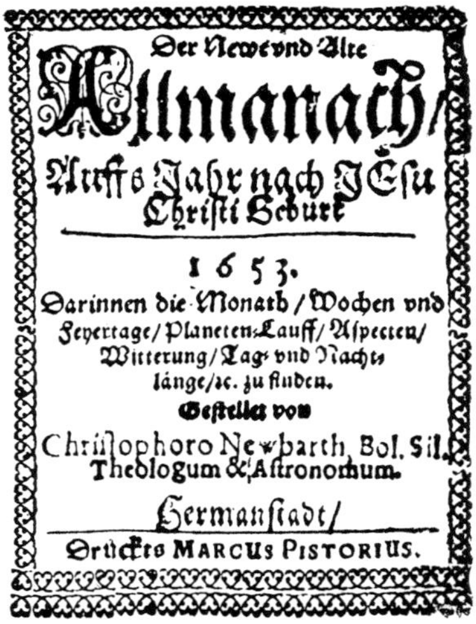
Der Newe vnd Alte
Allmanach/
Auffs Jahr nach JEsu
Christi Geburt
1653.
Darinnen die Monath/Wochen vnd
Feyertage/Planeten-Lauff/Aspecten/
Witterung/Tag vnd Nachts
länge/ec. zu finden.
Gestellet von
Christophoro Newbarth. Bol. Sil.
Theologum & Astronomum.
Hermanstadt/
Druckts MARCUS PISTORIUS.

Schon im 17.Jh. war der Almanach ein ziemlich verbreitetes Volksbuch. Kalender aus dem Jahr 1653 (Nr. 92)

gepränge. Johann *Barth* hatte um 1700 in Hermannstadt eine eigene Druckerei errichtet und stellte u. a. eine beträchtliche Zahl rumänischer Bücher her. In Bistritz führte Johann *Sift* um 1760 den Buchdruck ein. Die bedeutendsten Buchdrucker und Verleger waren Vater und Sohn Martin *Hochmeister*. Aus ihren Druckereien in Hermannstadt und zeitweilig auch in Klausenburg ging eine Buchproduktion von vorher nicht gekanntem Umfang hervor. In Kronstadt übernahm 1834 der aus Wehrheim i. Ts. stammende und in Frankfurt/M. beim Buchdrucker Werner ausgebildete Johann *Gött* die alte Buchdruckerei und brachte sie rasch zu neuer Blüte. Bald entstanden weitere Buchdruckereien, von denen vor allem zu nennen sind: L. Samuel *Filtsch* und sein Schwiegersohn Wilhelm *Krafft*, sowie Josef *Drotleff* in Hermannstadt und G. A. *Reissenberger* in Mediasch.

Die erste ständige Buchhandlung errichtete mit kaiserlichem Privileg 1778 ebenfalls Martin Hochmeister. Sie kam dem gesteigerten Lesebedürfnis der Aufklärungszeit entgegen und bald entstanden weitere Buchhandlungen in den siebenbürgischen Städten. Einige betätigten sich im Nebenzweig auch als Verleger, wie z. B. Heinrich *Zeidner* in Kronstadt, bei dem eine beträchtliche Zahl deutscher, ungarischer und rumänischer Schulbücher erschien. Um 1900 gab es bereits 17 und 1914 sogar 23 deutsche Buchhandlungen, die alle durch ihre Kommissionäre am "Leipziger Platz" vertreten und damit dem europäischen Wirtschafts- und Kulturraum angeschlossen waren.

Auch die Bibliotheken hatten mit den gesteigerten Bildungsansprüchen Schritt gehalten und sich laufend vergrößert. Die Gymnasialbibliotheken besaßen in Kronstadt (1900) 20.000, in Hermannstadt (Kapellenbibliothek 1879) 10.000, Bistritz (1923) 29.000, Schäßburg (1900) 11.000, Mediasch (1890) 13.000 und Mühlbach 4.000 Bände. Zur größten Bibliothek, ja zur Nationalbibliothek der Siebenbürger Sachsen entwickelte sich die einstige Privatbibliothek des Barons Samuel von *Brukenthal*, die systematisch zusammengetragen und in seinem Palais in Hermannstadt untergebracht, 13.000, und, als sie 1817 öffentlich zugänglich gemacht wurde, 16.000 Bände umfaßte. Durch Zustiftungen, durch Einverleibung der Kapellenbibliothek 1879 und durch Ankäufe vermehrten sich die Bestände. Sie umfaßten 1927 100.000 Bände, darunter 362 Inkunabeln.

Nicht alle Druckereien und buchhändlerischen Unternehmen konnten den Ersten Weltkrieg überleben; zu groß waren die Kriegsverluste. Nach kurzem Stillstand infolge des Anschlusses Siebenbürgens an Rumänien, kam aber die Wirtschaft bald wieder in Schwung. In Kronstadt paßte sich die von Fritz *Gött* geführte Druckerei mit Erfolg den neuen Verhältnissen an und vergrößerte sich zusehends. Das über 400-jährige Druckerei- und Verlagsunternehmen war eines der ältesten im gesamten deutschen Sprachraum. In Hermannstadt gingen die beiden Unternehmen Jos. Drotleff und W. Krafft 1926 eine Fusion ein; damit wurde *Krafft & Drotleff* zum bedeutendsten und leistungsfähigsten Druck- und Verlagshaus des Südostdeutschtums. Hervorragende typographische Leistungen erbrachte in Schäßburg, ab 1935 in Kronstadt, Gustav *Markus*. In künstlerischer Hinsicht waren die Arbeiten der beiden Buchgraphiker H. *Lani* und H. W. *Meschendörfer*, zu deren Lehrern Emil Preetorius, Paul Renner, Heinrich Jost, F. H. Ehmcke und E. R. Weiß gehörten, beispielgebend.

1939 gab es wieder 23 deutsche Buchhandlungen in Siebenbürgen. Die Hälfte der im Deutschen Buchhändler-Adreßbuch verzeichneten Firmen waren Mitglied des "Börsenvereins" in Leipzig. Wenn der buchhändlerische Verkehr auch nicht mehr so frei war wie vor 1914, entwickelte sich Mitte der dreißiger Jahre doch eine prosperierende Buchwirtschaft und ein aufblühendes Kulturleben, bis der Zweite Weltkrieg und vollends die kommunistische Umgestaltung Rumäniens allem ein Ende setzte. Die Buchdruckereien wurden enteignet, die Buchhandlungen mußten schließen und die Bibliotheken wurden verstaatlicht, teilweise zerstört oder anderen eingegliedert.

Erst 1956 begannen Staatsverlage in Bukarest wieder deutsche Bücher herauszubringen. Besonders hervorgetan hat sich der Verlag *Kriterion*, in dem rumäniendeutsche Herausgeber und Lektoren viel geleistet haben. Ebenso hat sich der *Dacia*-Verlag in Klausenburg um die Veröffentlichung deutschsprachiger Bücher verdient gemacht. Für die im Westen ansässig gewordenen Siebenbürger Sachsen wurde die 1935 in Kronstadt gegründete Buchhandlung Hans *Meschendörfer* ab 1954 in München auch als Verlag wieder tätig. Ab 1975 führte diese Arbeit Walter *Mieß* in seinem Wort und Welt-Verlag weiter. Zunehmend aber nehmen sich renommierte deutsche und österreichische Verlage der Literatur der Siebenbürger Sachsen an. Das sei dankbar vermerkt!

Alte Reisebilder

AUS DEM LANDE DER SIEBENBÜRGER SACHSEN

VERLAG HANS MESCHENDÖRFER
MÜNCHEN

Berichte europäischer Reisender über Siebenbürgen. Neuauflage bei Hans Meschendörfer, München 1971 (Nr. 105)

Aus einer Schenkung von 500 Transylvanica und durch Einverleibung weiterer Bestände wurde ab 1955 die *Siebenbürgische Bibliothek* in Gundelsheim aufgebaut. Sie ist, untergebracht auf Schloß Horneck, eine partnerschaftliche Institution von Verbänden der Siebenbürger Sachsen. Durch Zuwendungen und Spenden ist sie auf 33.000 Titel angewachsen und damit die umfangreichste wissenschaftliche Bibliothek siebenbürgischer Literatur in Westeuropa.

Kartographie

Die Siebenbürgenkarte "Chorographia Transylvaniae" von Johannes *Honterus*, 1532 in Basel eigenhändig als Holzschnitt angefertigt, ist von allen deutschen Regionalkarten eine der frühesten. Sie bildete die Grundlage für die Karte in Sebastian *Münsters* Kosmographie (ab 1544) und für die Karten in den berühmten Atlanten von Abraham *Ortelius* (ab 1572), von Gerhard *Mercator* (ab 1595) und der weltbekannten niederländischen, französischen und italienischen Kartographen des 17. und teilweise auch des 18. Jhs.

Erst der Nürnberger Kartograph Johann Baptist *Homann* verbesserte vor seinem Tod (1724) das Kartenbild aufgrund der großen, in Hermannstadt gedruckten vierteiligen Karte des Morando *Visconti* von 1699 und der um 1712 auf Pergament gezeichneten Karte von Johann Christoph *Müller*.

Schon zu Beginn des 18. Jhs. war die Verkartung Siebenbürgens in das Aufgabengebiet der kaiserlichen Genie-Offiziere übergegangen. Unter diesen befand sich u. a. der von Maria Theresia geadelte Stephan Lutsch von *Luxenstein*, ein siebenbürgischer Pfarrersohn, dessen Karten seinerzeit als die besten galten. Die von den Kaisern befohlenen Kartierungen (Josephinische Landesaufnahme 1769-73, Francisceische 1852-56, Francisco-Josephinische ab 1869) entsprachen jeweils den gestiegenen Ansprüchen der Geographen und der Militärs und dienten mit den drei letzten Kartenwerken (Meßtischblatt 1:25.000, Spezialkarte 1:75.000, Generalkarte 1:200.000) als Grundlage für zahlreiche thematische Karten, die in Siebenbürgen gezeichnet und gedruckt wurden.

Unter den siebenbürgischen Kartographen des 19. Jhs. haben sich vor allem Michael *Bielz*, der Gründer des ersten Lithographischen Institutes in Hermannstadt, dessen Sohn Eduard Albert *Bielz* und der Lithograph F. G. *Krabs* hervorgetan. Zu erwähnen sind außerdem die Touristenkarten des Siebenbürgischen Karpartenvereines. Als jüngste Arbeit auf kartographischem Gebiet ist das Kartenwerk "Historischer Atlas von Siebenbürgen" in Vorbereitung.

Hans Meschendörfer

Siebenbürgen-Karte, Kupferstich 1570 - nach Johannes Sambucus, Wien 1566 (Nr. 2)

Presse

Eine Geschichte der Presse bei den Siebenbürger Sachsen beginnt zwar nicht schon im Jahr 1609, als in Straßburg die "Relation Aller fürnemmen und gedenckwürdigen Historien" erscheint, die Nachrichten auch aus Siebenbürgen bringt, sie ist aber umfangreich und ihre Leistung beachtlich. Ab 1778 sind in über 200 Jahren mehr als 300 deutsche periodische Publikationen zu verzeichnen, die in Siebenbürgen erschienen sind, 200 davon in Hermannstadt. Allein für das Jahr 1934 sind 41 in Hermannstadt erschienene deutsche Periodika bzw. solche mit deutschsprachigem Teil belegt.
Bei einer solchen Fülle des Angebotes kann das Thema in diesem Rahmen nur selektiv und auch nicht in chronologischer Folge behandelt werden. Viele der hier nicht aufgeführten Periodika waren keine kurzlebigen Erscheinungen. Im Gegenteil, einige brachten es sogar auf über hundert Jahre. Die letzte Ausgabe der "Hermannstädter Zeitung" (vereinigt mit dem "Siebenbürger Boten") beruft sich, als ihr Redakteur Friedrich Roth im Herbst 1907 aufgibt, auf 123 Jahre des Erscheinens in ununterbrochener Folge. Ausgangspunkt in diesem Fall ist die von Martin Hochmeister am 2. Januar 1784 herausgegebene "Siebenbürger Zeitung", die sich von 1788-1792 wegen des österreichisch-russisch-türkischen Krieges "Der Kriegsbote" und danach 70 Jahre lang, bis zur Vereinigung mit der "Hermanstädter Zeitung" (1863), "Siebenbürger Bote" nannte.
Martin Hochmeister d. Ä., ein *"scharfer Beobachter und guter Kenner der Wirklichkeit und der Erfordernisse seiner Zeit"* (Michael Kroner), hatte schon 1778 das "Theatral Wochenblatt" und damit das erste Periodikum in Siebenbürgen herausgegeben, das jedoch nur einen Sommer lang erschien.

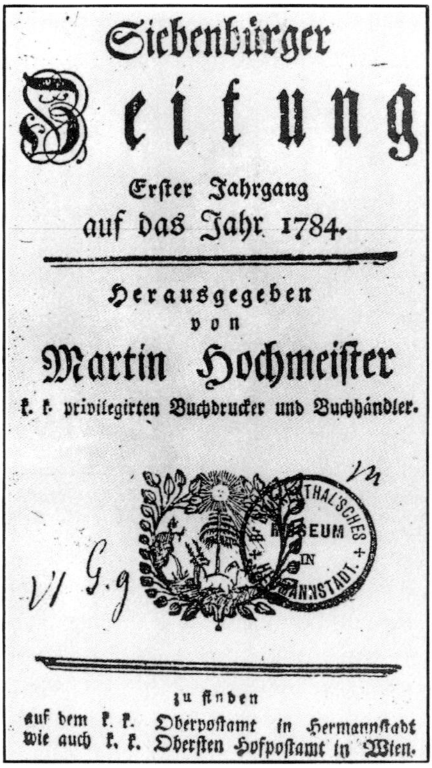
Siebenbürger Zeitung
Erster Jahrgang
auf das Jahr 1784.
Herausgegeben
von
Martin Hochmeister
k. k. privilegirten Buchdrucker und Buchhändler.
zu finden
auf dem k. k. Oberpostamt in Hermannstadt
wie auch k. k. Obersten Hofpostamt in Wien.

Titelblatt der "Siebenbürger Zeitung" vom 2. Januar 1784 (Nr. 108)

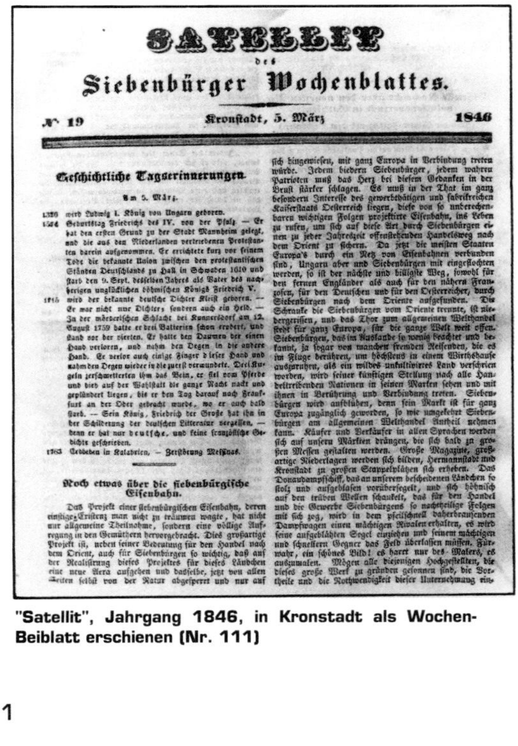
Satellit
des
Siebenbürger Wochenblattes.
№ 19 Kronstadt, 5. März 1846

Geschichtliche Tageserinnerungen.

Noch etwas über die siebenbürgische Eisenbahn.

"Satellit", Jahrgang 1846, in Kronstadt als Wochen-Beiblatt erschienen (Nr. 111)

Siebenbürgisch-Deutsches

Tageblatt

Nro 12064 — Hermannstadt, Freitag 12. September 1913 — XL. Jahrgang

Hetzereien gegen Ungarn.

Budapest, 11. September.

— z. Die Wiener „Zeit" bringt in einer ihrer letzten Nummern eine eigentümliche Nachricht. Dieser zufolge soll die ungarische Regierung beabsichtigen, als Gegenleistung gegen die bevorstehende neue Erhöhung des Rekrutenkontingentes gewisse Forderungen zu stellen, die sich auf das Verhältnis Ungarns zur gemeinsamen Armee beziehen. Eine dieser Forderungen besteht darin, daß der Prozentsatz, die Quote, in welcher Oesterreich und Ungarn zu dem alljährlichen Rekrutenkontingent beitragen, zugunsten Ungarns verändert, d. h. der Beitrag Oesterreichs erhöht und derjenige Ungarns herabgesetzt werden solle. Eine zweite Forderung wäre die, daß sofort ungarische Truppenteile nicht mehr nach Bosnien und in die Herzegowina detachiert würden. Fernerhin soll bei dieser Gelegenheit die alte und viel verhandelte Frage der Wappen, Fahnen und Embleme gelöst werden.

Wenn man diese Nachricht, die den Stempel der Unwahrscheinlichkeit greifbar auf der Stirne trägt, ins Auge faßt, so kann man nur darüber [...] krutenerhöhung nicht ein do-ut-des-Geschäft zwischen den beiden Staaten bildet. Um zu einem Ziele zu gelangen, müßte Ungarn den Versuch machen, indirekt einen Druck auszuüben und dies ist nur so denkbar, daß Ungarn etwa der Kriegsverwaltung, bezw. dem höchsten Faktoren der Monarchie erklärt: wir bewilligen die Mehrforderungen an Rekruten und Posten nur in dem Fall, wenn ihr Oesterreich zu einem anderen Verhältnis der Rekrutenstellung zwingt. Es ist ganz unmöglich, sich vorzustellen, daß Graf Tisza und mit ihm die Arbeitspartei, die in einem Kampf auf Leben und Tod die schädliche Konzessionspolitik der Justh und Genossen niedergerungen haben, nun sich ihrerseits auf eine Politik verlegen sollten, die noch in höherem Maße als jene den Charakter der Erpressung an sich trüge, ohne aber in demselben Maße sich auf populäre Schlagworte stützen zu können, wie einstens die Politik, die die magyarische Armeesprache forderte.

Noch weit unmöglicher erscheint es, daß die ungarische Regierung tatsächlich die zweite der erwähnten Forderungen, die Befreiung Ungarns von der Pflicht, für die militärische Besetzung der an- [...] darfes an Rekruten und Kosten erschiene. Graf Stefan Tisza hat sich zu oft mit vollster Entschiedenheit dahin geäußert, daß diese Angelegenheit nicht den Gegenstand eines Konzessionsschachers bilden könnte, als daß gerade er in den von ihm verurteilten und bekämpften Fehler verfallen sollte, Rekrutenkontingent und Fahnenfrage in das Verhältnis von Leistung und Gegenleistung zu bringen.

Die Meldung der „Zeit" ist also in allen ihren Teilen unglaubwürdig. Sie ist vielleicht nichts weiter als der gedankenlose und leichtfertige Versuch, durch eine „interessante" Nachricht für einige Tage Aufsehen zu erregen. Aber auch der Verdacht liegt nahe, daß es sich dabei um eine böswillige Ausstreuung handelt, die in ihrer Wirkung einer Hetzerei gleichkommt. Nur die Frage wäre von Interesse, von welcher Seite die Hetze ausgeht. Soll sie den Zwecken irgend einer österreichischen Partei dienen, die ein Interesse daran hat, Ungarn wieder als maßlos begehrlich darzustellen und speziell auch den Grafen Stefan Tisza zu verleumden? Derartiges hat man schon erlebt. Oder steckt am Ende gar die ungarische Opposition dahinter, die zur „Zeit" bekanntlich schon seit vie-

"Siebenbürgisch-Deutsches Tageblatt", die bedeutendste politische Zeitung der Siebenbürger Sachsen bis 1941. Begründer und Chefredakteur von 1874-1888 war Dr. Carl Wolff (Nr. 115)

"Kinder der Aufklärung" waren dann auch die ebenfalls bei Hochmeister erschienenen ersten wissenschaftlichen Publikationen "Siebenbürgische Quartalschrift" (1790-1801) und "Siebenbürgische Provinzialblätter" (1804-1824), beide redigiert von Johann Filtsch.

Allein in Hermannstadt erschienen zwischen 1840 und 1914 stets mehr als fünf Publikationen gleichzeitig, ein wahrer "*Predigtstuhl der Zeit*" (St. L. Roth). Ihrer unterschiedlichen politischen Ausrichtung wegen wurden sie allerdings, besonders nach 1849, durch die Vorzensur mehr oder weniger behindert.

Herausragend für diese Zeit war die aus dem ab 1837 in Kronstadt bei Johann Gött erschienenen und von ihm redigierten "Siebenbürger Wochenblatt" hervorgegangene "Kronstädter Zeitung". Das "Wochenblatt" hatte vor seiner Umbennenung auch einige bemerkenswerte Beiblätter ("Satellit", "Blätter für Geist, Gemüth und Vaterlandskunde"), so daß eine für die Mitte des 19. Jhs. recht hohe Auflage von 1.000 Exemplaren erreicht wurde. Als führende politische Zeitung gilt aber das von Carl Wolff gegründete "Siebenbürgisch-Deutsche Tageblatt" in Hermannstadt (1874-1941). In Zeiten der Abwehr gegen zunehmende Magyarisierungstendenzen hat diese Zeitung eine wichtige Rolle gespielt, ebenso wie im Kampf gegen Versuche der Romanisierung nach dem Anschluß Siebenbürgens an Großrumänien. Bedeutung erlangt hat in diesem Zusammenhang auch die von Rudolf Brandsch ab 1914 herausgegebene "Siebenbürgisch-Deutsche Tagespost".

Neben politischen Zeitungen etablierten sich in Siebenbürgen schon früh wissenschaftliche Publikationen und die Fachpresse. Außer den zwei bereits erwähnten Zeitschriften wäre da aus früher Zeit eine dritte, die "Transsylvania", zu nennen, die unter der Redaktion von J. v. Benigni und Carl Neugeboren zwischen 1833 und 1863 mit Unterbrechungen erschienen ist. Als wichtigste wissenschaftliche Publikation von dokumentarischem Wert ist aber das "Archiv des Vereins für Siebenbürgische Landeskunde" (zwei Folgen 1843-1850 und 1853-1944) hervorzuheben, ergänzt durch das parallel erscheinende "Korrespondenzblatt des Vereins" (1878-1941).

Eine Sonderstellung nehmen die kulturpolitisch-literarischen Zeitschriften ein: "Die Karpathen", herausgegeben von Adolf Meschendörfer (zweimal monatlich, 1907-1914), "Ostland", Schriftleiter Richard Csaki (Monatsschrift, 1919-1920 und 1926-1931), und "Klingsor", gegründet und geleitet von Heinrich Zillich, die letzten drei Jahrgänge von Harald Krasser (Monatsschrift 1924-1941).

Die langlebigste Fachpublikation war

Kronstädter Zeitung.

Bezugspreise: Für Kronstadt: Ganzjährig 20 K. Halbjährig 10 K. Vierteljährig 5 K. Monatlich 2 K. Zustellung ins Haus monatlich 50 h. Einzelnummer 10 h, mit illustrierter Beilage 20 h. Für die Monarchie: Ganzjährig K 25·60. Halbjährig K 12·80. Vierteljährig K 6·40. Für das Deutsche Reich: Ganzjährig 30 K. Halbjährig 15 K. Vierteljährig K 7·50. Für Rumänien: Vierteljährig 10 K. Fernsprech-Nummer 29.

Anzeigenpreise: Der Raum einer 4-gespaltenen Petitzeile wird mit 10 h für eine Einschaltung berechnet. Tabellarischer Satz per Zeile 14 h. Reklame 20 h per Zeile. Inserate im Text (3-gespaltene Petitzeile 20 h. Bei öfterer Einschaltung bedeutender Nachlaß. Anzeigen sind im vorhinein zu bezahlen. Anzeigen übernehmen außer der Geschäftsstelle sämtliche Annoncenbureaus. Scheckkonto bei der k. u. Postsparkasse Nr. 24239.

Nr. 208. Montag, den 8. September 1913 77. Jahrgang

Die Weihe der Honterusschule.

Ein Festtag für das ganze deutsche Kronstadt und das deutsche Burzenland war die gestrige Weihe der neuen Honterusschule. In des Wortes tiefster und schönster Bedeutung. Eine Feier der Herzen, denn alle waren mit ganzer Seele dabei! Und zugleich ein Triumph zäher, zielbewußter Arbeit im Dienste unseres Volkes, im Dienste der Schule und Kirche!

Geläute und Choralmusik erklang um 7 Uhr früh vom Turm der Schwarzen Kirche und verkündete der aufhorchenden Stadt das Fest.

Gottesdienst.

Um 9 Uhr Vormittag versammelte sich die Honterusgemeinde in der Stadtpfarrkirche zum Festgottesdienst. Das Lied des Schülerkirchenchores „Die Ehre Gottes" von Beethoven leitete ...

... neue stolze Haus zur Herberge der von ihm gegründeten Schule. Unsre Honterusschule erhält ein ihrem Wesen und Werden würdiges Kleid. Das neue Haus mag zunächst den äußeren Bedürfnissen des Lernens und Lehrens entgegenkommen; aber uns bedeutet es mehr. Es ist aufgerichtet im Gedenken an die Arbeit und den Geist der Vorfahren. Dies Haus muß gesegnet sein: es ist ein Denkmal evangelisch-sächsischer Ideale!

Wem soll der erste Dank erschallen? unserm Gott, der uns durch Not und Kampf zur Freude des Erfolges geführt hat. Und wie wollen wir all die Wünsche, die im Anblick des neuen Hauses unser Herz bewegen, fassen? Laßt sie, wie Glockenharmonie, in ein einziges Gebet zusammenfließen:

Segne, Gott, unsere Honterusschule, daß ihr Alter sei wie ihre ...

... sonderlich Siebenbürgisch-Sächsisches uns als Kulturgut erarbeitet hatten, so wäre das schon ein von anderen Deutschen uns unterscheidendes Merkmal, daß wir die Kraft hatten und haben, das Fenster unsres Herzens allzeit offen zu halten für den belebenden Luftzug deutschen Wesens, um an diesem zu genesen! — Und dann sehen wir unsere Honterusschüler auf dem Arbeitsfeld des Vaterlandes. Man hat uns die deutschesten der Deutschen genannt, und doch war's immer unser edelstes Streben, ein ornamentum patriae zu sein, dem Vaterlande die Treue zu bewahren, auch wenn wir's dabei oft recht schwer hatten! Eifrig, geduldig, erfolgreich arbeiten unsere Honterusschüler jahrhundertelang in Kirche und Schule, in Staat und Heer, in Gemeinde und Volk, nicht um des Vorteils, sondern um der Pflicht und der Treue willen!

"Kronstädter Zeitung". 1936 erschien ihre Festausgabe zum 100jährigen Bestehen in Kronstadt, ein Nachdruck davon 1990 in München (Nr. 116)

"Landwirtschaftliche Blätter für Siebenbürgen" (1873-1940), das Organ des Landwirtschaftsvereines und des Verbandes der Raiffeisengenossenschaften. Im Jahr 1930 hat sie mit 13.600 Exemplaren die höchste Auflage einer siebenbürgisch-deutschen Publikation erreicht. Weitere Auflagezahlen aus demselben Jahr: "Jugendbund" 9.000, "Siebenbürgisch-Deutsches Tageblatt" 6.000, "Kronstädter Zeitung" 3.000, "Bistritzer Zeitung" 1.500, "Großkokler Bote" (Schäßburg) 1.450, "Kirchliche Blätter" 800. Neben zahlreichen weniger bedeutenden Publikationen, zum Teil auch echten "Eintagsfliegen", fanden einige Unterhaltungsschriften wie die "Neppendorfer Blätter" besonders in der Zwischenkriegszeit breite Resonanz. Auch gab es amtliche und halbamtliche Publikationen, die zwei- und dreisprachig (deutsch, rumänisch, ungarisch) erschienen sind.

Nach dem rumänischen Frontwechsel im August 1944 konnte das 1941 willkürlich eingestellte und durch die nationalsozialistisch orientierte "Südostdeutsche Tageszeitung" ersetzte "Siebenbürgisch-Deutsche Tageblatt" dank des mutigen Einsatzes von Hans Otto Roth knappe zwei Wochen erscheinen. Danach wurden von den neuen Machthabern nur noch die "Mitteilungen des Baron Brukenthalischen Museums" (bis 1947) und die "Kirchlichen Blätter" (bis 1948) in deutscher Sprache zugelassen. Erst ab 1959 erschienen in Hermannstadt als wissenschaftliche Publikation der Rumänischen Akademie zweimal jährlich die "Forschungen zur Volks- und Landeskunde". Gleichzeitig mit einer neuen administrativen Gliederung und im Zuge einer relativen Lockerung des kommunistisch geprägten politischen Druckes, erscheint ab Februar 1968 die "Hermannstädter Zeitung" als Wochenschrift mit einer Startauflage von 5.000 Exemplaren, die aber bald auf 10.000 ansteigt. Diese im November 1971 zwangsweise in "Die Woche" umbenannte Publikation konnte erst am 25. Dezember 1989 wieder unter dem alten Namen, diesmal unabhängig und ohne kommunistisches Symbol, erscheinen. Ebenfalls im Februar 1968 wurde die bereits seit einigen Jahren bestehende "Volkszeitung" in Kronstadt zur Wochenschrift "Karpaten Rundschau" umgewandelt. Beide Wochenschriften erscheinen auch heute noch, allerdings mit ständig abnehmender Auflage. Als überregionale politische Tageszeitung in deutscher Sprache gibt es seit März 1949 in Bukarest den "Neuen Weg". Seine Höchstauflage betrug 80.000 Exemplare. Anfang 1991 war die Auflage infolge des Exodus der deutschen Bevölkerung aus Rumänien auf weniger als 8.000 gesunken.

Für die am Ende des 19. Jhs. nach Übersee ausgewanderten Siebenbürger Sachsen erschien ab 1911 in Cleveland (USA) das von Georg Schneider gegründete "Siebenbürgisch-Amerikanische Volksblatt". Als Organ der "Alliance of Transsylvanian Saxons" wurde die Zeitung ab 1955 in "Saxon News Volksblatt" umbenannt (Auflage 1988: 4.800 Exemplare).

In München erscheint seit 1950, nun schon im 41. Jahrgang, die "Siebenbürgische Zeitung" als Verbandsorgan der Landsmannschaften der Siebenbürger Sachsen in Deutschland und in Österreich.

Unter den rund 25 Informationsblättern von Heimatortgemeinschaften wären der "Hermannstädter Heimatbote" und die "Neue Kronstädter Zeitung" als gediegen und auflagestark besonders zu erwähnen. Das Hilfskomitee der Siebenbürger Sachsen, das Siebenbürgische Museum und die Bibliothek in Gundelsheim sowie andere Vereine und Kreise veröffentlichen weitere Publikationen unterschiedlichen Profils. Hervorzuheben sind die drei wissenschaftlichen Zeitschriften des Arbeitskreises für Siebenbürgische Landeskunde. *Ewalt Zweyer*

Wissenschaft und Technik

Schon allein die Tatsache, daß der Vater der Weltraumfahrt, Hermann Oberth, dieser Gruppe entstammt, mache die Geschichte der Siebenbürger Sachsen interessant und wichtig, meint einer seiner Biographen. Oberth ist aber kein Einzelfall, auch andere Vertreter des siebenbürgischen Deutschtums haben im Bereich von Wissenschaft und Technik Leistungen von bleibendem Wert geschaffen. Dabei haben sie die abendländischen Geistesströmungen übernommen und weitergeführt.

Der erste Siebenbürger Sachse, der durch eine Veröffentlichung Aufsehen erregte, war Frater Georgius, der Verfasser des Türken-

Der in Hermannstadt geborene Professor und Erfinder Hermann Oberth (1894-1989) gilt als der Vater der Weltraumfahrt und gehört zu den bedeutendsten Siebenbürger Sachsen

büchleins "Tractatus de moribus, condicionibus et nequicia Turcorum" (Rom, 1481). Es ist nicht nur das erste bekannte Buch eines siebenbürgischen Autors, sondern auch die erste Beschreibung türkischer Sitten und Bräuche durch einen Europäer. Das Buch erschien im 15. und 16. Jh. in mehreren Auflagen und galt als eine der wichtigsten Informationsquellen über die Türken. Für eine deutsche Übersetzung schrieb Martin Luther das Vorwort (1530).

Humanismus und Reformation fanden in Siebenbürgen einen breiten Widerhall und in Johannes Honterus ihren bedeutendsten Repräsentanten. Er hatte in Wien studiert, war in Krakau und Wien als Buchdrucker und Humanist tätig, kehrte 1533 in die Heimat zurück und wurde dort zum Motor der Reformation. In seiner Druckerei veröffentlichte er Schulbücher, Rechtstraktate, theologische Werke, geographische Karten und eine weitverbreitete Kosmographie (Weltbeschreibung), die bis heute das meistaufgelegte Buch eines Siebenbürger Sachsen ist. Wissenschaftlich bedeutsam ist auch eine "Chorographie" der Moldau und Siebenbürgens, die der Humanist Georg Reicherstorffer verfaßt hat.

S. A. S.
Siebenbürgischer
Würg-Engel/
Oder
Chronicalischer Anhang des 15 Seculi nach Christi Geburth/ aller theils in Siebenbürgen/ theils Ungern/ und sonst Sie-benbürgen angräntzenden Ländern/ fürgelauffener Geschichten.
Worausz nicht nur allein die grewligst-bluttige Anschläge/ Kriege/ und Zeittungen/ deszen villfältiger Feinde/ sondern auch die gedämbste Rath-Schläge der Keyser/ Könige/ Fürsten/ und Waywoden zu erkündigen/ durch welche diss bedrängte Vatterland theils wohl regieret/ theils vollends in Abgrund des Verderbens gestürtzet worden: Auch welcher gestalt nebenst der Augspurgischer Confession die übrige im Lande angenommene Religionen ... erwachsen seyn.
Nebenst der Ober-Regenten Sächsischer Nation, bevoraus der Haupt-Hermanstadt/ löbligen Magistrats/ ordentliger Erzehlung/ wie Selbige vermüg ihre Ampts-Geschäfften verrichtet haben. Welches kurtz doch warhafft und ordentlig abgebildet/ und heraus gegeben
MATTHIAS MILES Medicus: Jurisprudentiae Cultor.
HERMAN-STADT/
In Verlegung H. Andreae Fleischers/
Gedruckt bey Stephano Jüngling/ 1670.

Titelblatt eines bemerkenswerten historiographischen Druckes: "Siebenbürgischer Würg-Engel" von Mathias Miles, Hermannstadt 1670 (Nr. 98)

rikergeneration der Siebenbürger Sachsen, die an diesen Universitäten studiert hat, wurde er zum Lehrer und Mentor, ihm verdankt die siebenbürgische Geschichtsschreibung den Übergang von der chronistischen zur wissenschaftlichen Darstellung. Johann Filstich schrieb u. a. eine "Historia Transilvaniae, Hungariae, Valachiae et Moldaviae" und Georg Soterius, ein Lehrer der späteren Zarin Katharina II., war Verfasser einer zehnbändigen Geschichte Siebenbürgens (Manuskript).

Im 17. Jh. wird das wissenschaftliche Schrifttum der Siebenbürger Sachsen von historischen Arbeiten dominiert, was sicher auch mit ihrem Kampf um die Bewahrung alter Rechtspositionen zu erklären ist, den der Sachsengraf Albert Huet 1591 eingeleitet hatte. Die Chronisten überlieferten zu gutem Teil Erlebnisse ihrer sehr bewegten Zeitgeschichte; zwei im Ausland publizierende Historiker setzten sich mit Herkunft und Lebensweise der siebenbürgischen Völkerschaften auseinander: Johannes Tröster in "Das Alt- und Neu-Teutsche Dacia. Das ist die Beschreibung des Landes Siebenbürgen" (Nürnberg 1666) und Laurentius Töppelt in "Origines et occasus Transsylvanorum" (Lyon 1667). Als erster Vertreter der "gelehrten Geschichtsschreibung" in Siebenbürgen, die in der Darstellung auf Quellenbelege zurückgreift, gilt Valentin Franck von Franckenstein.

In der "*gelehrten Welt bekannter als in seinem Vaterlande selbst*" war der in Kronstadt geborene Martin Schmeizel, der in der ersten Hälfte des 18. Jhs. in Jena und Halle als Professor für Staatswissenschaften und Geschichte gewirkt hat. Für eine ganze Historikergeneration der Siebenbürger Sachsen, die an diesen Universitäten studiert hat, wurde er zum Lehrer und Mentor, ihm verdankt die siebenbürgische Geschichtsschreibung den Übergang von der chronistischen zur wissenschaftlichen Darstellung.

Die zweite Hälfte des 18. Jhs. brachte einen Aufschwung des geistigen Lebens. Die Ideen der Aufklärung fanden Verbreitung in Siebenbürgen. Sie hatten ihren Mittelpunkt in Hermannstadt, wo sich zwei Kreise bildeten: einer um den Gouverneur Samuel von Brukenthal, der andere um den Buchdrucker Martin von Hochmeister. Auch eine Freimaurerloge ist hier entstanden. Neben der "Aufklärung aller Art" setzten sich diese Kreise vor allem für religiöse und nationale Toleranz ein, bekämpften den Aberglauben und forderten eine Hebung des allgemeinen Wissensstandes. Nicht zufällig ist das siebenbürgische Pressewesen ein Kind der Aufklärung. Auch das 1817 eröffnete Museum, das erste in Südosteuropa, geht auf die Sammlungen und auf eine testamentarische Verfügung Brukenthals zurück.

Als wissenschaftliche Leistung hinterließ das Zeitalter der Aufklärung wiederum vor allem historische Abhandlungen, u. a. die Werke eines Martin Felmer, Michael Lebrecht, Franz Josef Salzer und Karl Eder. Ver-

Martin von Hochmeister d. Ä, ein bedeutender Vertreter der Aufklärung in Siebenbürgen, Ölgemälde von Frantz Halling (Nr. 141)

stärkt rückte nun, neben der Auseinandersetzung um die Herkunftsfrage der Siebenbürger Sachsen, die Verteidigung der alten Privilegien in den Mittelpunkt. In Deutschland berühmt wurde Michael Hißmann, der in Göttingen als Professor für "Weltweisheit" (Philosophie) wirkte.

Der namhafteste Vertreter des Vormärz in Siebenbürgen ist zweifelsohne Stephan Ludwig Roth, ein Pestalozzi-Schüler, der sich für die Umgestaltung des siebenbürgischen Schulwesens sowie für zeitgemäße wirtschaftliche und soziale Reformen in Siebenbürgen eingesetzt hat. Gerade heute, da in Südosteuropa nationale Konflikte wieder ausbrechen, sind seine Gedanken über ein friedliches Zusammenleben der siebenbürgischen Völkerschaften aktuell.

Von der deutschen Romantik wurde die siebenbürgisch-sächsische Volks-, Mundart- und Geschichtsforschung nachhaltig beeinflußt. Das fand seinen Niederschlag in der Sammlung siebenbürgisch-sächsischer Märchen durch Josef Haltrich (1856), der Sagen durch Friedrich Müller (1857), der Volksdichtung durch Friedrich Wilhelm Schuster (1865) u. a. In dieser Zeit wurden zwei Jahrhundertwerke in Angriff genommen, das Wörterbuch und das Urkundenbuch der Siebenbürger Sachsen. Ihr bis heute bestes zusammenfassendes Geschichtswerk entstand größtenteils ebenfalls in der zweiten Hälfte des 19. Jhs.: die "Geschichte der Siebenbürger Sachsen für das sächsische Volk" von Georg Daniel und Friedrich Teutsch (4 Bde. 1858-1926). Desgleichen verfaßten Joseph Trausch und Friedrich Schuller ein wertvolles Nachschlagewerk, das "Schriftsteller-Lexikon der Siebenbürger Deutschen" (4 Bde., 1868-1902).

Diese und viele andere historische und volkskundliche Werke dienten nicht nur der Information, sie stärkten auch das sächsische Selbst- und Identitätsbewußtsein der nunmehrigen Minderheit. Daher erscheint manches in verklärt-romantischer Sicht.

Neben den Geisteswissenschaften haben die Natur- und Ingenieurswissenschaften in der zweiten Hälfte des 19. Jhs. immer größere Bedeutung erlangt.

Unter den siebenbürgisch-sächsischen Ingenieuren ist der aus Mediasch stammende Paul Traugott Meißner, Professor am Polytechnischen Institut in Wien, als Erfinder der Eisenbahndampfheizung (1850) in die Geschichte der Technik eingegangen. Im Jahr 1900 baute Rudolf Eisenmenger den ersten Apparat zur künstlichen Beatmung. Gustav Adolf Raupenstrauch entwickelte vor und nach der Jahrhundertwende in Deutschland und Österreich mehrere Desinfektionsmittel, u.a. das "Lysol".

In siebenbürgischer Abgeschiedenheit erarbeitete Hermann Oberth in den zwanziger Jahren unseres Jahrhunderts die theoretischen Grundlagen des Weltraumfluges. Es ist der bedeutendste Beitrag eines Sieben-

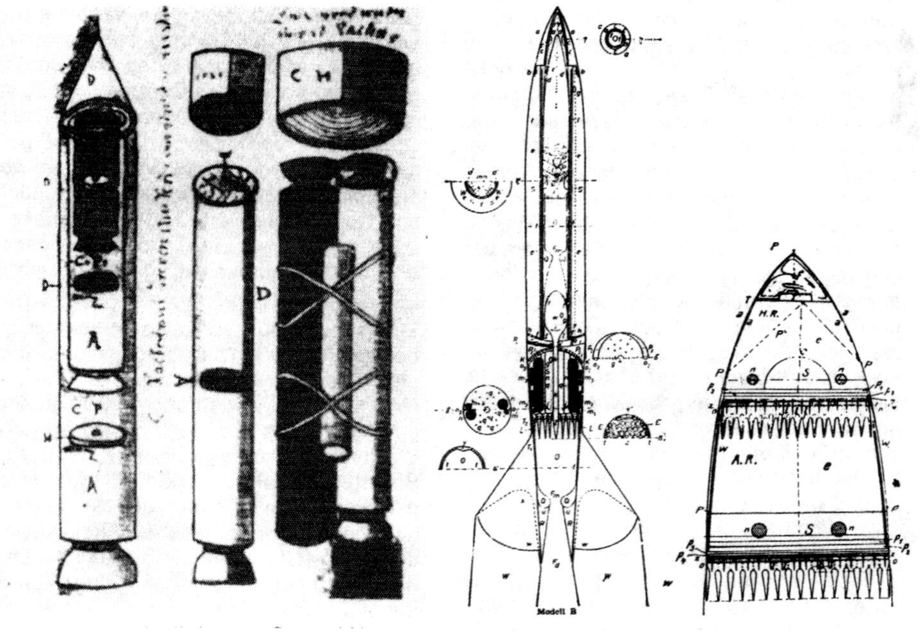

Raketenentwürfe, links vom Hermannstädter Geschützmeister Conrad Haas (1566), rechts von Hermann Oberth (1923)

bürger Sachsen zur Entwicklung der Wissenschaft und Technik.

Im 20. Jh. nahm die Zahl der sächsischen Forscher, Wissenschaftler, Konstrukteure und Erfinder, die im In- und Ausland Anerkennung fanden, sprunghaft zu. Nach dem Zweiten Weltkrieg wuchs ihre Zahl weiter an. Sie mußten unter den erschwerten Bedingungen eines kommunistisch-nationalistischen Regimes arbeiten, das ihnen vielerlei Kompromisse abforderte, zuletzt aber viele zur Aussiedlung in die Bundesrepublik Deutschland bewog. Der Verlust ist für Rumänien groß. In der Bundesrepublik haben diese Aussiedler sich in meist ehrenamtlicher Tätigkeit siebenbürgisch-sächsische Kultureinrichtungen geschaffen, in denen das wissenschaftliche Erbe gepflegt und weitergeführt wird. Diese Bemühungen müßten aber durch die Schaffung eines Forschungsinstitutes mit hauptamtlichen Wissenschaftlern auf eine höhere Stufe gehoben werden.

Michael Kroner

Naturwissenschaften

Auch in der Naturwissenschaft wurden von Siebenbürger Sachsen im Laufe der Zeit Leistungen erbracht, die enge Wechselbeziehungen mit dem deutschsprachigen Raum verdeutlichen.

Erste, aus Siebenbürgen bekannte Verzeichnisse von Tier- und Pflanzennamen finden sich im Kronstädter und Heltauer Glossar aus dem 15. Jh. Aufzeichnungen über den Bergbau in Siebenbürgen sind von 1528 bekannt. Johannes Honterus fügte der zweiten Ausgabe seiner "Weltbeschreibung" (1542) ein viertes Buch hinzu, in dem 212 Tier- und 283 Pflanzennamen aufgelistet sind. 1551 gab der Kronstädter Stadtphysikus Paulus Kyr eine "Gesundheitslehre" für den medizinischen Unterricht an der Kronstädter Lateinschule heraus. Ebenfalls um die Mitte des 16. Jhs. verfaßte der aus Dornbach bei Wien stammende kaiserliche Zeugmeister in Hermannstadt Conrad Haas ein 380 Blätter umfassendes Manuskript, in dessen drittem Teil erstmals in der Wissenschaftsgeschichte eine Mehrstufenrakete beschrieben und abgebildet wird.

Das erste in Siebenbürgen gedruckte botanische Buch ist das Klausenburger Herbarium (1578) des reformierten Bischofs Peter Melius. Pflanzen aus der Umgebung von Kronstadt und Bistritz sammelte und herbarisierte der in Breslau geborene Arzt Friedrich von Monau (Monavius, 1592-1659), der in diesen Städten als Stadtphysikus und Gymnasiallehrer tätig war. Das wohl älteste bekannte siebenbürgische Heilpflanzenherbarium (Herbarium vivum) legte 1761 der Kronstädter Arzt Johann G. Plecker (1745-1795) an. Die eigentliche botanische Erforschung Siebenbürgens begann Ende des 18. Jhs. Der Apotheker Petrus Sigerus (1759-1831) und der aus Klagenfurt stammende Schulmann Joseph Raditschnig v. Lerchenfeld (1753-1812) stellten eine fünfbändige Heilpflanzensammlung (Herbarium vivum, 1811) für die siebenbürgischen Apotheker zusammen, die aber aus finanziellen Gründen nicht herausgegeben werden konnte (Belegexemplar im Naturwissenschaftlichen Museum in Hermannstadt). 1813 erschien eine "Geographie des Großfürstenthums Siebenbürgen" von Lukas Joseph Marienburg und Daniel J. Leonhard veröffentlichte 1818 ein "Lehrbuch zur Beförderung der Kenntniß von Siebenbürgen".

Die erste Beschreibung der Flora von Siebenbürgen gab der aus Luckau (Niederlausitz) stammende Schäßburger Stadt- und Stuhlsphysikus Johann Chr. G. Baumgarten (1765-1843) 1816 in Wien heraus.

Von entscheidener Bedeutung für die naturwissenschaftliche Erforschung Siebenbürgens war die Gründung des Siebenbürgischen Vereins für Naturwissenschaften zu Hermannstadt.

Ausländische Botaniker, die im 19. Jh. zur Erforschung der Pflanzenwelt Siebenbürgens beigetragen haben und mit siebenbürgischen Botanikern in engen fachlichen Beziehungen standen, waren u. a. die Wiener Th. Kotschy und D. Stur und die Breslauer Th. Schube und F. Pax. Von Pax erschien um die Jahrhundertwende das zweibändige Werk "Grundzüge der Pflanzenverbreitung in den Karpathen" (Leipzig, 1898 und 1908). Bedeutende siebenbürgische Botaniker dieser Zeit waren auch J. Barth, F. v. Porcius und K. Ungar.

Als bedeutende forstwirtschaftliche Arbeit kann die "Geschichte des Waldwesens der königl. freien Stadt Kronstadt" (1891) von Forstmeister E. Zaminer angeführt werden. Bekannte siebenbürgische Forstleute unseres Jahrhunderts sind Emil und Otto Witting und R. Jacobi. Internationale Anerkennung erlangte der in Schäßburg geborene Forstmann Julius Fröhlich mit seinem Fachbuch "Urwaldpraxis" (Radebeul und Berlin 1954).

Eine erste Arbeit über "Die Fauna der Wirbeltiere Siebenbürgens" erschien 1856 von E. A. Bielz in Hermannstadt. Über die "Fauna der Land- und Süßwassermollusken Siebenbürgens" haben M. und E. A. Bielz grundlegende Arbeiten herausgegeben. 1891 publizierte Georg Seidlitz (Königsberg) eine "Käferfauna Siebenbürgens". Umfassende Arbeiten über diese Insektengruppe veröffentlichten auch K. Holdhaus/Wien und F. Deubel/Kronstadt sowie K. Petri/Schäßburg. Eingehende Forschungen über die Schmetterlingsfauna Siebenbürgens führte D. Czekelius d. J. durch. Internationale Bedeutung erlangte der Hermannstädter Biologe und Haeckelschüler C. F. Jickeli durch seine theoretischen Werke "Die Unvollkommenheit des Stoffwechsels" (Berlin, 1902) und "Pathogenesis" (Berlin, 1924). Eine Reihe von ornithologischen Arbeiten verfaßten

W. Hausmann, W. Leonhardt, A. Kamner, H. Höhr und R. Jacobi. Eine dreibändige Monographie "Die Ornis Siebenbürgens" von H. Salmen, W. Klemm und St. Kohl wurde in den Jahren 1980-88 von H. Heltmann, W. Klemm, E. Schüz und S. Eck herausgegeben.
Von den mineralogisch-geologischen Arbeiten sind die 1855 von J. M. Ackner gedruckte "Mineralogie Siebenbürgens" und die 1863 in Wien erschienene "Geologie Siebenbürgens" von F. v. Hauer und G. Stache (beide Wien) zu erwähnen.
Meterologische Beobachtungen wurden in Hermannstadt seit 1845, in Kronstadt seit 1848 regelmäßig gemacht.
Einen ersten umfassenden "Beitrag zur Höhlenkunde Siebenbürgens" hat E. A. Bielz 1884 und in unserem Jahrhundert haben F. Podek, A. Prox und F. Thomas Arbeiten zur Höhlenkunde Siebenbürgens herausgegeben.
Persönlichkeiten wie Alexander v. Humboldt, Charles Darwin und Justus v. Liebig waren Ehrenmitglieder und Ferdinand Freiherr v. Richthofen, Ernst Haeckel, Anton Kerner v. Marilaun und Ferdinand Pax korrespondierende Mitglieder des Siebenbürgischen Vereins für Naturwissenschaften. Um die Jahrhundertwende stand dieser Verein mit 200 wissenschaftlichen Institutionen aus aller Welt im Schriftenaustausch. 1895 konnte er ein Museumsgebäude seiner Bestimmung übergeben. Bei der Verstaatlichung des Vereinsmuseums im Oktober 1949 umfaßten die Sammlungen etwa 500.000 Stücke und in der Vereinsbibliothek befanden sich 9.000 Bände und über 600 verschiedene Fachzeitschriften. Von 1849-1949 sind 95 Jahrgänge der Vereinszeitschrift "Verhandlungen und Mitteilungen" erschienen. Größere naturwissenschaftliche Sammlungen befanden sich im "Burzenländer Sächsischen

Die Naturwissenschaftler Eduard Albert Bielz (1827-1898), der Vorsitzende des 1849 gegründeten "Siebenbürgischen Vereins für Naturwissenschaften in Hermannstadt" und Julius Römer, (1848-1926) Kronstadt

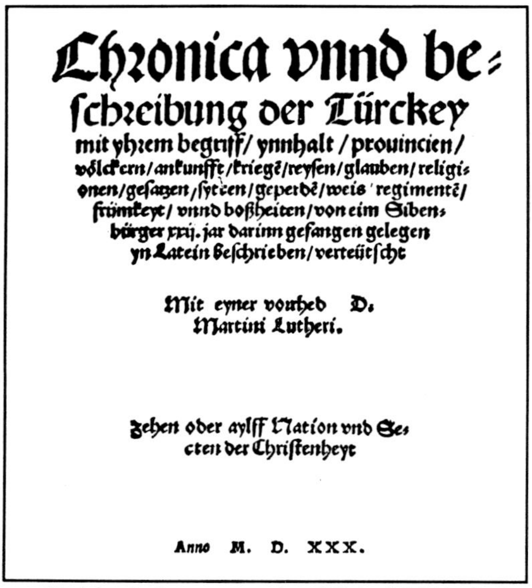

Chronica vnnd beschreibung der Türckey
mit yhrem begriff/ ynnhalt / prouincien/ völckern/ ankunfft/ kriegē/ reysen/ glauben/ religionen/ gesatzen/ syten/ geperdē/ weis regimentē/ frümkeyt/ vnnd boßheiten/ von eim Sibenbürger xxij. jar darinn gefangen gelegen yn Latein beschrieben/ verteütscht

Mit eyner vorrhed D. Martini Lutheri.

Zehen oder aylff Nation vnd Secten der Christenheyt

Anno M. D. XXX.

Nachdruck des sogenannten "Türkenbüchleins", das 1481 lateinisch und 1530 in Nürnberg deutsch mit Vorwort von Martin Luther erschien. Es ist das älteste gedruckte Buch eines siebenbürgisch-sächsischen Verfassers (Nr. 106)

Museum" in Kronstadt und auch die naturwissenschaftlichen Lehrsammlungen der siebenbürgisch-sächsischen Schulen umfaßten zahlreiche wertvolle Sammelobjekte.

Enge fachliche und menschliche Beziehungen sind in der Zwischenkriegszeit zwischen siebenbürgischen Ärzten und ihren Hochschullehrern in Deutschland und Österreich durch die vom Siebenbürgisch-Deutschen Ärtzeverein zwischen 1923 und 1936 jährlich veranstalteten Medizinischen Hochschulkurse in Hermannstadt und Kronstadt entstanden. Auf Betreiben von Prof. Ferdinand Sauerbruch, der 1924 als Vortragender an dem 2. Hochschulkurs in Hermannstadt teilnahm, wurden diese Fortbildungskurse für siebenbürgische Ärzte in den folgenden Jahren jeweils von Professoren einer anderen Fakultät bestritten, so daß die jahrhundertealte kulturelle Verbundenheit zwischen Deutschland, Österreich und Siebenbürgen auch auf diese Art vertieft wurde. Schließlich haben auch eine Reihe von Siebenbürger Sachsen im Ausland erfolgreich gewirkt, so daß sie europäischen oder gar Weltruf erlangten. Von diesen seien hier der Botaniker Johann Hedwig, bekannt als "Linné der Moose", der Indienforscher Johann Martin Honigberger und der Kaukasusforscher Friedrich Bayer(n) genannt.

Heinz Heltmann

Literatur und Theater

Die Anfäge der siebenbürgisch-deutschen Literatur gehen bis in die Zeit der Ansiedlung zurück. Es ist anzunehmen, daß die Einwanderer auch ihre Zaubersprüche, Segensformeln, Lieder, Märchen und Sagen in die neue Heimat mitgenommen haben. Vieles ist davon in Vergessenheit geraten oder verändert auf uns gekommen, und was die siebenbürgisch-sächsischen Volkskundler (Friedrich Wilhelm Schuster, Josef Haltrich, Friedrich Müller) in der zweiten Hälfte des 19. Jhs. in Bücher zu retten versuchten, ist gewiß nur ein Bruchteil des alten Bestandes. Sowohl für die Volkslieder als auch für die Zaubersprüche, Märchen und Sagen ist der beherrschende Einfluß des westeuropäischen, vornehmlich deutschen Repertoires kennzeichnend; Übernahmen aus dem rumänischen und ungarischen Bereich sind vorhanden, allerdings sporadisch und spärlich.

Aus dem lateinisch abgefaßten liturgischen Schrifttum der früheren Jahrhunderte und den meist durch Zufall überlieferten Zeugnissen der vorhumanistischen Zeit ragt das "Türkenbüchlein" (1481) des Frater Georgius de Hungaria heraus.

Eine beachtliche Breitenwirkung, freilich hauptsächlich in Gelehrtenkreisen, erreichte die siebenbürgisch-deutsche Literatur im Zeitalter des Humanismus und der Reformation. Die Namen einer ganzen Reihe humanistischer Schriftsteller (Johannes Hon-

terus, Valentin Wagner, Christian Schesäus, Georg Reicherstorffer, Johannes Sommer), die entweder in Siebenbürgen geboren oder später dort ansässig und tätig wurden, hatten auch über die Grenzen des Landes hinaus einen guten Klang.
Chroniken, Tagebücher und Gelegenheitsdichtungen sind die am meisten gepflegten literarischen Gattungen des 17. und 18. Jhs. in Siebenbürgen. Im deutschen Sprachraum wurden jedoch vor allem die erotischen Romane von Johann Gorgias (1640-1684) und Andreas Pinxner (1674-1710) bekannt, in Siebenbürgen übersetzte der kunstbeflissene Sachsengraf Valentin Franck von Franckenstein (1643-1697) die Verse von Ovid ins Deutsche, Magyarische, Siebenbürgisch-sächsische und ins Rumänische.
Zu Beginn und in der ersten Hälfte des 19. Jhs. entwickelt sich die siebenbürgisch-deutsche Literatur im Zusammenhang mit dem Zeitungs- und Zeitschriftenwesen. Hiermit wurde der Grundstein für die Bildung eines modernen Literaturbetriebes gelegt: Die Literaturkritik, die seit Endes des 18. Jhs. und betonter seit dem Vormärz auch in Siebenbürgen ihre Ansprüche geltend zu machen versuchte, begleitete hinfort den Verlauf der Literatur, diskutierte ihre Chancen, arbeitete ihre Geschichte auf. Im Vorfeld der revolutionären Ereignisse von 1848/49 läßt sich ein allgemeiner dichterischer Aufbruch verzeichnen. Vor allem auf dem Gebiet der Lyrik (Joseph Marlin, Johann Friedrich Geltch), aber auch auf jenem der Epik und Dramatik (Joseph Marlin, Daniel Roth) profilierten sich Schriftsteller, denen es gelungen ist, eine eigenartige literarische Tradition in Siebenbürgen zu stiften. Fortführung und Weiterentwicklung erfuhren diese Ansätze in der zweiten Hälfte des 19. Jhs., als u.a. mit Friedrich Wilhelm Schuster (1824-1914), Michael Albert (1836-1893), Traugott Teutsch (1829-1913), Friedrich Krasser (1818-1893), Viktor Kästner (1826-1857) Dichter auf den Plan traten, die der Literatur im Geistesleben der Siebenbürger Sachsen einen gebührenden Platz zu sichern vermochten. In ihrem Umfeld betätigten sich eine ganze Reihe von bescheidenen und zweifelhaften Begabungen, die die durch die zahlreichen Zeitungen und Kalender entstandenen Veröffentlichungsmöglichkeiten zu nutzen wußten. Hauptsächlich gegen sie wandte sich Adolf Meschendörfer (1877-1963) mit seiner Kulturzeitschrift "Die Karpathen" (1907-1914), in der er außer kulturpolitischen und -historischen Aufsätzen vorwiegend die Werke jener siebenbürgisch-deutschen Autoren abdruckte, die für ihre siebenbürgischen Stoffe eine adäquate künstlerische Ausdrucksform gefunden hatten (Johann Plattner, Eduard Schullerus, Hermann Klöß).
Nach einem modernistischem Zwischenspiel in den Zeitschriften "Das Ziel" (1919), "Das Neue Ziel" (1919/ 20) und "Frühling" (1920) bestimmte der "Klingsor" (1924-1939) die Ausrichtung der siebenbürgisch-deutschen Literatur während der Zwischenkriegszeit. Im Bereich der Lyrik (Heinrich Zillich, Erwin Neustädter, Egon Hajek, Gerda Mieß u.a.),

Die Karpathen

Halbmonatschrift für Kultur und Leben

Herausgeber

Adolf Meschendörfer.

Erster Jahrgang, erstes Halbjahr: Oktober 1907 bis März 1908.

Kronstadt (Brassó).

Verlag Wilhelm Hiemesch.

"Die Karpathen", herausgegeben von Adolf Meschendörfer, erschienen zweimal monatlich von 1907-1914 in Kronstadt (Nr. 114)

des Dramas (Hermann Klöß, Bernhard Capesius, Adolf Meschendörfer), vor allem aber in jenem der Prosa (Adolf Meschendörfer, Erwin Wittstock, Heinrich Zillich) konnten die siebenbürgischen Autoren beachtliche Leistungen erbringen und mitunter auch die Öffentlichkeit außerhalb Siebenbürgens erreichen.

Nach dem 23. August 1944, der eine einschneidende Wende auch in der Geschichte der siebenbürgisch-deutschen Literatur markiert, sollte es eine Weile dauern, bis sich die verunsicherten und eingeschüchterten Schriftsteller, die nunmehr in Ost und West lebten, erneut zu Wort meldeten. In Rumänien konnten sich, neben den sozialistischen Programmatikern, zunächst die Schriftsteller, die während der Zwischenkriegszeit bekannt geworden waren (A. Meschendörfer, E. Wittstock), behaupten. Zu ihnen traten während der fünfziger und sechziger Jahre die mittlere Generation (Wolf von Aichelburg, Andreas Birkner, Hans Bergel, Georg Scherg) und eine Gruppe jüngerer Literaturschaffender (Paul Schuster, Oskar Pastior, Dieter Schlesak), die, wie auch die jüngste Generation, die Anfang der siebziger Jahre debütierte (Franz Hodjak, Joachim Wittstock), unter stark reduzierten Lebensbedingungen und eingeschränkter Äußerungsfreiheit, Werke von beachtlichem künstlerischen Wert verfaßt haben. Parallel dazu veröffentlichten mehrere Schriftsteller siebenbürgischer Herkunft, die vor und während des Krieges im Westen verblieben waren (Heinrich Zillich, Otto Folberth, Walter Myß) oder im Zuge der zunehmenden Auswanderung der Deutschen aus Rumänien ihren Wohnsitz hierher verlegt hatten (Hans Bergel, Andreas Birkner, Oskar Pastior, Paul Schuster, Dieter Schlesak, Wolf von Aichelburg, Bettina Schuller, Frieder Schuller, Klaus Hensel, Karin Gündisch) ihre Schriften in deutschen und österreichischen Verlagen.

Heinrich Zillich

Der Toddergerch

und andere Geschichten

Verlag der Markusdruckerei

Schäßburg

In der Schäßburger Markus-Druckerei erschienene Auswahl das Erzählwerks von Heinrich Zillich, Titelbaltt (Nr. 131)

Weit verbreitete Volksschauspiele hat es in Siebenbürgen wohl nie gegeben. Dennoch müssen die Anfänge der siebenbürgisch-deutschen Dramatik in jenen spielähnlichen Umzügen (Urzellauf, Schwerttanz, Rößchentanz) vermutet werden, die sich an ein schaulustiges Publikum wandten, Handlung, Dialog und Sprache jedoch bloß als sekundäre Zutat gebrauchten. "Herodesspiel" und "Königslied", die bis ins 20. Jh. in Siebenbürgen zur Aufführung gelangten, lassen Bezüge zu den Mysterienspielen des Mittelalters erkennen. Im Zeitalter des Humanismus und des Barock wurden diese Spiele, zumindest zeitweise, von den lateinischen Schulkomödien verdrängt. Um die Mitte des 18. Jhs. tauchten die ersten Wandertruppen in den siebenbürgisch-sächsischen Städten auf. Mit ihnen drangen auch die von Gottsched und der Neuberin in Leipzig bzw. von Sonnenfels in Wien unternommenen Reformversuche des Theaters nach Siebenbürgen. Bevor die "Haupt- und Hermannstadt" 1783 durch den Umbau einer Bastei ein eigenes Schauspielhaus erhielt, das, nach dem Urteil eines Zeitgenossen, einen Vergleich mit den *"vorzüglichsten Schauspielhäusern Deutschlands"* nicht zu scheuen brauchte, führten die Schauspieler die Stücke auf improvisierten Bühnen auf. Außer Unterhaltungsstücken und Werken von Shakespeare und Moliére wurden auch zeitgenössische dramatische Werke geboten, u. a. "Emilia Galotti" von Lessing, "Clavigo" von Goethe, "Kabale und Liebe" von Schiller. Die Aufführungen wurden zeitweilig mit kritischen Anmerkungen im "Theatral Wochenblatt" (1778), dem ersten siebenbürgischen Periodikum, begleitet.

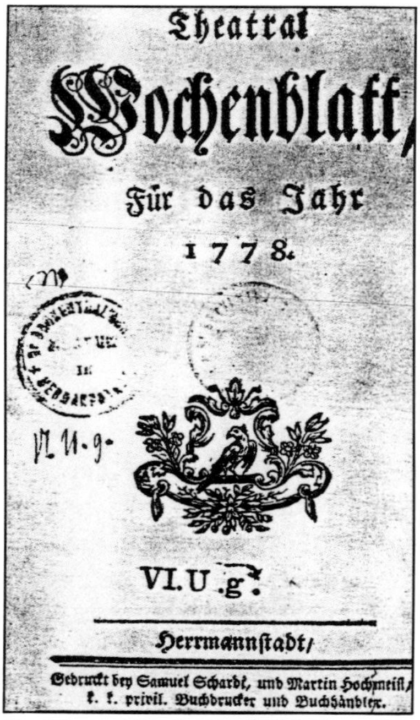

Das "Theatral Wochenblatt" (1778) erschien einen Sommer lang bei Martin Hochmeister. Es war das erste Periodikum in Siebenbürgen (Nr. 128)

Theaterplakat aus Kronstadt, 1885. Das von den Brüdern Schönthan verfaßte Stück ist bis heute ein Kassenschlager (Nr. 130)

Das Theaterleben wurde auch im 19. Jh. hauptsächlich von Wandertruppen bestimmt, wenn auch Hermannstadt und Kronstadt dazu übergehen konnten, ihr Saisontheater zu einer ganzjährigen Institution umzuwandeln. Neben guten Lustspielen gehörten die zeitgenössische deutsche Dramatik (von Schiller bis Hauptmann) und die siebenbürgischen Theaterdichter (Friedrich Wilhelm Schuster, Michael Albert, Traugott Teutsch, Anna Schuller-Schullerus, Michael Königes, Adolf Meschendörfer) zum Repertoire der sächsischen Bühnen.

Anfang der dreißiger Jahre wurde das "Deutsche Landestheater in Rumänien" (Direktor: Gust Ongyerth) ins Leben gerufen, an dem mehrere begabte Schauspieler tätig waren (Hermann Czell, Hanna Copony, Karlfritz Eitel u.a.), die vorher an ausländischen Bühnen gewirkt hatten. Bis zu seiner Auflösung im Jahr 1944 hatte das Landestheater viele Ausfahrten in die von Deutschen besiedelten Gebiete Rumäniens organisiert und zahlreiche Stücke zur Aufführung gebracht.

1956 wurde die deutsche Abteilung des Hermannstädter Theaters ins Leben gerufen, die auch heute noch, freilich mit stark dezimierten Kräften, existiert.

Großer Beliebtheit erfreute sich bis in die jüngste Zeit bei den Siebenbürger Sachsen das Laientheater. Jede sächsische Stadt und fast jedes sächsische Dorf besaß eine Schauspielgruppe, die sich mitunter außer an Lustspiele und Rührstücke auch an anspruchsvollere Werke der dramatischen Kunst heranwagte.

Stefan Sienerth

Architektur und Kunst (bis Ende des 18. Jhs.)

Steinerne Zeugen europäischen Kunstverstands / Die Sondergotik siebenbürgischer Hallenkirchen / Feinsinnige Malerei und Graphik sprengt zuweilen "Heimatenge" / Kunstvolle Bürgermöbel, kostbare Gold- und Silberschmiedearbeit, Zinn und Keramik / Musikbegabung als Volksbesitz

In den Anfängen hatte sich die Kunstentwicklung Siebenbürgens vornehmlich auf zweckgebundene, schlichte Kirchenbauten und erste Befestigungsanlagen beschränkt. Allenfalls die Eingangsportale der kurz vor oder nach 1200 entstandenen ersten Steinkirchen der deutschen Siedler, durchwegs turmlose dreischiffige, "kurze" (Burgberg, Rothberg) oder langgestreckte Basiliken (Großau, Schönberg, Heltau, Großschenk) sind mit spätromanischem Profil-, Blatt- und Figurenschmuck in Haustein verziert (Tympanonreliefs in Burgberg, Salzburg und Draas).

Nach den Verwüstungen des Mongolensturmes (1241/42) wurde vielen dieser und der danach errichteten Kirchen, dem Vorbild der mittelalterlichen Burg folgend, ein quadratischer, Verteidigungszwecken dienender Westturm angefügt (Großau, Schönberg, Draas, Rohrbach), während der Kirchhof mit Erd- und Palisadenwerk oder auch schon mit Bruchsteinmauern und Wehrtürmen befestigt wurde. Bereits der Deutsche Ritterorden hatte während seines Aufenthaltes im Burzenland (1211-1225) erste Steinburgen errichtet (Ruinen der Kreuzburg, Schwarzburg, Marienburg).

Die einzige erhaltene Kirchenburg dieser Zeit ist jene auf dem Burgberg von Michelsberg; ihre kleine dreischiffige Basilika ist vor 1223 entstanden, als Magister Gocelinus Berg und Kirche dem Zisterzienserkloster Kerz schenkte. Bauleute der Kerzer Bauhütte wirkten in der zweiten Jahrhunderthälfte am Wiederaufbau der dem Kloster zugehörigen Dorfkirchen von Tartlau, Honigberg oder Rosenau mit. Nach Fertigstellung der Abteigebäude in den 80er Jahren des 13. Jhs. haben diese Bauleute die frühgotischen Bauformen der Abteikirche niederrheinisch-spätstaufischer Prägung auch an anderen Kirchenbauten verwendet, in Kronstadt-Bartholomae, in Halmagen, am Langhaus der Mühlbacher Stadtpfarrkirche oder am Chor der Bistritzer Minoritenkirche.

Letztere macht deutlich, daß sich auch in Siebenbürgen wie in Deutschland oder Österreich die Bettelorden anfangs den Baugepflogenheiten der Zisterzienser anschließen. Seit 1224 in Hermannstadt und seit Ende des 13. Jhs. in allen siebenbürgischen Städten ansässig, ist ihnen die Verbreitung der Gotik in Siebenbürgen zuzuschreiben, da ihre Bauten, vornehmlich die Langchöre, im 14. Jh. für das aufsteigende Bürgertum zum Vorbild seiner pfarrkirchlichen Bedürfnisse geworden sind. Solche Langchöre sind Mitte des 14. Jhs. an den Pfarrkirchen fast aller größeren Ortschaften im Bau, so in Schäßburg (Bergkirche), Hermannstadt, Reichesdorf, Meschen oder Hetzeldorf.

Voraussetzung der regen Bautätigkeit um die Jahrhundertmitte waren die politische und wirtschaftliche Stabilität unter Ludwig dem Großen (1342-1382) und die damit zusammenhängende sozio-ökonomische Entwicklung, wodurch das siebenbürgische Bürgertum zum Träger und Förderer der materiellen und geistigen Kultur geworden ist. Der Aufschwung von Wirtschaft, Handel und Gewerbe schafft die Voraussetzungen für das rasche Eindringen der neuesten künstlerischen Errungenschaften Mitteleuropas, die vor Ort zu eigenständigen Werken verarbeitet werden. Die Wege des regen

Handels mit Österreich, Böhmen und Deutschland führen über Ungarn (Ofen, Pest) oder über die Zips. Sie können als wichtige Zwischenstationen in der Wanderung der Kunstformen angesehen werden.

Die neubegonnenen Kirchenbauten zeigen im Vergleich zu allen Vorgängern einen großen Aufwand an künstlerischer Ausgestaltung, sicherlich Ausdruck des gewachsenen Repräsentationsbedürfnisses der bürgerlichen Bauherren. In Klausenburg ist seit 1349 der Hallenchor von St. Michael mit reicher Kapitellplastik im Bau. Der dreischiffige Hallenchor der Stadtpfarrkirche von Mühlbach (1351-1382), baukünstlerisch österreichischem und süddeutschem Formengut der Parlerzeit verpflichtet, wird mit einer Fülle an Bauplastik verziert (Figurenzyklen an den inneren und äußeren Pfeilern), die in Siebenbürgen und in ganz Südosteuropa einmalig ist. In seiner Nachfolge steht der 1385 begonnene Hallenchor der "Schwarzen Kirche" in Kronstadt, dessen Figurenzyklen der Strebepfeiler auf Mühlbacher, aber auch süddeutschen und böhmischen Einfluß hinweisen.

Die späten Skulpturen der Mühlbacher Strebepfeiler (um 1400) beeinflussen die Plastiken vom Kirchturm der Stadtpfarrkirche in Bistritz oder die Anbetungsgruppe von den Chorstrebepfeilern der Schäßburger Bergkirche, wo wiederum, wie auch am Kreuzigungsrelief vom Westportal in Reichesdorf, die weiche Gewandgestaltung der 'Schönen Madonnen' unverkennbar ist. Diese - die Madonnen aus der Hermannstädter Franziskanerkirche und aus Michelsberg, die Pietá aus der Hermannstädter Stadtpfarrkirche (heute Brukenthalmuseum) - sind als Importwerke nach Siebenbürgen gelangt. 1417 hat der Bildhauer Petrus Lantregen aus Österreich die Kreuzigungsgruppe für die Dominikaner in Hermannstadt (heute

Ruine der Zisterzienserabtei in Kerz, 13. Jh.

Kreuzkapelle) ausgeführt, das erste datierte und signierte Kunstwerk Siebenbürgens.

Die vielen Kirchenneubauten und die rege bildhauerische Tätigkeit um die Jahrhundertwende sind Zeichen eines intensiven künstlerischen Lebens, das nicht allein durch Importe oder Impulse von außen zu erklären ist. Wegen der seit 1420 wiederholt in Siebenbürgen einfallenden Türken verlagert sich notgedrungen der Schwerpunkt der Bautätigkeit auf den intensiven Ausbau der Dorf- und Stadtbefestigungen, gefördert durch Sigismund von Luxemburg, der Siebenbürgen in seine Abwehrstrategie einbezogen hat. Dank seiner kunstfördernden Politik ist jedoch die künstlerische Tradition niemals gerissen, die großen kirchlichen Bauvorhaben sind früh schon weitergeführt worden: In Hermannstadt setzen 1424 die

Erweiterungsarbeiten an der Stadtpfarrkirche ein (vollendet 1445), in Schäßburg wird 1429 an der Bergkirche mit dem Umbau des Langhauses zur Halle begonnen. Hier und nachmalig am Langhaus der Schwarzen Kirche in Kronstadt ist ein aus Klausenburg zugewanderter Steinmetz tätig, der spätgotisches Formengut der Elisabethkirche zu Kaschau verarbeitet. 1483 werden die spätgotischen Netzgewölbe der Schäßburger Bergkirche geschlossen, die vermutlich Andreas Lapicida aus Hermannstadt zu verdanken sind, der bis 1486 die Langhaushalle in Meschen (mit einer für Siebenbürgen einmaligen gewundenen Schaftordnung an einem Pfeilerpaar) errichtet hat und bis 1501 als Baumeister weiterer Bauten (Kirche in Großau, Altes Rathaus in Hermannstadt) wie auch als Steinmetz bekannt ist.

Mit den Hallenkirchen gelangt die siebenbürgische Gotik zu eigenständigen Lösungen, denen der Charakter einer Sondergotik, vergleichbar und gleichzeitig mit jener in Deutschland, bescheinigt werden kann. Die in den zurückliegenden Jahrhunderten beobachtete, auch geographisch bedingte Zeitverschiebung in der Rezeption der Formen ist in der Spätgotik eingeholt, nicht allein in der Formensprache, sondern auch in der gesellschaftlichen Entwicklung: Mit Andreas Lapicida und vor ihm Meister Konrad, 1454 in Kronstadt ansässig, treten die Steinmetzen und Baumeister aus der Anonymität der Bauhütte und stehen als seßhafte Bürger unter Zunftzwang. Damit hat sich auch hier, wie im übrigen Mitteleuropa, in der zweiten Hälfte des 15. Jhs. der Übergang vom Hütten- zum Zunftbetrieb vollzogen.

Die Kunst des 15. Jhs. wäre ohne die Entwicklung im 14. Jh. freilich nicht denkbar, weder in der Baukunst oder Plastik, noch in allen anderen Zweigen der bildenden Kunst, die sich nach 1350 voll entfalten können und traditionsbildend wirken. Eine Reihe von Kelchen oder Gürtelschnallen zeugen von der Tätigkeit siebenbürgischer Goldschmiede, aus deren Reihen die berühmten Brüder Martin und Georg von Klausenburg, die Schöpfer des bronzenen Georgsstandbildes (1373) aus dem Hof der Prager Burg, hervorgegangen sind. Der Technik des Bronzegusses ist bis Ende des 15. Jhs. eine Gruppe von neun qualitätsvollen Taufbecken zu verdanken, die von Mediasch (Ende 14. Jh.), über Hermannstadt (1438) und Schäßburg (1440), bis Kronstadt (1472 in Auftrag gegeben) reichen.

Der gleichen künstlerischen Tradition entstammen die Maler Nikolaus oder Thomas von Klausenburg, der Schöpfer eines bedeutenden, in Gran aufbewahrten Altars (1427). Als Vorstufen einer Malerei des Schönen Stils und der Entwicklung von der Wand- zur Tafelmalerei können die Fresken einer Reihe von Kirchen, wie Draas (um 1375), Petersberg (nach 1400), Malmkrog (1404) oder Mediasch (1420), in seiner Nachfolge die Fragmente der Klausenburger Michaelskirche (nach 1430), die Kreuzigungsdarstellung des Johannes von Rosenau auf der Chornordwand der Hermannstädter Stadtpfarrkirche (1445) oder die Wandmalereien der Schäßburger Bergkirche genannt werden (1483, 1488, um 1500). Aus der großen Familie der siebenbürgischen Flügelaltäre des späten 15. und frühen 16. Jhs. sind heute noch 21 mit insgesamt 337 gemalten Tafeln erhalten. Teils süddeutschen (dem sogenannten Viereraltar, wie in Birthälm oder Schmiegen), teils österreichischen Einflüssen verpflichtet, verarbeiten die Birthälmer Altartafeln unmittelbare Anregungen des bekannten Wiener Schottenaltars von 1469. Letzterer hat auch den Meister des Mediascher Flügelaltars bestimmend beeinflußt. Der 1483 datierte Birthälmer Altar

Stadtpfarrkirche in Hermannstadt, vollendet 1445, Innenansicht

Flügelaltar in der Mediascher Stadtpfarrkirche

hat auf die Malerei einzelner Tafeln in Bogeschdorf (1518) und Schaas (nach 1520) eingewirkt. Die Altäre enthalten auch eine Reihe qualitätsvoller Schnitzwerke, die meist süddeutsche Einflüsse zu erkennen geben, u. a. charakteristische Elemente der Schnitzkunst eines Veit Stoß, wie die Madonna des Mühlbacher Altars (um 1520) oder die beiden Johannesfiguren des Altars in Radeln (1520-1525), die Zipser Einflüssen zugeschrieben werden, jedoch auch von der Hand des Veit Stoß d. J. stammen könnten, der 1523 in Kronstadt als Mitglied der Tischler-, Maler- und Bildhauerzunft vermerkt ist. Bauplastik ist aus diesen letzten Jahrzehnten der Spätgotik kaum erhalten, wohl aber eine Reihe von Meisterwerken spätgotischer Steinmetzkunst (ein Großteil aus der Werkstatt des Andreas Lapicida in Hermannstadt): Sakramentsnischen (Reichesdorf, Großschenk, Baaßen) oder Sakramentshäuschen, in Meschen (1486) und in der Schäßburger Bergkirche (um 1500). Letzteres zeigt, wie auch das Rahmen- und Schnitzwerk der meisten Altäre des 16. Jhs., bereits Formenelemente der Renaissance, die besonders deutlich an den Altären aus der Schäßburger Werkstatt des Johann Stoß, ein weiterer Sohn des Veit Stoß, wiederkehren: in Meeburg (1513), Schweischer (1520) oder am Martinsaltar der Schäßburger Bergkirche (vor 1520). Die weitere Kunstentwicklung Siebenbürgens im 16. und bis gegen Ende des 17. Jhs. wird sich nach der Schlacht von Mohács (1526), angesichts der weiter anhaltenden Bedrohung durch die Türken und der kriegerischen Auseinandersetzung um die Macht im Fürstentum, in der Hauptsache auf Erweiterung und Ausbau der bestehenden Kirchen- und Stadtbefestigungen beschränken. Der in Europa einmalige Abwehrriegel von ehedem (über 300 Wehrkirchen und Kirchenburgen) erhält seine heutige Gestalt; die Kirchenburgen werden nach dem Vorbild der Stadtbefestigungen mit 2-3 Mauerringen, Zwingern, Toren und Türmen versehen (Birthälm), die Kirchen selbst mit Türmen und Wehrgeschossen weiter befestigt und gar neue Wehrkirchen aus einem Baublock errichtet (Keisd 1493, Jakobsdorf, Klosdorf, Bußd bei Mühlbach). Naturgemäß werden die bewährten Bauformen des 15. Jhs. angewandt, die Renaissance wird sich daher nur zögerlich und verspätet ausbreiten und mit wenigen Ausnahmen (Westgiebel der Bistritzer Stadtpfarrkirche 1560-1563) auf den städtischen Wohnungsbau beschränkt sein.

Wegen der verheerenden Stadtbrände vom Ende des 17. Jhs. ist außer den spätgotische Traditionen weiterführenden Häusern der Kaufleute mit ihren Laubengängen (Hermannstadt, Kronstadt, Bistritz), dem Kronstädter (1528) und Hermannstädter Ratturm (1588), einigen Zunft- (Hirscherhaus in Kronstadt, 1545, Zunfthaus der Kürschner in

Hermannstadt mit Wandgemälden des frühen 17. Jhs.) und Patrizierhäusern (Hallerhaus in Hermannstadt, Schullerhaus in Mediasch) wenig aus dieser Zeit überkommen. Mit dem Wiederaufbau unter den Habsburgern halten in den Städten barocke Formen, u. a. das barocke Stadtpalais Einzug. Das bekannteste unter ihnen ist das 1785 vollendete Brukenthal-Palais in Hermannstadt.

Die weitere Entwicklung von Malerei und Plastik wie der Altarbaukunst war im 16. Jh. auch durch die Annahme des evangelisch-lutherischen Glaubens unterbrochen worden, wenngleich nur vereinzelt von bilderstürmerischen Ausschreitungen in siebenbürgischen Kirchen berichtet wird (Mediasch, Kronstadt, Bistritz). Wie auch in anderen protestantischen Landschaften Deutschlands oder Österreichs werden Plastik und Malerei der Siebenbürger Sachsen erst zögernd und auf anderen Wegen in den Kirchenraum zurückkehren, an Grabdenkmälern und Epitaphien, an den reich dekorierten, bemalten Brüstungen von Emporen und Kirchengestühl. Letztere erleben schon im 17. Jh. als sogenannte Blumenrenaissance eine große Blüte (Gestühl in Draas 1638, 1683, Kassettendecke des Langhauses in Zeiden 1712-1713).

Von den zahlreichen Epitaphien oder Grabsteinen des 17. und 18. Jhs. sind vor allem in der Stadtpfarrkirche von Hermannstadt, in Birthälm, Schäßburg (Bergkirche) und Kronstadt größere Bestände erhalten. Die qualitätvollsten sind zweifellos Elias Nicolai zu verdanken, dessen Darstellungen der Verstorbenen oft Porträtplastiken vergleichbar sind (Bischof Theilesius, Birthälm) und die Grabmalkunst der nächsten Jahrhunderte nachhaltig beeinflußen. Der Altarbau hat im 17. Jh. nur wenige Werke hervorgebracht, die meist im 18. und 19. Jh. verändert worden sind.

Kirchenburg in Birthälm. Fast 300 Jahre lang, bis 1867, Bischofssitz

Johann Martin Stock: "Patrizierin und Knabe", Öl auf Kupferblech (Nr. 140)

Im 18. Jh. begegnen uns mehrere Tischler, die gleichzeitig Schnitzer und Altarbauer sind und oft die gesamte Kirchenausstattung der Dorfkirchen - Altar, Kanzel, Emporen, Orgelprospekt - erneuern und zu einer protestantischen Emporenkirche umgestalten. Ein Beispiel ist der Schäßburger Georgius Philippi (1711-1777), aus dessen Werk die Ausstattung von Trappold, Arkeden und Wolkendorf erwähnenswert ist. Seinen, wie auch den zahlreichen anderen Altären des späten 18. Jhs., ist eine eigentümliche Mischung von klassizistischer Nüchternheit und leicht derb und bäuerlich anmutendem Pathos des Spätrokoko eigen. Letzteres prägt auch das Erscheinungsbild der meisten siebenbürgisch-sächsischen Dörfer mit der gleichmäßigen Reihung ihrer an der Wende zum 19. Jh. neu errichteten Höfe, mit giebelständigen Häusern mit Schopfwalm und gemauerter Tordurchfahrt.

Die Altarbilder dieser Zeit, zumeist die Kreuzigung darstellend, die wenigen Schnitzfiguren von Aposteln (Draas, 1787), Evangelisten und Putti oder Engeln leiten zum 19. Jh. über, als auch in Siebenbürgen, unter dem Einfluß der großen europäischen Kunstströmungen, erste Ansätze einer selbständigen Entwicklung von Malerei, Graphik und Plastik zu verzeichnen sind. Eine nicht unwesentliche Rolle in der Kunsterziehung des Publikums kommt dabei der schon 1817 der Öffentlichkeit zugänglich gemachten Kunstsammlung Samuel von Brukenthals zu.

Christoph Machat

Malerei und Graphik (18.- 20. Jh.)

An den wenigen überlieferten Bildnissen aus der Mitte des 16. Jhs., früheste Zeugnisse weltlicher Staffeleimalerei bei den Siebenbürger Sachsen, knüpfte die Porträtmalerei erst gegen Ende des 17. Jhs. wieder an, als aus der Zips ein Zuzug bedeutender Maler zu verzeichnen ist, z. B. der Maler Jeremias und Tobias Stanover. Im 18. Jh. wird die Bildnismalerei von aristokratisch-patrizischen Kreisen gefördert, sie ist dem österreichischen Spätbarock zuzuordnen. Den damals vollzogenen Statuswandel des Künstlers in der Gesellschaft verdeutlichen die Maler Martin Stock (1693-1752), ein Zunftmeister heimischer Prägung, von dem einige Altarbilder erhalten sind, und sein Sohn Johann Martin Stock (1742-1800), der in Wien die Maler- und die Kupferstecherakademie besuchte, dann in Preßburg ansäßig wurde, ehe er wieder in die Heimat übersiedelte, als Bildnismaler überall geschätzt und besonders von Samuel von Brukenthal gefördert. Eine neue, wenn auch keinesfalls glänzende Existenzbasis für Künstler ergab sich in den Städten am südöstlichen Rand der Habsburgermonarchie nach der Einführung eines geregelten Zeichenunterrichts an höheren Schulen (Freihandzeichnen seit 1774), wofür man sich um akademisch ausgebildete "Zeichenmeister" bemühte. Das führte jedoch nicht zum großen Durchbruch, auch 100 Jahre später herrschten noch Mutlosigkeit und Kleinmeisterei. Maler und Wachsbossierer waren meist nicht Ortsansässige und blieben nur für kurze Zeit. Bedeutend war am Anfang des 19. Jhs. der Maler Franz Neuhauser d. J. (gest. 1836 in Hermannstadt), Sproß einer aus Wien stammenden Künstlerfamilie. Er gilt als Begründer der Landschaftsmalerei in Siebenbürgen, obzwar er sich vielseitig und schöpferisch im neuartigen Steindruck (1821 erstmals in Siebenbürgen), als Bildnismaler, Kunsterzieher u.a. betätigt hat. Beschaulich-biedermeierliche Züge sind nicht zu verkennen, seine besten Werke erwecken aber den Eindruck eines großzügigen Naturgefühls.

Der feinsinnigen Landschaftsmalerei widmete sich auch der Schäßburger Ludwig Friedrich Schuller (1826-1909), der in Kärnten, Stuttgart und Paris gewirkt hatte, bevor er 1857 Lehrer an der Bergschule wurde. Neben die eigene künstlerische Leistung trat der Wunsch, junge Talente zu wecken. Das ist im besonderen Maße dem gebürtigen Mecklenburger Carl Dörschlag (1832-1917) gelungen, der seit 1871 in Hermannstadt tätig war. In Kronstadt wirkte später Ernst Kühlbrandt in diesem Sinne.

Der Aufbruch einer Reihe Kunstbeflissener, darunter auch Frauen, die sich seit den 80er Jahren des vorigen Jahrhunderts, allen Schwierigkeiten zum Trotz, dem Künstlerberuf zuwandten, ist sicher auch als Zeichen einer umfassenden neuen Selbstbesinnung und neuer Zielsetzungen unter den Siebenbürger Sachsen zu werten. Erstaunlich ist, daß die junge Malerei um die Jahrhundertwende anderen Formen der Kunstübung,

Arthur Coulin (1869-1912): "Die Braut", Öl auf Leinwand (Nr. 146)

etwa der Musik und der Literatur, im bewußten Bemühen um künstlerische Gestaltung eindeutig überlegen war. Nicht mehr Wien, sondern Budapest, Berlin und vor allem München wurden die bevorzugten Studienorte.

Diese erste Generation der modernen sächsischen Kunst, mit Friedrich Mieß, Robert Wellmann, Fritz Schullerus, Arthur Coulin, Karl Ziegler, Anna Dörschlag, hatte kaum avantgardistischen Ehrgeiz, doch ihr ernster Wille zu künstlerischer Gestaltung stand entschieden gegen die spießbürgerliche Kunstfremdheit der Provinz. Wohl gingen die Lebenswege dieses "mutigen Häufleins" weit auseinander: ein Teil versuchte in der Heimat Fuß zu fassen, einige starben früh. Für andere wurden Berlin, Posen, Königsberg, Budapest, München, Italien zu Stationen ihres Lebens. Doch die Bindung an das Herkunftsland dauerte fort, nicht selten

Trude Schullerus (1889-1981): "Karpatenlandschaft", Öl auf Pappe (Nr. 154)

Grete Csaki-Copony (1893-1990): "Mädchen mit Zitrone", Öl auf Leinwand (Nr. 155)

stellten die in weiter Ferne Schaffenden ihre Werke in der Heimat aus. Künstler und Kunstkenner, wie Carl Dörschlag und Arthur Coulin oder Viktor Roth, Emil Sigerus und Ernst Kühlbrandt, setzten sich auch kulturpolitisch ein und gründeten den "Sebastian Hann-Verein für heimische Kunstbestrebungen" (1903). In Kronstadt brachte die Zeitschrift "Die Karpathen" erstmals Kunstbeilagen in bester technischer Ausführung.

Die Saat ging in unvermuteter Breite auf. Ein beachtliches schöpferisches Potential wurde geweckt, es entstanden Werke, die bis heute ihre Wirkungskraft behalten haben.

Bombastische Historienmalerei fand in Siebenbürgen keinen Nährboden. Dazu fehlten nicht nur die Mittel, sondern auch der gesellschaftliche Anspruch. Nur zwei große Bildkompositionen zu geschichtlichen Themen wurden, in öffentlichem Auftrag, von Fritz Schullerus gemalt. Er selbst hat sie aber insgeheim als ihm unangemessen empfunden. Ein drittes großformatiges Gemälde, "Die Bockelung einer jungen Frau", von Robert Wellmann hell und malerisch gestaltet, ohne heldische Pose, ist eher eine Schilderung bürgerlichen Wohlstandes im Kleide der Vergangenheit und erfreut sich echter Popularität.

Vom Naturalismus der Vorgänger rückten die jungen Maler entschieden ab. Die Besten - Hans Eder, Hans Mattis-Teutsch, Fritz Kimm, Grete Csaki-Copony, Hermann Konnerth oder Trude Schullerus - fanden, auf ihre Weise, Anschluß an die Formensprache der neuen Ausdruckskunst.

Die Enge der heimischen Kunstszene freilich mußte die jungen Künstler entmutigen. So kam es, daß der Maler Ernst Honigberger, von Gleichgesinnten unterstützt, eine Kampagne zur Gründung einer Galerie für moderne siebenbürgisch-sächsische Kunst startete, die damals (1914) die Gemüter erregte

Hans Hermann (1885-1980): "Schäßburg", Radierung (Nr. 158)

und in zwei Lager spaltete. Die Mittel für den Ankauf von Werken der zeitgenössischen Kunst sollten nämlich durch den Verkauf von Jan van Eycks "Mann mit der blauen Sendelbinde", des wertvollsten Stückes aus der Galerie alter Meister des Brukenthalmuseums in Hermannstadt, aufgebracht werden, für das ein sehr hohes Kaufangebot beim Kuratorium eingegangen war. Unter Hinweis auf die testamentarisch verfügte Unveräußerlichkeit wurde dieser Verkauf verhindert und das Ansinnen der jungen Künstler vereitelt, obwohl es für sie viel Verständnis gab und man nach anderen Lösungen suchte.

Im ungarischen und rumänischen kulturellen Umfeld der Zwischenkriegszeit errang die siebenbürgisch-deutsche Kunst einen eigenen Stellenwert, vor allem durch die herb-männliche, manchmal visionäre Porträtkunst und die eindringlichen Golgatha-Bilder von Hans Eder, durch die suggestive Zeichenkunst Fritz Kimms, durch die Graphiken Hans Hermanns.

Hans Mattis-Teutsch (1884-1960): "Sonnenblumen", Öl auf Pappe (Nr. 151)

Eine der herausragenden Künstlerpersönlichkeiten Kronstadts war Hans Mattis-Teutsch, dessen Malerei den siebenbürgischen Rahmen in eigenwilliger Weise sprengt und der internationalen Avantgarde zuzurechnen ist. Er war Kunsterzieher in seiner Heimatstadt und ist dort 1960 gestorben. Mattis-Teutsch hat in der Berliner Galerie "Der Sturm" ausgestellt, sich der Budapester "MA"- Bewegung angeschlossen, ist auch in Bukarest und Berlin aufgetreten und bis zuletzt seinem "musikalischen Expressionismus" treu geblieben.

Zugleich entwickelte sich, neben der Kunst der großen Begabungen, auch eine eher moderate, heimische Kunstszene, womit kein Dilletantismus gemeint ist, sondern eine wohlgepflegte realistische Malerei und Graphik, mit im- und expressionistischen Inflexionen. Aus echter Natur- und Heimatver-

Tabernakel-Sekretär aus dem Hochbarock, 18. Jh. (Nr. 166)

Reise-Kassette für Gläser und Karaffen, um 1850 (Nr. 171)

bundenheit genährt, weit entfernt von akademischen und modischen Vorgaben, brachte sie innerhalb der kleinen Volksgruppe sehr wohl das Lebensgefühl ihrer Epoche zum Ausdruck und wurde allgemein angenommen. Ihre Vorliebe galt dem Landschaftsbild.

Die aufgezeigten Linien gelten auch für die Künstler der jüngsten Generation, die bis in die 70er und 80er Jahre noch in Siebenbürgen gelebt haben. Der vielleicht bedeutendste der zeitgenössischen siebenbürgischen Künstler ist der Maler Friedrich Bömches Ritter von Boor, der heute in Wiehl lebt.

Karin Bertalan

Kunsthandwerk

Möbelbau

Der Möbelbau der Siebenbürger Sachsen ist mit dem des süddeutschen und ostalpenländischen Raumes eng verwandt. Älteste Stükke, und zwar Truhen mit Kerbschnitt, Sakristeitüren und Kirchengestühl mit Schnitzerei und Einlegearbeiten, weisen Elemente des gotischen Stils auf. Der Kastentisch mit spätgotischem Flachschnitt in schwarz-roter, später bunter Teilbemalung, wird bis ins 17. Jh. hergestellt. Ähnlich wie in der Bekleidung führte die relative Isolation vom Westen im 17. Jh. zu einer Fixierung der Renaissanceformen, die durch eine immer reicher werdende farbliche Gestaltung ergänzt wurden. An bürgerlichen Brauttruhen, an Eckschränkchen und Himmelbetten sind sie bis zum 18. Jh. festzustellen. Ebenso wirkte die barocke Polychromie in der ländlichen Schreinermalerei lange fort.

In der bürgerlichen Wohnkultur wurden im 18. Jh., unter dem direkten Einfluß Wiens, die ältesten Ausstattungen durch furnierte Möbel und geschwungene Formen ersetzt.

Verwendet wurden fast nur einheimische Hölzer, vor allem Nußbaumholz und Nußbaumwurzel. Kunstmöbel, wie Tabernakel-Aufsatzschränke mit geschwungener Schauseite und reichem Intarsienschmuck, entsprachen dem Geschmack des sächsischen Bürgertums. Auch sogenannte "Muschelstühle, -bänke und -tische" waren im 18. Jh. allgemein beliebt. Die Kommode ("Legekasten") ersetzte die Truhe und wurde ein unentbehrliches Möbel. Die Meisterstücke wurden nach Vorzeichnungen, den Möbelrissen, angefertigt. Solche Entwürfe aus den Jahren 1750-1850 hat z. B. die Hermannstädter Tischlerzunft aufbewahrt.
In der Zeit des Klassizismus ("Josephinischer Stil") wirkte in Hermannstadt der in Wien ausgebildete Kunsttischler Johann Bauernfeind, der sich auch als Kupferstecher betätigt hat. Spuren des Empire sind kaum auszumachen, doch beherrschte der Biedermeierstil mit anschließendem Neurokoko das bürgerliche Wohnungsbild so nachhaltig, daß andere historistische Tendenzen als fremdartig erscheinen.

Karin Bertalan

Deckelkanne aus Zinn, Hermannstadt, 18 Jh. (Nr. 175)

Zinngießerei

Seit Beginn des 16. Jhs. wurde Zinngerät in Siebenbürgen allgemein verwendet. Die "Kannengießer" von Schäßburg, Kronstadt und Hermannstadt organisierten sich zunftmäßig. Der Name des Schäßburger Ratsherren Andreas Toppengießer (also Kannengießer) weist bereits 1393 auf die Existenz dieses Handwerkes hin. Grundform der zinnernen Trinkgefäße war die zylinderförmige oder sich konkav verjüngende gotische Henkel- oder Deckelkanne, die in der Zeit der Renaissance und des Barock nur geringe Abwandlungen erfahren hat.
Das Rohmaterial wurde importiert, ebenso

Hochzeitsteller aus Siebenbürgen, 18.Jh. (Nr. 181)

manche Gußformen und Ornamentik (z.B. Delphinfiguren an Deckelknäufen, Abendmahlskannen in Keisd, Schaas, Bodendorf u.a.); orientalischer Einfluß wurde verarbeitet (z.B. Kannen mit Gußröhren in Meeburg, Schweischer, Radeln).

Die Dekoration wurde in Relief gegossen, mit Schlagpunzen und Rollmatrizen eingedrückt oder nach Zeichnungen graviert. Diese Gravuren verarbeiteten im 17. und 18. Jh. Anregungen von Kupferstichen und Holzschnitten. Verbreitete Motive waren: Doppeladler, Hirsch, Tulpe, Rose (z. B. Meister H. B. aus Schäßburg, reich gravierte Schüsseln, Kannen in Schäßburg, Keisd, Durles). Reich gestaltet sind im 18. Jh. Schüsseln oder Teller, die der Zunft von Altgesellen geschenkt wurden. Sie waren gewöhnlich graviert; desgleichen der zinnerne "Hochzeitsteller", auf dem das junge Brautpaar in der Bauernfesttracht dargestellt wurde. Seltener sind gegossene figürliche Dekorationen in Relief (es gibt einige Schüsseln im Brukenthalmuseum Hermannstadt).

Neben Kannen, Schüsseln wurden große Zinngefäße, sogenannte Keller, zum Aufbewahren von Getränken hergestellt. Seit Mitte des 17. Jhs. wurde Zinn bei Möbelintarsien verwendet; im Haushalt gab es sehr viel Gebrauchsgegenstände aus Zinn; auch zinnerne Spielsachen sind überliefert. Orgelpfeifen wurden lange Zeit aus diesem Material hergestellt.

Städte und Zünfte besaßen einen eigenen Zinnschatz für Geschenke und Abgaben, deren Umfang (Reichtum) am Beispiel eines Patrizierhauses ermessen werden kann: Allein im Nachlaß Albert Huets befanden sich 217 Stück.

Im 19. Jh. wurde Zinn durch Porzellan und Glas verdrängt, die im 18. Jh. noch importiert, später aber auch in Siebenbürgen hergestellt wurden. *Volker Wollmann*

Goldschmiedekunst

Der Aufschwung des Handels, das Erstarken der Städte, die steigende Nachfrage dank der gesellschaftlichen Differenzierung, schufen seit dem Anfang des 14. Jhs. den Nährboden für die Entfaltung der Edelschmiedekunst. Die Goldschmiede waren angesehene, wohlhabende Bürger, die oft städtische Ämter bekleideten. Früheste Erwähnungen nennen einzelne Meister (so einen "Kunz Goltsmit" in Hermannstadt 1346). Zünfte bildeten sich erst im 15. Jh. heraus.

Künstlerisch wird bereits im 15. Jh. ein Höhepunkt erreicht. Die meisterliche Handhabung der gotischen Formensprache illustrieren Kirchengeräte (wie jene aus dem Heltauer Kirchenschatz), die Gürtelschnalle aus dem Fürstengrab von Curtea de Argeş oder die Chormantelschnalle, die Ludwig der Große von Ungarn dem Aachener Dom gestiftet hat. Im siebenbürgischen Raum wurden außerdem eigene Techniken der Auszier von Silber- und Goldschmiedewerken entwikkelt, so das als "modo Transsilvanico" bezeichnete Drahtemail, bestimmte Arten der Granulation und das siebenbürgische Maleremail. Sie führten südlich-orientalische, aus Italien über Ungarn aufgenommene Anregungen weiter und ermöglichten eine schönere Farbgestaltung der Abendmahlskelche, Pokale und Schmuckgegenstände.

Bewundert wird auch heute der Trachtenschmuck der Siebenbürger Sachsen. Wie die Tracht selbst, war er traditionsgebunden; er war ein Statussymbol und geht auf uralte Formen des Körper- und Gewandschmukkes zurück, wie Heftel, buckelbesetzter Gürtel, Bockelnadel, Schnallen und Schließen, Zierknöpfe und Ringe. Die Schmuckstücke haben als Bestandteil der Bürgertracht eigene Entwicklungen durchgemacht. Das Heftel, repräsentatives Stück der Frauenfest-

Patene, Hermannstadt, 1691. Silber getrieben, gegossen, ziseliert, gepunzt, vergoldet. Meister P K. Leihgabe der ev. Kirchengemeinde Obereidisch im Germanischen Nationalmuseum Nürnberg (Nr. 187)

Münzkanne aus Hermannstadt um 1640. Silber getrieben, Einzelteile gegossen, graviert und teilvergoldet. Meister Johannes Fredericus Benedick. Leihgabe der ev. Kirchengemeinde Lechnitz im Germanischen Nationalmuseum Nürnberg (Nr. 186)

Abendmahlskelch aus Baierdorf, 15.Jh. aus Silber gegossen, graviert und vergoldet (Nr. 184)

Kluftbecher einer Kronstädter Nachbarschaft, 1748 (Nr. 191)

tracht, wird als reichverzierte, buckelartige Scheibe an einem Band über der Brust getragen. Da heute im gesamten deutschsprachigen Raum solche Schmuckstücke fehlen, gilt das siebenbürgische Heftel, das an germanische Rundfibeln erinnert und mit dem Fürspann des sogenannten Gisela-Schmuckes in Mainz (11. Jh.) eng verwandt ist, der Forschung als Indikator einer kulturgeschichtlichen Entwicklung.
Lehr- und Wanderjahre der künftigen Meister, Musterbücher und Stiche hielten die siebenbürgischen Goldschmiede auf dem Laufenden mit wesentlichen Neuerungen und Modeerscheinungen ihrer Kunst. Vorlagen von bedeutenden Künstlern und Ornamentzeichnern waren in Siebenbürgen im Umlauf. Doch ist auch eine gewisse brückenschlagende Wechselwirkung mit den ostkirchlichen Nachbarn, den rumänischen Fürstentümern der Moldau und der Walachei, zu erkennen. Bedeutende Künstler aus Kronstadt und Hermannstadt, wie Merten Tink, Georg May II. und Sebastian Hann, die im 16. und 17. Jh. Meisterwerke im Renaissance- und Barockstil schufen, gingen auf Wünsche ihrer Auftraggeber von jenseits der Karpaten ein. Evangelieneinbände, Rauchfässer, Patenen oder Reliquienbehälter respektierten nicht nur die ikonographischen Vorgaben der Ostkirche; sie kamen dem Geschmack, den Sehgewohnheiten und den Überlieferungen der Balkanvölker auch durch die flache, hie und da fast kerbschnittartige Gestaltungsweise entgegen. Gerade der südöstliche Absatzmarkt war im kriegs- und krisenreichen 16. und 17. Jh. für die siebenbürgisch-sächsischen Goldschmiede von großer Bedeutung. Wie weit der wohlverdiente Ruhm dieser Kunst reichte, zeigt eines der Meisterwerke des Sebastian Hann. Ein schöner teilvergoldeter Tulpenpokal, der sein Meisterzeichen aufweist, wurde, der Inschrift zufolge, von Zar Peter dem Großen bestellt und vermutlich 1688 in Hermannstadt angefertigt.

Karin Bertalan

Keramik

Das Töpferhandwerk hat sich in Siebenbürgen früh entwickelt. 1376 wird bereits auf "ältere Bestimmungen" zunftmäßig organisierter Töpfer in Hermannstadt, Schäßburg, Broos und Mühlbach hingewiesen. Schon im 16. Jh. (zum ersten Mal in der Töpferordnung von 1539) wurde der Zunftzwang eingeführt und 1564 eine "Union der Töpferzünfte" gegründet.
Im 16. Jh. schlossen sich auch die Töpfer aus den Gemeinden (z.B. Meschen, Hetzeldorf, Reichesdorf, Birthälm) zu Zünften zusammen, um sich gegen die Konkurrenz der "Riepler" oder "Hudler" zu schützen. Den strengen Zunftvorschriften ist die hohe Qualität der Erzeugnisse zu verdanken. Datierte Stücke weisen auf eine Blütezeit der siebenbürgisch-sächsischen Töpferei in den Jahren 1730-1830 hin. Die erhaltenen Produkte sind vorwiegend ländlicher Herkunft. In den Töpferwerkstätten wurde für den Haushalt meist unglasiertes Hafnergeschirr und Zierkeramik für die Bauernstube oder die Bürgerwohnung hergestellt. Stücke besserer Qualität wurden in städtischen Werkstätten für die höheren Ansprüche der Bürger produziert. Sie sind heute begehrte Sammelobjekte.
Das siebenbürgische Hafnergeschirr wurde in einer besonderen Technik gefertigt. Die auf der Töpferscheibe gedrehte, natürlich gefärbte und gereinigte Knetmasse erhielt einen Anguß (Engobe) aus besonders feinem, aufgeschlämmtem, meist weißem Ton. Es wurde an der Luft "lederhart" getrocknet, dann trug man den farbigen Dekor mit Pin-

sel und Malhorn auf. Sodann überzog man es mit einer farblosen Bleiglasur, die die poröse Oberfläche nach dem Brennvorgang wasserundurchlässig machte und ihm eine harte, glatt-glänzende Oberfläche verlieh. Erst nach dem Brennen erschien der richtige Farbton.

In einigen Werkstätten (z.B. Keisd, Reps und Umgebung, auch in Agnetheln) erhielt der Scherben außer dem weißen auch einen kobaltblauen Anguß. Ungeklärt ist, ob die Verzierung durch "Ritztechnik" (Sgrafitto), durch Strichzeichnung oder durch Abdekken vor dem zweiten Anguß entstand. Farbe und Technik erinnern an die mährischen Sgrafitto-Teller, Dekor und Form sind verschieden.

Auch in anderen Töpferzentren bilden sich nach Form und Dekor bestimmte Typen heraus. Diese werden bis heute gewöhnlich nach den Herkunftsorten benannt, doch ist diese Bezeichnung oder Klassifizierung nicht immer stichhaltig, oft auch umstritten.

Zum Unterschied von der Keisder Keramik, die auf einem kleinen Raum verbreitet war, findet man die sogenannte Draaser Ware in ganz Siebenbürgen. Sie kennzeichnet sich durch einen großen Formenreichtum und eine Verzierung, die ohne Vorzeichnung unmittelbar mit Pinsel und Malhorn aufgetragen wurde. Die flächenfüllenden Motive sind meist dem Pflanzenreich entnommen, erscheinen aber oft in Kombination mit geometrischem Dekor (z.B. Schachbrettmuster). Außer den Tellern und Birnenkrügen gehören zur "Draaser Keramik" große Kannen, die für besondere Anlässe (Hochzeiten, Zusammenkünfte u.a.) in Auftrag gegeben wurden und mit Namen und Sprüchen versehen sein konnten.

Eine formale Ähnlichkeit zur Draaser Hafnerware weist die Burzenländer Keramik auf. Der mit Malhorn aufgetragene blaue

Krug der Schuster- und Tschismenmacherzunft, 1763. Das Gewerbezeichen ist in eine Blattgirlande eingefaßt (Nr. 33)

Dekor ist meist dick und wirkt deshalb dunkler. Für den Dekor waren noch kennzeichnend die Schachbrettmuster auf den Krügen und die auf die Tellerfahnen stilisierten Akazienblätter.

Zu den Spitzenerzeugnissen siebenbürgischer Hafnerarbeit gehört die Hermannstädter Keramik. Sie wurde ab 1740 nur wenige Jahrzehnte lang angefertigt. Die meisten Stücke können höchstens bis 1752 datiert werden (die Jahreszahl befindet sich gewöhnlich auf der glasierten Standfläche des Kruges, die oft auch mit dem Meistermonogramm versehen ist). Nach Form und Dekor unterscheidet man zwei verschiedene Typen. Die "Hermannstädter Tulpenkrüge" haben eine gedrungene Form mit tiefliegendem Bauch. Der Name kommt von dem mit Malhorn auf der gelblichen Engobe aufgetragenen Tulpenmotiv. Auch Teller wurden

Kachel aus Draas, 18.Jh. (Nr. 196)

mit dem Motiv verziert. Auf die "Nelkenkrüge" wird ein stilisiertes Nelkendekor in Form eines Lebensbaumes mit dem Malhorn aufgetragen; sie sind auch unter den Namen Humpen oder Walzenkrüge bekannt.

Eine Gruppe, die durch eigenartige Formen und besonderen Dekor auffällt, hat sich unter dem Namen Kirchberger Keramik verbreitet. Die Krüge sind durch einen zylinder- oder kelchförmigen Hals gekennzeichnet, der nach unten in einen kugeligen Bauch übergeht. Drei bis fünf, meist ockergelbe, gekerbte Gürtelstreifen oder Wülste teilen den Krug in mehrere Register, die mit kobaltblauem Dekor verziert sind.

Die Marpoder Ware ist eine Nachahmung der Kirchberger Keramik, während die Alzener sich durch eine buntere Farbzusammensetzung des Dekors kennzeichnet. Charakteristisch sind u. a. die braunen kreuzgitterförmigen Längsstreifen, die die Bauchung des Gefäßes gewöhnlich in drei Felder teilt. Obwohl datierte Stücke der Kirchberger Keramik kaum bekannt sind, konnte nachgewiesen werden, daß die Töpferwerkstätten im Harbachtal (z.B. jene von Marpod) vom Anfang des 18. Jhs. bis zum ausgehenden 19. Jh. ununterbrochen im Betrieb waren.

Ein besonderer Typus, der unter einer rätselhaften Bezeichnung in die Fachliteratur eingegangen ist - nachdem in Nimesch keine Töpferwerkstätten bekannt sind -, ist die Nimescher Ware. Sie hat keinen hellen Grund, sondern einen Anguß aus eisen- oder manganhaltiger Erde, so daß die Ware beim Brennen braun oder schwarz wurde. Auf diesem dunklen Ton wurde dann mit hellem Anguß das Muster gemalt, getrocknet und anschließend das Gefäß mit brauner, grüner oder gelber Bleiglasur überschüttet und nochmals gebrannt.

In Nordsiebenbürgen, vermutlich in Bistritzer Werkstätten, wurde in der zweiten Hälfte des 18. Jhs. eine Keramik hergestellt, deren Dekorkonturen in den gelblichen, noch weichen Scherben durch Einritzen vorgezeichnet sind. Die Verzierung wurde dann nur flüchtig mit durchscheinenden Farben, meist grün, gelb und blau ausgemalt, bzw. mit durchsichtiger Glasur überzogen.

Zu einer anderen siebenbürgischen Irdenware aus dem 19. Jh. gehört eine große Anzahl von Krügen, Tellern und Schüsseln in verschiedenen Formen und Größen. Charakteristische Dekormotive sind der "doppelte Blütenbaum", Vögel, Menschen (der Reiter) und Zunft- oder Handwerkszeichen. Die auch als "Neohabaner" bezeichnete hochwertige Ware weist Einflüsse der Salzburger und niederösterreichischen Krüge auf. Minderwertigere Erzeugnisse dieses Typus, die nur selten aus dem 19. Jh. stammen, werden auch als Thorenburger Jahrmarktsware bezeichnet.

Der von den Habaner Fayancen auf einige Typen der sächsischen Irdenware ausgeübte Einfluß ist nachgewiesen, aber noch ungenügend erforscht worden. Ihre Hersteller waren deutsch-mährische Wiedertäufer, auch "Hutterische Brüder" genannt, die in Kommunen lebten und die Töpferei in Produktionsgemeinschaften herstellten. Kleine Gruppen von Habanern wurden von Fürst Gabriel Bethlen in Winz bei Mühlbach angesiedelt, später trifft man sie auch in Deutsch-Kreuz an. Ihre unglasierten, blei-, vor allem aber zinnglasierten Keramikerzeugnisse beeinflußten die einheimischen Töpfermeister, die Formen, Motive und Farbkombinationen übernommen bzw. auf eine volkstümliche Art stilisiert haben. Man ist heute auch der Meinung, daß Farben und Motive der Habaner-Art die Bauernmöbelmalerei beeinflußt haben.

Etwas Besonderes sind die zu bestimmten Anlässen auf Bestellung angefertigten Hochzeits-, Nachbarschafts-, Bruderschafts- oder Zunftkrüge und andere Ehrengeschenke. Es handelt sich vorwiegend um Weinkrüge mit einem Fassungsvermögen von über 10 Litern, grün oder braun, seltener auch weiß glasiert, mit Tülle, mit Applikationen verziert und oft mit Ritzinschriften versehen.

Die Applikationen bestehen gewöhnlich aus einfachen oder "gestempelten" Tupfenleisten. Sie umrahmen eine Inschrift mit dem Herstellungsjahr oder die Namen der Nachbarschaftsväter. Manchmal erscheint auch der Name des Stifters oder bloß der Vermerk "Eigentum der ... Nachbarschaft".

Das Gebrauchsgeschirr, kleine oder große Koch- und Vorratsgefäße, Wasser- oder Essigkrüge, Krauttöpfe usw. waren oft unglasiert. Als Dekor hatten sie Rillen oder Ritzornamente; gelegentlich auch kurze Inschriften.

Bis in das 18. Jh. waren auch die Kacheln fast ausschließlich unglasiert. Zu den figuralen Abbildungen gehörten die Ritterdarstellungen, ritterliche Kampfspiele und stilisierte Tulpen. Im ausgehenden 18. Jh. finden die

Krug aus Kirchberg, 18. Jh. (Nr. 211)

Kachel aus Nordsiebenbürgen, 1877 (Nr. 198)

Nachbarschafts-Weinkanne aus Hamlesch, 1871 (Nr. 64)

glasierten Kacheln mit kobaltblauem Dekor allgemeine Verbreitung. Gleichzeitig wurden grünglasierte Kacheln hergestellt. Manche Kachelöfen wurden mit einem Kachelfries oder Knauf zusätzlich verziert.
Die sächsischen, ungarischen und rumänischen Töpfer haben sich zweifelsohne gegenseitig beeinflußt. Niemals aber gingen Eigenart und Originalität verloren. Zu deren bewußter Erhaltung haben in der Zwischenkriegszeit einige sächsische, später auch ungarische Töpfer aus Siebenbürgen beigetragen, indem sie die Tradition des blau-weißen Dekors auf den Birnenkrügen und Tellern weiterführten.

Volker Wollmann

Musik

Den Siebenbürger Sachsen wurde wiederholt eine "ungewöhnlich große Bedeutung" der Musik "im geistigen Haushalt" (H. Krasser), die musikalische Begabung als "Volksbesitz im weitesten Maße" (E. Hajek) bescheinigt.

Tatsächlich sangen und musizierten die Siebenbürger Sachsen viel und mit Vorliebe in der Gemeinschaft. Für einen kleinen Kolonistenstamm sind Gesang und Musik oft auch Mittel der Identitätsbewahrung, der Lebensbewältigung in fremder Umgebung und Gefährdung, Ausdruck nationaler Selbstbestätigung, die in der Gemeinschaft erfahren wird. Deshalb sind die bewahrenden Kräfte auch so ausgeprägt: Uralte Volkslieder aus dem Mittelalter blieben bis zur letzten Jahrhundertwende lebendig, aus Deutschland übernommene Lieder hielten sich in Siebenbürgen länger als im Land ihres Ursprungs. Heute noch singen die Siebenbürger gerne volkstümliche Lieder aus der ersten Hälfte unseres Jahrhunderts, die zu Volksliedern wurden. Alte Bräuche, in denen Singen und Musizieren fest verankert sind, überlebten auch die schlimmsten Zeiten.
Gewiß hat der Hang zur musikalischen Betätigung seit etwa einem Jahrhundert zugenommen, was darauf zurückgeführt wird, daß der politische Niedergang der Siebenbürger Sachsen durch verstärkte künstlerische und musikalische Aktivitäten kompensiert worden ist. Die vielen Gründungen von Musikvereinen im 19. Jh. boten die Grundlage und die Möglichkeiten für eine ungewöhnlich breite und vielseitige Musikpflege, die alle Gesellschaftsschichten und auch die Landbevölkerung erfaßte. In den Städten waren sie als komplexe, professionell geführte und auf demokratischer Basis organisierte Institutionen neben der Kirche Träger des gesamten Musiklebens, vom Konzert, dem Oratorium und der Oper, über die Kammer- und Chormusik bis zum Volkslied.
Doch auch in früheren Zeiten war alles, was in einer bestimmten historischen Periode zur Musikkultur gehörte, vertreten. Der den mittelalterlichen Kirchen in Europa verordnete gregorianische Gesang wurde in

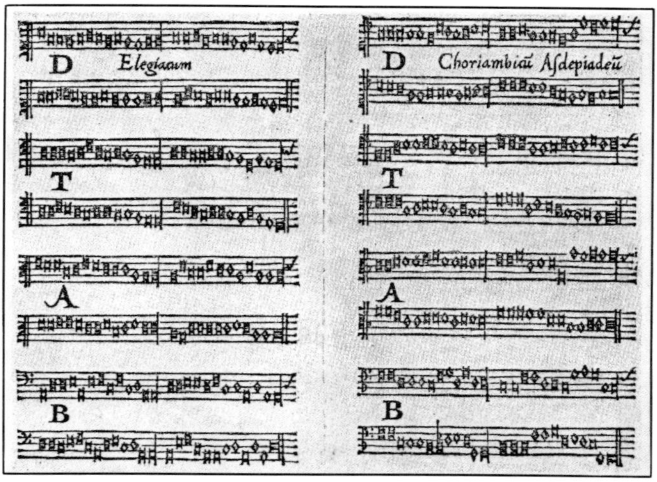

Odae cum harmoniis. Von Johannes Honterus herausgegebene Oden des Horaz, Erster Notendruck in Siebenbürgen (1548). Nachdruck (Nr. 89)

Siebenbürgen ebenso heimisch, wie in nachreformatorischer Zeit der Gemeindegesang. Gemeinsames Singen in der Kirche bedeutete in Siebenbürgen mehr als ein gegebenes Ritual: Die z. T. mit Neumen oder Choralnotenschrift versehenen Meßbücher - die ältesten erhaltenen Exemplare aus dem 14. Jh. - enthalten bemerkenswert viele Hymnen, der evangelische Kirchengesang drang in Brauchtum und Volksgesang ein, Kirchenlieder wurden zu Volksliedern.

Die eigentliche Kirchenmusik, mit Mehrstimmigkeit und Figuralmusik, entwickelte sich - wie auch die weltliche - in enger Anlehnung an binnendeutsche Muster. Seit dem 14. Jh. sind in Siebenbürgen Orgeln bezeugt, um 1400 wird zum ersten Mal ein Orgelbauer genannt; die ersten Organisten und Kantoren werden Mitte des 14. Jhs. erwähnt. Das erste Gesangbuch erschien 1543 in Kronstadt, wo J. Honterus 1548 auch den ersten Notendruck (eine Odensammlung) herausgab. 1673 baute Johannes Vest in Hermannstadt die größte Orgel Südosteuropas.

Seit dem frühen 15. Jh. gab es, wie in den reicheren Städten Deutschlands, die berufs- und zunftmäßig wirkenden Turner (Stadtpfeifer); sie bildeten später Musikkapellen, aus denen im 19. Jh. die sinfonischen Stadtkapellen hervorgingen.

Der schulischen Musikpflege kam seit der Reformation eine vorrangige Stellung zu: Vor allem die Gymnasialschüler besorgten die chorische Kirchenmusik, sangen "Kantationen" zu verschiedensten Gelegenheiten und führten Dramen mit Musik auf. Seit dem 18. Jh. gab es an den Gymnasien zusätzlich sogenannte Singschulen, und die Schulorchester wurden für die Turner eine ernsthafte Konkurrenz. Die Vereine richteten schon seit der Mitte des 19. Jhs. Musikschulen ein. Viele ausländische Musiker fanden in Siebenbürgen gute Wirkungsmöglichkeiten, so im 16. Jh. der herausragende Organist Hieronymus Ostermayer, im 17. Jh. der Komponist Gabriel Reilich, der durch seine kirchenmusikalischen Werke den neuen Barockstil in Siebenbürgen einführte und die als spezifisch siebenbürgisch geltende (von Johann Sartorius, Johann Knall u.a. weitergeführte) Kantatenform des Dictums begründete. Ob die Vorfahren des um 1530 in Kronstadt geborenen, europaweit bekannten Lautenvirtuosen und Komponisten Valentin Greff-Bakfark alteingesessene Siebenbürger waren, kann angezweifelt werden. Ebenso bleibt ungeklärt, ob der legendäre Minnesänger Klingsor aus Siebenbürgen stammte, und es fehlen die Quellen, die beweisen könnten, daß Heinrich Finck oder die Vorfahren der Familie Bach, wie einige Forscher vermuten, zuerst in der südöstlichen Ecke Europas beheimatet gewesen wären.

Tüchtige Musiker aus dem Ausland kamen auch in späterer Zeit immer wieder, wie zahlreiche Namen von Kantoren, Organisten, Dirigenten und Komponisten belegen,

Carl Filtsch (1830-1845), das Wunderkind aus Siebenbürgen, als Elfjähriger schon europaweit berühmter Pianist und Komponist (Nr. 237)

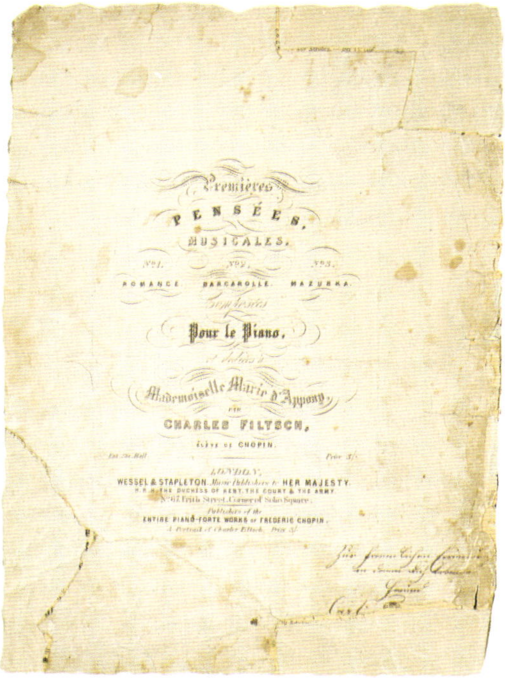

Klavierstücke von Charles (Carl) Filtsch, Erstdruck, London 1843 (Nr. 238)

darunter Ph. Caudella, H. Bönicke, A. Brandner, E. Silbernagel, J. L. Bella, M. Krause, H. Kirchner, G. Fleischer, A. Stubbe, A. Nowak, H. Klee, V. Bickerich, F. X. Dressler.

Andererseits suchten die begabtesten Siebenbürger den Weg nach Mittel- und Westeuropa. Schon Ostermayers Sohn Georg wurde Organist in Tübingen, Stuttgart und Heilbronn; Carl Filtsch, das mit Mozart und Mendelssohn verglichene Wunderkind des Klaviers, bereiste zu Beginn der 1840er Jahre die Musikmetropolen Europas; im 19. und 20 Jh. feierten die Gesangssolisten Jenny Brenner, A. Telek, E. Kraus, H. Copony, Lula Mysz-Gmeiner, Ella Gmeiner, G. Jekelius, H. Markus, die Geigerin Irene von Brennerberg oder die Pianistinnen Selma Honigberger und Luise Gmeiner ihre Erfolge hauptsächlich auf bedeutenden Bühnen Deutschlands und Europas.

Andere kehrten nach erfolgreichem Musikstudium oder ersten Berufsjahren im Westen in die Heimat zurück, wie die Komponisten Daniel Croner, Johann Lukas Hedwig, Rudolf Lassel oder Paul Richter, die Sängerinnen und Sänger Mathilde von Larcher, W. Orendt, Viktorine Phleps-Ott, Adele Reissenberger-Umling, G. Borger, K.-F. Eitel, Maria Schunn, Deli Simonis, die Geigerin Olga Coulin, die Pianistin Mitzi Klein-Hintz. Musiker der jüngsten Zeit wiederum, die ihre Tätigkeit in Siebenbürgen begonnen hatten, wurden vor und während des Zweiten Weltkrieges verstreut oder flüchteten vor dem kulturfeindlichen und diskriminierenden kommunistischen Regime: die Dirigenten O. Eisenburger, C. Gorvin, E. Bergel; die Organisten und Chordirigenten K. Mild, A. H. Gärtner, H. Plattner, H. Gehann, K. Knall, später Ilse Maria Reich und E.-H. Chrestel. Als Aussiedler kamen und kommen weitere Musiker, Musikpädagogen und Orchestermusiker nach Deutschland. (Daß jahrelang fünf Siebenbürger Sachsen Mitglieder des Berliner Philharmonischen Orchesters waren, ist nicht ohne Genugtuung zu vermerken). Wenige wirken heute noch in Siebenbürgen: die bekanntesten sind Eckart Schlandt, Ursula und Kurt Philippi, Ilse L. Herbert.

Zu den herausragendsten schöpferischen Begabungen, die sich seit Ende des vorigen Jahrhunderts in Siebenbürgen, in Rumänien oder in Deutschland einen Namen gemacht haben, zählen: Berta Bock (Siebenbürgen), Waldemar von Baußnern (Berlin), Norbert von Hannenheim (Berlin), Heinrich Neugeboren (Berlin, Paris), Rudolf Wagner-Regeny (Berlin), Norbert Petri (Kronstadt), Helmut Sadler (Heidelberg), Wilhelm Berger (Bukarest), Dieter Acker (München), Hans Peter Türk (Klausenburg).

Zwei siebenbürgische Komponisten wurden im 19. Jh. zu Bahnbrechern der nationalen rumänischen Kompositionsschule: Alexander Flechtenmacher (Jassy, Bukarest) und Carl Theodor Wagner (Craiova). Bedeutende Impulse gab Wilhelm Berger der neueren rumänischen Musikschöpfung. Umgekehrt fand die rumänische und ungarische Volksmusik Eingang in die Werke siebenbürgisch-sächsischer Komponisten (von einem stilistischen Einfluß kann jedoch - außer bei Neugeboren - nicht gesprochen werden).

Alles, was in Siebenbürgen musikalisch geleistet wurde, geschah gewissermaßen "trotzdem". Die historischen Bedingungen waren selten günstig, die gesellschaftlichen Gegebenheiten der Musik wenig zuträglich. Es hat nie eine Unterstützung durch Mäzene, Stiftungen, Institutionen, adlige Hofhaltungen oder staatliche Stellen gegeben. Musikausübung jeglicher Form entsprang einem starken Bedürfnis, erfolgte durch eigene Initiative, mit eigenen Mitteln, aus Idealismus und Hingabe.

Karl Teutsch

Paul Richter (1875-1950), Generalmusikdirektor und Komponist in Kronstadt

Notendruck der "Symphonia Nr. 5" von P. Richter (Nr. 242)

Bauernhaus und Bauernmöbel

Was gehörte in die "gute Stube"? / Meeburg bei Reps, ein Herkunftsort schönster Bauernmöbel / Wo Hanfgewebe einen hohen Stellenwert hatte / Einheit und Vielfalt siebenbürgisch-sächsischer Bauerntrachten / Spezifisch: Brustheftel und Kirchenpelz

Dicht aneinandergedrängt stehen im siebenbürgisch-sächsischen Dorf die Gehöfte in ununterbrochener Reihe an der Dorfstraße. Die Häuser sind in der Regel auf hohem Bruchsteinsockel errichtet, ihr Oberbau ist aus Ziegeln gemauert. Meist kehren sie der Gasse die Giebelseite zu, welche gegliedert wird durch zwei oder drei Fenster mit Klappläden, durch Luken im Giebeldreieck, daneben zuweilen durch Stuckornamente, den Namen des Besitzers, die Angabe des Baujahres und eine Hausinschrift. Ihre Ziegeldächer sind oft abgewalmt. Die häufig von einem gemauerten Bogen überwölbten Toreinfahrten schließen die Hofstellen zur Straße ab.

Diese als typisch für die sächsische Siedlung angesehene Straßenfront ist allerdings eine neuere Erscheinung, die sich seit dem 18. Jh. ausbildete, als die ausgeschmückten Giebel und die hohen Tore in Mode kamen. An das auf der Längsseite des Hofes gelegene Wohnhaus reihen sich alle Wirtschaftsgebäude, und die große, quer zum Haus gestellte Scheune läßt eine langgestreckte, geschlossene Hofanlage entstehen, auf die der Garten folgt.

In seiner traditionellen Form weist das siebenbürgisch-sächsische Bauernhaus einen zwei- oder dreiräumigen Grundriß auf, der durch einen sich an der Hofseite entlangziehenden, gedeckten Laubengang oder einen Vorbau erweitert sein kann. Mit dem Einbau eines Stübchens und kleiner Kammern in die Laubenanlage wird zusätzlich Raum gewonnen. Die Eingangstür führt in den "Haus" genannten Herdraum, d. h. in den zweiten Raum von der Gasse her betrachtet.

Vom "Haus" aus gelangt man in die vordere, an der Straßenfront gelegene Stube, gegebe-

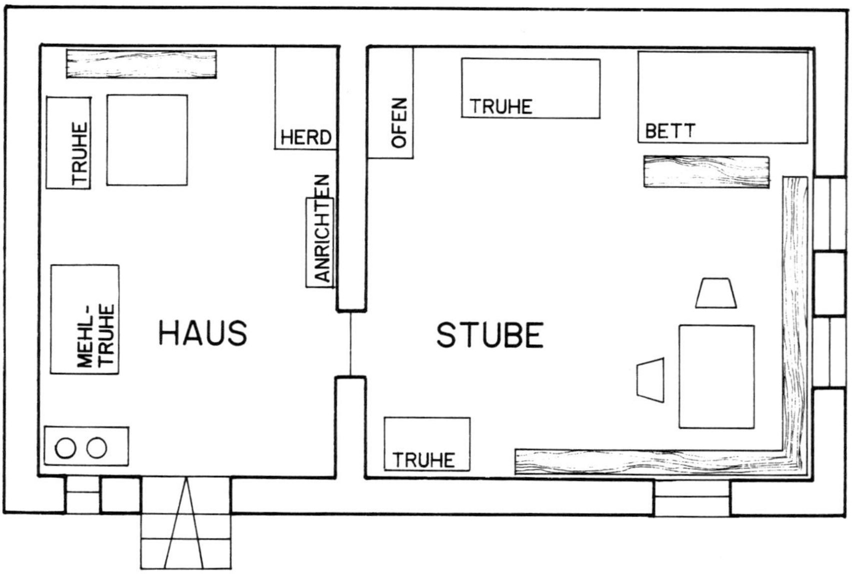

Traditionelle Innenausstattung eines sächsischen Bauernhauses. Skizze mit Standartangabe

nenfalls auch in den dritten hinteren Raum. Zwei Fenster öffnen sich im vorderen Zimmer zur Gasse, eines oder auch zwei in den Hof. Wird die Laube bis zur Giebelseite verlängert und ausgebaut, so daß ein zweiter vorderer Raum entsteht, verfügt das Haus über ein drittes Fenster an der Gassenfront. Es gewinnt dadurch ein behäbiges Aussehen. Ursprünglich war der Herdraum fensterlos, später wurde er neben der Eingangstür mit Fenstern versehen. Die hintere Stube erhält Licht durch ein oder zwei Fenster an der Hofseite.

Der ehemals offene Rauchfang im "Haus" wurde im Laufe der Zeit durch einen gemauerten Herd mit Abzug ersetzt; in den Raum zog man eine Decke ein. Der Koch- und Wirtschaftsraum konnte jetzt auch zum Wohnen und Schlafen benutzt werden. Aus der vorderen Stube, die mit dem Stubenofen (Kachelherd oder Kachelofen, später Eisenofen) eine eigene Feuerstelle hatte, wurde die "gute Stube". Allerdings gab es noch 1924 sächsische Bauernhäuser, in denen der Rauch frei in den Dachraum stieg. Für die traditionelle Raumgestaltung der sächsischen Bauernstube ist kennzeichnend, daß die Anordnung der Möbel, die durch reiche farbige Malerei verziert sind, festen Regeln folgt. In der von der Gassenfront und der Hofseite gebildeten Zimmerecke befindet sich der Tisch - vielfach ein "Rumpftisch" - vor den an den Wänden aufgestellten Bänken. Oft sind es Truhenbänke, deren Sitzflächen aufgeklappt werden können und als Behältnis für Wäsche und andere Textilien dienen. Diagonal zur Tischecke hat die Ofenecke ihren Platz, während in der vorderen, dem Tisch gegenüberliegenden Ecke das "hohe Bett" mit den aufeinander gestapelten Kissen als Paradestück steht, vor das eine Sitztruhe oder eine Lehnbank gerückt ist. Das ist eine alte Einrichtungsweise, die in Deutschland, aber auch in Italien verbreitet war. Höchst selten wird das "hohe Bett" benutzt. Es ist viel mehr ein Repräsentationsmöbel, das vom Wohlstand des Hauses, aber auch vom Fleiß der Bäuerin Zeugnis ablegt,

Rumpftisch aus Katzendorf um 1790-1820, Detailansicht (Nr. 253)

die seine textile Austattung selbst herstellt. An das "hohe Bett" schließt sich ein einfaches, oft ausziehbares Bett oder eine Kleidertruhe an. Die rückwärtige vierte Ecke, die ehemals dem Wirtschaften vorbehalten war, wird nach der Neuordnung des Herdraumes repräsentativ ausgestaltet, indem dort die "Schüsselkorb" oder auch "Schüsselramp" genannte Anrichte ihren Platz findet. Sie gehört mit ihren verschiedenartigen Ausschmückungen zu den reichsten Stükken im sächsischen Bauernhaus. Die verbleibenden Stellflächen nehmen weitere Truhen ein.

Unterhalb der Decke sind an den Wänden Teller- und Krügelrahmen angebracht. Anfangs hatten diese Abstell- und Anhängebretter einen rein praktischen Zweck, später wurden sie zu einem Dekorationselement. Sie wurden nun verziert und dienten der Zurschaustellung von Krügen und Tellern aus glasierter Keramik. Auch das sogenannte Stangentuch - es handelt sich um Ziertücher, die an einer unterhalb der Zimmerdecke befestigten Stange aufgehängt sind - hat in einigen Gegenden Dekorationsfunktion. Zwischen den Fenstern der Straßenfront oder der Hofseite, auch im Winkel oberhalb des Tisches oder über dem Bett befindet sich eine Wandnische mit Regalen, die durch eine vorgesetzte Tür verschlossen ist. Sie wird Almerei genannt und ist unverzichtbarer Schmuck der sächsischen Bauernstube.

In der "guten Stube" versammelt sich die sächsische Bauernfamilie nur zu festlichen Anlässen, und hier empfängt man die Geladenen. So wird zur Feier einer Hochzeit die Stube für die Ehrengäste hergerichtet, und auch "hoher" Besuch aus der Stadt genießt den Vorzug, in sie hineingeführt zu werden. Bei diesen seltenen Gelegenheiten ist dort der Tisch gedeckt, um die Gäste gebührend zu bewirten. Die Familien verdeutlichen damit ihre soziale Position innerhalb der dörflichen Gemeinschaft; das "Paradezimmer" als Symbol für Status und Prestige der Familie ist dabei sehr wichtig.

Das Raumgestaltungsprinzip der Eck- oder Diagonaleinrichtung und die beschriebene Innenausstattung ist für große Teile Siebenbürgens noch um die Jahrhundertwende gültig. Aber in Südsiebenbürgen beginnt die städtische Möbelmode das bemalte bäuerliche Mobiliar zu verdrängen. Die Trennung des Wohn- und Schlafraumes wird jedoch nicht übernommen. Das Bett bleibt weiterhin in der Stube. Mit dem Einzug neuer Möbel ändert sich auch die alte Raumordnung, die von dem System der Paralleleinrichtung abgelöst wird. Der Tisch ist nun nicht mehr in der Stubenecke, sondern mitten an der der Tür gegenüberliegenden Fensterfront aufgestellt. Die Bank bleibt hinter dem Tisch, während die zweite Bank an der Seitenwand entfernt wird. Ihre Stelle nimmt die neumodische Kommode ein. Die große Kleidertruhe weicht dem Kleiderschrank, der nun in der verbürgerlichten Form des braungestrichenen Schrankes auch den bäuerlichen sächsischen Haushalt erreicht. Schließlich wird der Tisch in die Mitte des Zimmers gestellt und die Bank an der Fensterfront beseitigt. Diese Neuerungen erhalten dann ihrerseits normhaften Charakter und werden bei der Innenausstattung verbindlich.

Die Verdrängung der traditionellen bäuerlichen Wohnausstattung durch städtisches Mobiliar hat sich aber in einem langandauernden Prozeß vollzogen und war vielerorts bis zum Zweiten Weltkrieg nicht abgeschlossen. Diesem Umstand ist es zu verdanken, daß sich bis in unsere Tage viele Zeugnisse schönen alten Hausrates in den siebenbürgisch-sächsischen Dörfern erhalten haben. *Annemie Schenk*

Innenausstattung und Wohnkultur

In der Raumgestaltung und Wohnausstattung des siebenbürgischen Bauernhauses überrascht die Harmonie des Neben- und Miteinander der einzelnen Typen bemalter Möbel. Außer den bereits erwähnten gibt es noch ein vielfältiges Typen- und Formengut bemalter Schreinererzeugnisse. Nach morphologischen und funktionellen Gesichtspunkten unterscheidet man Behältnis- und Plattformmöbel. Zur ersten Gruppe gehören die Möbel, die der Aufbewahrung und Lagerung dienen, zur zweiten solche, die Trage- und Stützfunktionen haben (z.B. Sitz- und Lehnbänke, Kastentische und Brotschaff, Lehn- und Schemelstühle). Mehrfache Verwendungsmöglichkeiten sind nicht ausgeschlossen.

Unter den bemalten Möbeln sind, statistisch gesehen, die Krügelrahmen, in einigen Gegenden die Truhen, besonders stark verbreitet. An zweiter Stelle steht der Nischenwandschrank (die Almerei). Gewöhnlich hat er einen normal dimensionierten Rahmen mit kompakter Tür. Aus dem 19. Jh. ist in der Umgebung von Schäßburg und von Reps eine Vielzahl von Almereien (z.B. mit Baldachin, Tür und verglastem Schrankaufsatz) bekannt, die über neuartige Verzierungen verfügen: Profilleisten, Balusterstäbe, angeleimte Halbsäulen u. a. In der Umgebung von Reps (Meeburg und Katzendorf) gibt es den Wandschrank, der auch als Eckschrank mit mehreren Türen und unterteilter, z. T. verglaster Vorwand auf dem Fußboden steht. Früh findet die "Schüsselramp" für das Aufbewahren von Lebensmitteln Verbreitung. Es ist ein zweiteiliges Möbelstück ("Anrichte"), bestehend aus einem geschlossenen Kasten und dem aufgesetzten, offenen Stellbord. In vielen Gegenden Siebenbürgens dient der "Schüsselkorb" neben dem "hohen Bett" als ein wichtiges Repräsentationsstück.

Eckschrank aus Draas, 1842 (Nr. 255)

Nur in wenigen Exemplaren erhalten ist das "Britschaff", das als Brotbehälter diente. Seine Entwicklung kann anhand der heute bekannten Formen kaum noch nachvollzogen werden.

Unter den bemalten Möbeln in Siebenbürgen findet die Truhe, ein kastenförmiges Behältnis mit Deckel, weite Verbreitung. Sie dient *"als Speicher oder Kleidertruhe, als Gebrauchsgegenstand oder als Repräsentationsobjekt zwecks Zurschaustellung materiellen Wohlstandes oder des gesellschaftlichen Ranges"* (I. Sedler).

Relativ früh wurden in Siebenbürgen Satteldachstollentruhen hergestellt. Die Entwicklung der bemalten Dachstollentruhen läßt sich seit dem 15./16. Jh. anhand der im Harbachtal auf den Kirchböden übriggebliebe-

Deckeltruhe, Renaissance, 1686. Das Möbelstück ist reichverziert und mit Inschriften versehen (Nr. 165)

nen Exemplare verfolgen. Die häufigste Form bemalter Truhen in Siebenbürgen bleibt jedoch die Kastentruhe, die, anders als die Stollentruhe, direkt auf dem Boden liegt.

Die Kleider- oder Mitgifttruhe war bis Ende des 17. Jhs. ein Prunkstück der städtischen Wohneinrichtung. Künstlerisch wird sie mit Vorliebe im Renaissancestil gestaltet. Die "architektonisch"-plastische Ausarbeitung der Truhenfront mit Arkaden, Pilastern, Hermen und Engelsköpfen oder Frauenhalbfiguren ist wichtigster Bestandteil des Truhenschmuckes; Malerei tritt nur ergänzend hinzu. Deckelinnenseiten wurden manchmal mit Inschriften (in carmina) versehen. Später hat man das Schnitzwerk selbst farbiger gestaltet: Arkadenräume wurden beispielsweise mit allegorischen Darstellungen bemalt, auf der Innenfläche des Truhendeckels findet man Blätter- und Blütenmotive, Landschafts- und Menschendarstellung. Am Ende des 17. und zu Beginn des 18. Jhs. verlieren die städtischen Kleidertruhen an Bedeutung. An ihre Stelle treten immer häufiger die "ländlich orientierten" Kleidertruhen. Für den Markt wurden auch Brauttruhen angefertigt. Ob die urkundlich erwähnten "Koffertruhen" aus Südsiebenbürgen mit diesen identisch sind, ist nicht sicher.

Vielfach Verwendung fand die Truhenbank ("Trunenbank") oder Bett-Truhe ("Battrunn"). Sie war ein Verwahr- und Sitzmöbel, in ihrer ausziehbaren Variante eine Schlafgelegenheit. Ganz anders ist die Lehnbank ("Linebank") gestaltet. Ihre Konstruktion ist einfach. Man benutzte sie u. a., um in das "hohe Bett" zu steigen, an das sie gewöhnlich angelehnt wurde.

Zu den Abstellmöglichkeiten gehört der Tisch. Die typische Form ist der "Zargentisch", der auch Rumpftisch genannt wird. Unter der Tischplatte befanden sich mehrere Behälter (Laden). Hingegen gab es in Nordsiebenbürgen den "Schargentisch", der, wie die Schemelstühle, nur selten bemalt war.

Bezeichnend für den "Brettstuhl" in Südsiebenbürgen ist die Lehne aus vollem Hartholz, die in geschwungenen Konturen ausgesägt wurde. Die Fläche der Rücklehne eignete sich zum Bemalen, z. B. mit Blumensträußen in verschiedenartiger Umrahmung. Der Kleiderschrank ("Stohkasten") war weniger beliebt, erst seit dem Ende des 19. Jhs. kam er als Einzelstück (manchmal auch als Schrankpaar) in die gute Stube. Die Kommode ("Schublådkåsten") hingegen erscheint schon früher, verdrängt aber die Kleidertruhe nicht. Als Übergangsprodukt gibt es die Kleidertruhe mit einer bemalten Schublade im unteren Teil.

Die bäuerliche Mitgifttruhe ist, anders als die städtische, besonders farbenfroh. Im ländlichen Umfeld erlebt der Bauernbarock eine Blüte mit eigenen Formen, Motiven und Farben. Mit der Zeit bilden sich aus lokaler Tradition, manchmal auch unter dem Einfluß der nächstgelegenen Stadt, "ländliche Möbelzentren" heraus. Seit der zweiten Hälfte des 19. Jhs. kann die Schreinermalerei (mit gewissen Vorbehalten bei der Marktware) landschaftlich zugeordnet werden. R. Capesius unterscheidet für das 19. Jh. sechs große Gruppen. Aus der Repser Gegend, namentlich aus den Gemeinden Draas, Meeburg, Katzendorf, Deutsch-Kreuz und Seiburg, sind die originellsten Möbel bekannt. In der Draaser Möbelmalerei des 19. Jhs. wird die Emporenmalerei der früheren Jahrhunderte weitergeführt. In anderen Möbelmalzentren (z.B. Meeburg) werden - teilweise beeinflußt von den Szeklern - Neuerungen durchgeführt. Zu ihnen gehört der scharfe Kontrast zwischen hellen und dunklen Tönen bei der Schattierung von Blumen und Blättern. Streng traditionell ist in der Repser Gegend die Felderung. Rechteckige Kasetten mit Rundbögen wechseln sich mit ovalen Spiegeln ab. Die grüne Grundfarbe wird bevorzugt.

Stilistisch schwerer zu erfassen ist die sogenannte Schäßburger Marktware, die von weniger gut ausgebildeten Schreinern ("Trunnenbutzern") serienweise hergestellt wurde. Im 19. Jh. setzte sich hier die blaue Grundfarbe (manchmal mit grünblauem Unterton) durch. Öfters wurde auch der braune Grundton verwendet. Zu den beliebten Motiven gehörte der Blumenstrauß aus Sonnenblumen, Rosen oder Tulpenknospen. Im Harbachtal und im Schenker Land wurden die "gefladerten" Möbel (damit ist eine Furnierimitation gemeint) mit aufgemalten zierlichen Blumen und kleinen Sträußchen von Wandertischlern verbreitet. Das bedeutendste Möbelmalzentrum im Schenker Stuhl war Braller, wo auf grünem Grundton ein charakteristisches Blumendekor aufgetragen wurde.

Bemalte Zimmertür aus Meeburg, 1865 (Nr. 256)

In der Umgebung von Hermannstadt und im Unterwald kann von stilistischer Einheitlichkeit kaum die Rede sein. Eine Stilrichtung führt auf Schäßburger und Mediascher Meister zurück; eine andere auf die von Landlern ausgeübte Malweise, mit weißen, hellrosa und hellgrünen Sträußchen auf brauner Grundfarbe. Typisch für diese Stilrichtung ist die bemalte Schreinerarbeit in Großau, Großpold, Reußmarkt und im Zekeschgebiet.

Die nordsiebenbürgische Bauernstube war früher mit sehr vielen bemalten Einrichtungsgegenständen ausgestattet; außer der Truhe und der Almerei gehörten die Schlafbank mit Auszug, das Himmelbett, die Truhenbank, der Schargentisch, der Tellerschrank, der Krügelrahmen ("Keepcher") und der große Wandschrank dazu. Bemalte Türen und Fensterläden erscheinen öfter als in Südsiebenbürgen. Zu den Hauptmotiven der Malkunst, die in Bistritz und Umgebung fast ausschließlich von Frauen ausgeübt wurde, gehören der Blumenstrauß und das blumenumkränzte Herz (in welches manchmal die Jahreszahl oder ein sinniger Vers eingeschrieben wurde). Als Grundfarbe wurde überall ein dunkles Grün verwendet, das im Laufe der Zeit blauschwarz wird. Auf der Almerei mit breiter Wandverschalung und wellenförmigen Konturen und auf dem seitwärts hervorragenden Tellerbord ist die flammende Säule ein typisches Ornament.

Volker Wollmann

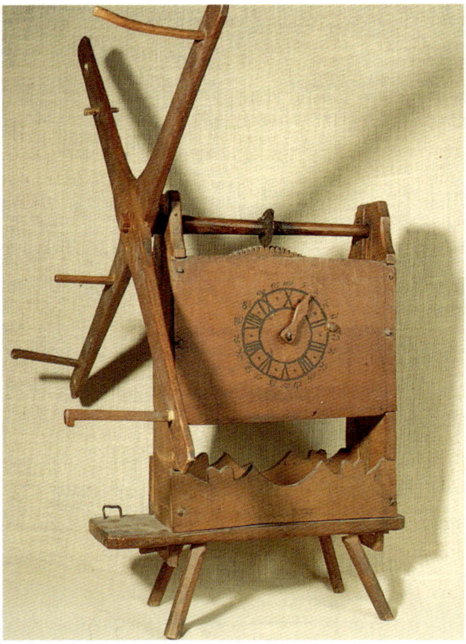

Uhren-Knackhaspel aus Holz, 1826 (Nr. 266)

Hanfverarbeitung und Stickerei

Neben der Festtags- und Sonntagstracht wurde in früherer Zeit auch im Alltag und zur Arbeit von Mann und Frau eine bestimmte Kleidung angezogen. Diese aus eigens hergestellten Stoffen angefertigten Kleidungsstücke, in der Regel einfache und nicht reich verzierte Röcke, Hemden, Hosen, Schürzen und Kopftücher, wurden zu bestimmten Arbeiten im Haus, Hof oder bei der Feldarbeit getragen. Ob man zusammen mit den Frauen aus der Nachbarschaft gewaschen hat, ob Männer und Frauen aufs Feld gingen oder ob die Frauen an Spinnabenden zusammenkamen, immer wurde eine bestimmte Kleidung bevorzugt. Die Erntetracht aus Alzen war um 1900 am ersten Tag besonders festlich und bestand aus Rock, Schürze und Jacke, die alle im gleichen Stil, dem sogenannten "augigen" Muster gewebt waren.

Festtagstracht, Alltags- und Arbeitskleidung von Mann und Frau sind heute in Siebenbürgen aus dem dörflichen Leben fast ganz verschwunden.

Zur Ausstattung eines Hauses gehörten verzierte und insbesondere bestickte Textilien. Sie wurden über Jahre hinweg in zahlreichen Stunden, Tagen und Monaten für die Aussteuer der Braut, für den Hausgebrauch, das "hohe Bett" und vieles andere hergestellt.

Schon von frühester Zeit an wurden die jungen Mädchen und Frauen in der Herstellung und Verzierung der Textilien von der Mutter, Tante, Schwester oder anderen Frauen des Dorfes angeleitet. Auch in der Schule wurden bestimmte textile Techniken, das Herstellen von Reihmustern und die verschiedenen Stickarten gelehrt. Bis vor wenigen Jahren wurden die Tischtücher, Handtücher, Polster, Bettdecken, Strohsäcke, Hemden und Trachtenteile selbst angefertigt.

Sechs Spinnwirtel aus dem 18. - 20. Jh. (Nr. 267 und 268)

Drei Stangentücher aus Weingartskirchen, in schwarzem Kreuzzopfstich verziert (Nr. 281)

In Siebenbürgen baute man Hanf in größerem Maße, Flachs nur in wenigen Orten, z. B. in Zeiden, an. Die Verarbeitung von Hanf und Flachs ist im großen und ganzen dieselbe; das Flachsgewebe wurde in der Regel für feinere Textilien benutzt. Die Schafzucht und damit die Gewinnung der Wollfaser war bei den Rumänen stärker verbreitet als bei den Sachsen. Die Wollfaser erwarben die Sachsen meist durch Handel mit den Rumänen. Später wurde Baumwolle gekauft und meistens für Hemden und feinere Stoffe benutzt. Die Hanfverarbeitung war sehr arbeits- und zeitintensiv und wurde von den Frauen ausgeübt. Inwieweit Männer und Kinder mitgeholfen haben, ist von Dorf zu Dorf verschieden. Entweder waren die Männer für die Aussaat zuständig, oder sie halfen beim Rösten und Brechen des Hanfes. Auch im Haus haben Männer und Kinder Hilfs- und Zuarbeiten erledigt, die als Vorstufe für das Weben unentbehrlich waren.

Allgemein aber ist der textile Bereich der Frau zuzuordnen, wie die Aussteuer verdeutlicht.

Neben dem Hanfsamen gehören sowohl die Geräte der Hanfverarbeitung, als auch der Hanfzopf und die fertigen Textilien zur Aussteuer der Frau. Die Arbeitsschritte der Hanfverarbeitung waren in den jährlichen Ablauf der Feld- und Hausarbeit eingebunden und wurden von den Frauen meist nebenher erledigt.

Mitte August bis Anfang September wurde der Hanf geerntet und bis Februar/März nächsten Jahres mußten die fertigen Textilien in der Aussteuer- und Wäschetruhe liegen. Nach der Ernte wurde der Hanf geröstet, d. h. er wurde in ein nahegelegenes Gewässer gelegt, damit sich die Hanffaser vom Bast löst. Anschließend wurde der Hanf an den Wiesenbaum geschlagen, dann mit Hacke und Breche gebrochen. Zum Schluß

Bockelnadeln aus Deutsch-Weißkirch, 19.Jh. Messing mit roten Glasperlen (Nr. 317)

Knüpftuch aus Hamlesch, 1895. Baumwolle, bunt bestickt (Nr. 288)

wurden mit der Hechel die verschiedenen Faserstärken gezogen. Daraufhin begann die Arbeit im Haus selbst, der Hanf wurde mit dem Spinnrocken, dem Spinnrad oder der Spindel versponnen und anschließend an der Haspel zu Strängen aufgewickelt. Nach dem Waschen und Bleichen wurden am Webstuhl je nach Faserstärke grobe oder feine Stoffe hergestellt.

Das Verzieren der Textilien war der letzte Arbeitsschritt. Web-, Kreuz- oder Zopfstichmuster fertigte man nach einer abzählbaren Vorlage an, entweder einrahmend oder rhythmisch auf die Mittelachse bezogen; die geschriebenen Muster wurden frei aufgestickt. Von der sparsamen Verzierung bis hin zur flächendeckenden Ausführung finden wir alle Arten, auch die Kombination verschiedener Verzierungstechniken. Besondere Stücke, wie Tischdekken, Bettdecken oder Stangentücher wurden mit den Namen oder den Initialen der Besitzer und der Jahreszahl versehen, andere mit Sprüchen, die sich in der Regel auf das Haus und die Hausfrauenarbeiten beziehen. Aber auch einfache Textilien, wie Handtücher und Strohsäcke erhielten ein Besitz- oder Hauszeichen.

Für die Web- und Stickmuster wurde rote und blaue Baumwolle, später auch schwarze, sowie braune Schafs- oder Ziegenwolle und Seide in Naturfarben verwendet. Früher wurde die Baumwolle mit Pflanzen, Blättern, Rinden oder Ähnlichem gefärbt, später mit chemischen Farben.

Bei den Mustern herrschten stilisierte Tier-, Vogel- und Pflanzenornamente vor. Daneben finden wir geometrische Motive, Linien- und Flächenornamente. Diese Muster sind nicht spezielle siebenbürgisch-sächsische Motive, sondern über Jahrhunderte hinweg tradiertes europäisches Kulturgut. Die Anordnung, Reihung und Zusammenstellung der Muster ist einerseits der einzelnen Stickerin und Weberin vorbehalten, andererseits gibt es je nach Gegend verschieden überlieferte Muster. Die Musterbücher von Emil Sigerus, die Anfang des 20. Jhs. herausgegeben wurden, fanden eine schnelle und weite Verbreitung.

Beatrix Commandeur

Trachten

Das stark ausgeprägte Gemeinschafts- und Traditionsbewußtsein der siebenbürgisch-sächsischen Dorfbevölkerung kommt vor allem in der Tracht zum Ausdruck, die bis vor kurzem in manchen Dörfern an Sonn- und Feiertagen, von älteren Leuten auch werktags getragen wurde. Die enge Verbindung mit dem Brauchtum hat viel zur Bewahrung der altüberlieferten Trachten beigetragen, da sie in den meisten Dörfern zu besonderen Anlässen wie Konfirmation oder Kronenball, am Johannis- oder am Peter- und Paulstag getragen wurden.

Für jeden Jugendlichen wurden zur Konfirmation neue Trachtenstücke von Großmutter, Mutter oder Patin mit besonderer Sorgfalt angefertigt. Traditionsgemäß wurden auf die einzelnen Trachtenstücke das Herstellungsjahr und der Name oder die Initialen der Besitzerin gestickt. Die seit altersher überlieferten Handarbeiten, wie die Faltenstikkerei am Frauenhemd, die verschiedenen Stickarten an den Schürzen, den Bockel- und Knüpftüchern der Frauen, den Hemden und Halstüchern der Männer, bilden einen wesentlichen Teil des siebenbürgisch-sächsischen Volkskunstgutes.

In der siebenbürgisch-sächsischen Trachtenlandschaft unterscheidet man mehrere Trachtenzonen. Doch trotz gebietsweiser Unterschiede, die vor allem in der Wahl der Farben und des Materials und in der Art der Ausschmückung bestehen, wahrt die Volkstracht der Siebenbürger Sachsen gemeinsame Grundzüge.

Ein Teil der Frauentracht hat seinen Ursprung in spätmittelalterlichen Kleidungsformen. Besonders auffallend ist die Ähnlichkeit zwischen den Kopfumhüllungen, die auf Frauenbildnissen deutscher und flämischer Maler des 15. Jhs. dargestellt sind, und jenen, die die Bäuerinnen der südsiebenbürgischen Dörfer Deutsch-Weißkirch und Rode trugen. Aus der süddeutschen Modetracht des 14. und 15. Jhs. stammt die in allen Trachtengebieten (außer dem Burzenland) weitverbreitete Schleierung der Frauen, Bockelung genannt, einem durchsichtigen, oft kunstvoll bestickten Schleier aus feiner Seide oder Tüll mit perlenverzierten Bockelnadeln aus vergoldetem Silber.

Ernst Honigberger (1885 - 1974) : "Trachtenpaar", Öl auf Leinwand (Nr. 148)

Bei der siebenbürgisch-sächsischen Frauentracht gehören zur Kopfbedeckung verschiedenartige Hauben. Die schwarze nordsiebenbürgische Samthaube ist seidenbestickt und mit Perlen besetzt. In einigen Trachtengebieten Südsiebenbürgens werden handgenetzte weiße Häubchen (für ältere Frauen auch schwarze) mit einer seidenbestickten, samtenen oder seidenen Haubenmasche getragen. Bei der Burzenländer Frauentracht

Gliedergürtel aus Hermannstadt, 17.-18.Jh. Silber vergoldet, Filigran, Maleremaille, Aquamarin und rote Halbedelsteine (Nr.308)

ist die schwarze Samthaube goldbestickt, mit einer Tüllspitze verziert; unter dem Kinn und im Nacken hängen zwei goldbestickte schwarze Samtbänder. In den meisten Dörfern der Hermannstädter Gegend und im Unterwald wurde über das dreiteilige geblümte, blau-, grün- oder weißgrundige Stoffhäubchen ein schwarz besticktes Leinentuch, das "Knäppdach" (Knüpftuch), oder ein einfarbiges Wolltuch gebunden.

Zu jeder Frauenfesttracht gehört das "gereihte" Hemd, ein schwarzer oder dunkelblauer, hinten stark eingereihter oder gefältelter langer Rock, ein mit Spitze gesäumter weißer Unterrock aus Leinen, ein schwarzes, dunkelrotes oder weißes, unterschiedlich verziertes Stoff-, Leinen- oder Samtleibchen und eine reichbestickte oder nur mit handgenetzten oder gehäkelten Spitzen verzierte weiße Leinwand- oder Tüllschürze. Dazu wird ein Leder-, Borten-, Perlen- oder buntbestickter Stoffgürtel getragen, an besonderen Festtagen der kostbare silbervergoldete Spangengürtel.

"Mäntelchen" aus Meeburg, 1901. (Nr. 290)

Die einzelnen Trachtenstücke sind meist aus geraden Teilen zusammengestellt. Durch feine Fältelung oder Reihung wird die gewünschte Breite erzielt. Das Frauenhemd gehört zum ältesten Trachtengut. Die handbreite weiße Faltenstickerei, "det Geråsel" (das Gereihte), am Halsausschnitt entsteht durch die Reihfäden, die quer durch den in feinste Falten gelegten oberen Vorderteil des

Hemdes gezogen werden. Am Nackenteil ist die Faltenstickerei schmaler. Auch die weiten Ärmel werden an ihren Enden durch Faltenstickerei zusammengezogen. Diese alte Handarbeitstechnik hat sich in Siebenbürgen in bewundernswerter Vielfalt erhalten. In einigen Dörfern gibt es über vierzig verschiedene Reihmuster.

Zum Kirchgang trugen die Frauen in einigen südsiebenbürgischen Trachtengebieten im Winter, vom 1. Advent bis Ostern, den Kürschen. Dieses Kleidungsstück ist ein radförmiger Umhängemantel aus weiß-gegerbtem Schafleder mit nach innen gekehrtem Fell, verbrämt mit Eichhörnchen-, Fischotter- oder Fohlenfell. Die Vorderseite des aufrechtstehenden Brettchenkragens ist mit rotem Samt überzogen und mit Goldborten umsäumt. Dieses kostspielige Trachtenstück wurde auch von der Braut zur Hochzeit und von unverheirateten Patinnen bei der Taufe getragen. Zur Kirchentracht der Frauen gehörte außerdem der "krause Mantel", "Munkel" genannt. Nur in Deutsch-Weißkirch hat sich eine ältere Form dieses aus dem Mittelalter stammenden Trachtenstückes erhalten. Der gefältelte Umhang ist in diesem Ort viel breiter und bedeckt beide Schultern.

Mädchen-Brustlatz aus Katzendorf, um 1900. Braune Lederapplikationen, bunte Blumenstickerei (Nr. 291)

Brauttracht aus Rode (Nr. 304)

Die Tracht der Schulkinder und konfirmierten Mädchen unterscheidet sich nicht wesentlich von der Tracht junger Frauen. Der Stand und die Altersstufe werden vor allem durch die unterschiedliche Kopfbedeckung, aber auch durch die Wahl der Farben und das Materials einzelner Kleidungsstücke deutlich gemacht. Kleine Mädchen und Schulmädchen tragen das buntbestickte, rüschenbesetzte Häubchen. Der Kopfschmuck der konfirmierten Mädchen besteht aus einem breiten Haarband. Es ist entweder ein bunt gewebtes Seidenband, "Patir" genannt, oder ein seidenbesticktes Atlas- oder schwarzes Samtband. Zum Kirchgang setzen sie den Borten auf, einen zylindrischen, mit schwarzem Samt überzogenen Kopfputz, auf dessen Rückseite bunte Seidenbänder, bestickte Samt- oder schwere Goldbänder bis zum Rocksaum herabhängen. Eine Braut trägt am Hochzeitstag zum letztenmal den Borten, der in fast allen Dörfern mit einem Kranz geschmückt wird.

Zur Roder Brauttracht gehört das gereihte Hemd mit handgenetzten Einsätzen an den Ärmeln, ein weißes Leibchen, ein weißer Leinenrock, eine mit Spitze umsäumte, gefältelte weiße Leinwandschürze mit dem

Männer-Brustpelz aus Weingartskirchen, 1926. Gehört zur Burschentracht. Rote Lederapplikationen und bunte Blumenstickerei (Nr. 294)

eingestickten Herstellungsjahr, der krause Mantel und der hohe schwarze Samtborten, der mit einem achtstrahligen Stern aus Kunstblumen, dem "Kramz" (Kranz), geschmückt ist. Die wertvollsten Schmuckstücke sind das silbervergoldete Buckelheftel, welches als Anhänger getragen wird, und der Spangengürtel.

Die siebenbürgisch-sächsische Männertracht ist viel einfacher und weist in den verschiedenen Gebieten auch geringere Unterschiede auf. Zu der schwarzen Stoffhose und den hohen Schaftstiefeln wird das weitärmelige, weiße Hemd getragen. Um den mit einer gehäkelten Spitze umsäumten Stehkragen des Hemdes wird je nach Alter und Gegend ein buntbesticktes oder einfarbiges schwarzes Samt- oder Stoffhalstuch gebunden. Dazu wird eine schwarze Stoff- oder eine mit Stikkerei und Lederapplikationen verzierte Lederweste getragen. Ein mit bunter Riemchenarbeit verzierter Gürtel, eine schwarze kurze Stoffjacke und ein schwarzer schmal- oder breitkrempiger Filzhut vervollständigen die Tracht. Im Winter besteht die Kopfbedeckung aus einer Lammfellmütze.

Zur Kirchentracht der Männer gehört der aus weißem Schaffell verfertigte Kirchenmantel, der "Kirchepelz". Er ist mit roten und braunen Lederapplikationen sowie farbigen Stickereien verziert und hat einen mit Fischotter- oder Fohlenfell verbrämten Stehkragen. Das Kennzeichnende der Männertracht im gesamten Burzenland ist der bis an die Knöchel reichende dunkelblaue Wollstoffmantel, "Rok" genannt. Die breiten Aufschläge an den Ärmeln sind aus rotem Tuch oder Samt. Von den vielen Silberhefteln auf der Brust wird beim Kirchgang nur der oberste und unterste geschlossen. Bis nach dem Ersten Weltkrieg wurde das Bauernhemd in fast allen Trachtengebieten über der Hose getragen, mit einem breiten, mit bunten Lederriemchen ("Zirmarbeit") bestickten Gürtel. Das schlichte weiße, unbestickte Männerhemd Siebenbürgens ist in den letzten Jahren immer mehr vom sogenannten "Jungsächsischen Hemd" verdrängt worden. Im Zuge der Erneuerungsbewegung in den zwanziger Jahren wurde das schwarz bestickte Männerhemd erst in den Städten beliebt; nach und nach trugen es dann in fast allen Trachtengebieten vor allem die Burschen und jungen Männer.

Gerda Bretz-Schwarzenbacher

Buckelheftel, 19. Jh. Getriebenes Messing mit roten und grünen Glasperlen (Nr. 311)

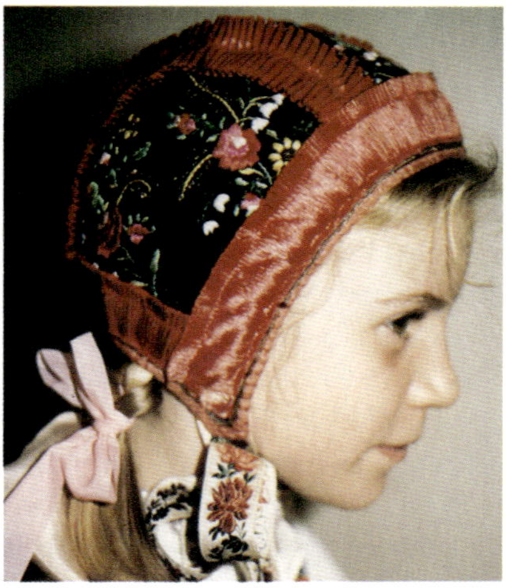

Mädchen mit Häubchen aus Girelsau (Nr. 109)

Bleiben, gehen, wiederkehren ?

Zur aktuellen Lage der deutschen Minderheit in Rumänien

45 Jahre kommunistischer Herrschaft zerstören das Deutschtum in Rumänien / Der Umsturz kam zu spät / Was durch Quotenregelung eingeschränkt war, wurde seit Dezember 1989 zum wachsenden Aussiedlerstrom / Zusammengehörigkeitsgefühl der Siebenbürger Sachsen lebt in der neuen Heimat weiter

Zwischen dem 22. Dezember 1989, dem Tag, an dem Nicolae Ceaușescu gestürzt wurde, und dem 22. April 1991 sind 121.000 Angehörige der deutschen Minderheit Rumäniens in die Bundesrepublik Deutschland ausgereist. Damit wurde ihr Bestand - am Stichtag noch rund 200.000 - auf weniger als die Hälfte reduziert. Und die Aussiedlungswelle hält an: Auch im Jahr 1991 kommen monatlich im Schnitt 2.500 Siebenbürger Sachsen und Banater Schwaben aus Rumänien in die Bundesrepublik. Anläßlich der letzten in Rumänien durchgeführten Volkszählung von 1977 waren von den Behörden noch 348.444 Personen ermittelt worden, die sich als "Deutsche" bezeichneten (1,62 %), 5.930 (0,03 %) als "Sachsen" und 4.358 (0,02 %) als "Schwaben".

Wer angenommen hatte, der im Dezember erfolgte Umsturz werde den 1950 begonnenen und seither sprunghaft angestiegenen Emigrationsfluß der Deutschen aus Rumänien eindämmen oder sogar zum Versiegen bringen, sah sich enttäuscht. Angesichts des wachsenden Aussiedlerstroms ergab sich die Frage: Weshalb fassen trotz der Ende 1989 erfolgten Veränderungen der politischen Rahmenbedingungen immer mehr Angehörige einer Volksgruppe, die jahrhundertelang auf einem bestimmten Territorium gelebt hat, den Entschluß, es endgültig zu verlassen? War doch das Vorhandensein einer deutschen Minderheit auf dem Boden Rumäniens kein Faktor, der sich erschwerend auf die Aufnahme diplomatischer Beziehungen zwischen der Bundesrepublik Deutschland und Rumänien ausgewirkt hatte. Im Kontext der bilateralen Beziehungen war die Frage der deutschen Minderheit mit einem vergleichsweise niedrigen Störpotential ausgestattet; gelegentlich war sogar von deren Brückenfunktion die Rede. Das hat folgende Gründe:

1. Rumänien gehört zu jenen Staaten Osteuropas, die keine gemeinsame Grenze mit der Bundesrepublik Deutschland haben und deren Beziehungen zu Bonn nicht von Territorial- und Kriegsfolgeproblemen belastet waren.
2. Die auf rumänischem Staatsgebiet lebenden Deutschen wurden nach dem Zweiten Weltkrieg nicht aus Rumänien ausgewiesen. Dies war in den Beschlüssen der Postdamer Konferenz auch nicht vorgesehen.
3. Nach dem Zweiten Weltkrieg ist die Bundesrepublik in die Fürsorgepflicht für die in Rumänien verbliebenen Deutschen eingetreten.
4. Die Regierung der Bundesrepublik hat unverändert an dem Grundsatz der Zweigleisigkeit ihrer Bemühungen um die deutsche Minderheit in Rumänien festgehalten. Er lautete - und lautet immer noch -, jenen Deutschen, die ausreisen wollen, bei der Ausreise behilflich zu sein, und jenen, die im Lande verbleiben wollen, Hilfe bei der Gestaltung ihrer Lebensumstände und der Wahrung ihrer sprachlichen und kulturellen Identität zu leisten.
5. Die auf dem Gebiet der Bundesrepublik konstituierten Landsmannschaften der beiden Volksgruppen standen der Ausweitung der wirtschaftlichen und der Aufnahme der diplomatischen Beziehungen der Bundesre-

publik Deutschland mit Rumänien im Januar 1967 von Anfang an positiv gegenüber. Obwohl dem Problem der Familienzusammenführung anfangs weder von deutscher noch von rumänischer Seite eine Priorität im bilateralen Verhältnis eingeräumt worden war, schob es sich, einer eigenen Dynamik folgend, zunehmend in den Vordergrund. Im Anschluß an die Aufnahme der diplomatischen Beziehungen verdichtete sich in Kreisen der rumäniendeutschen Bevölkerung die Hoffnung, in der Bonner Regierung eine Fürsprecherin für ihren Wunsch nach Ausreise in eine neue Heimat, die Bundesrepublik, zu finden. Die Aussiedlung war jedoch bis in die zweite Hälfte der sechziger Jahre für die Mehrheit der Deutschen in Rumänien keine realistische Alternative. Zwischen 1949 und 1956 war eine Zusammenführung der getrennten Familien nur in Ausnahmefällen möglich: 1.000 Rumäniendeutschen wurde 1950/51 durch Vermittlung der DDR zur Ausreise verholfen, und nur 269 konnten zwischen 1952 und 1956 in die Bundesrepublik ausreisen. Trotz der scheinbaren Aussichtslosigkeit legaler Ausreiseversuche lagen dem Deutschen Roten Kreuz 1956 über 10.000 Anträge auf Ausreise zu Verwandten in der Bundesrepublik vor. Das Angebot zur Rückkehr in die Heimat, das die rumänische Regierung im Juni 1955 machte, indem sie allen Rückkehrern gesetzliche Straffreiheit zusicherte, nahmen nur etwa 3.000 Deutsche wahr.

Die Zahl deutscher Aussiedler aus Rumänien stieg nach Aufnahme der diplomatischen Beziehungen: durchschnittlich 3406 pro Jahr in der Zeit von 1968-1972 im Vergleich zu 914 pro Jahr im Zeitraum von 1950-1967. Zwischen 1973 und 1977, als das Kompensationsverfahren bereits in einigermaßen geregelten Bahnen verlief, stieg die durchschnittliche Aussiedlerzahl pro Jahr auf 7.179 an. Im Anschluß an die Unterzeichnung der Schlußakte von Helsinki (1975) wuchs die Zahl der Deutschen, die sich auf ihr Recht auf Familienzusammenführung und Freizügigkeit beriefen.

Im Januar 1978 traf der damalige deutsche Bundeskanzler Helmut Schmidt mit Nicolae Ceaușescu eine Vereinbarung, worin Rumänien sich bereit erklärte, jährlich 12.000 bis 16.000 Deutschen die Ausreise in die Bundesrepublik zu gestatten. Im Gegenzug dafür sagte die Bundesrepublik die Zahlung eines Pauschalbetrages von 5.000 DM je Aussiedler zu. Die Geltungsdauer dieser Vereinbarung, deren Text nie veröffentlicht wurde und deren Bestimmungen im völkerrechtlichen Sinne nicht bindend waren, betrug fünf Jahre. Im Zeitraum zwischen 1978 und 1982 konnten jährlich im Schnitt 12.511 Deutsche aus Rumänien ausreisen. Nachdem das Abkommen um weitere fünf Jahre verlängert und der Pauschalbetrag auf 7.800 DM angehoben worden war, erhöhte sich die Zahl der Aussiedler zwischen 1983 und 1987 auf jährlich rund 14.800. Damit hatten seit 1950 mehr als 210.000 Deutsche Rumänien verlassen.

Am Vorabend des Umsturzes im Dezember 1989 waren sowohl die wirtschaftlichen als auch die politischen Beziehungen zwischen der Bundesrepublik und Rumänien an einem Tiefpunkt angelangt. Anstelle der ihr zugedachten Brückenfunktion hatte sich die Frage der deutschen Minderheit zunehmend zu einem Störfaktor in den deutsch-rumänischen Beziehungen entwickelt. Die damalige rumänische Führung wehrte sich strikt gegen jeden Versuch der Bundesregierung, sich für eine Verbesserung der Lebensbedingungen der Rumäniendeutschen und für die Sicherung ihrer sprachlichen und kulturellen Identität einzusetzen.

Zur Überraschung jener Beobachter, die erwartet hatten, daß mit dem Sturz des Diktators quasi automatisch der Aussiedlungsdruck entfallen und der Aussiedlerfluß zum Versiegen kommen würde, wuchs der nachrevolutionäre Exodus der Deutschen aus Rumänien sprunghaft an. Die Ursachen dafür lassen sich wie folgt zusammenfassen:

1. Die Notwendigkeit der Zusammenführung getrennter Familien ist eine unmittelbare Folge der Kriegs- und Nachkriegsereignisse. Im Januar 1945 wurden rund 75.000 arbeitsfähige deutsche Frauen und Männer zur Zwangsarbeit in die Sowjetunion deportiert. Ungefähr 15 % kamen in den sowjetischen Arbeitslagern ums Leben, einige der Überlebenden wurden nicht wieder in ihre Heimatorte entlassen, sondern in die deutschen Ost- und Westzonen "repatriiert". Mit diesen "Heimkehrern", den ehemaligen rumäniendeutschen Kriegsteilnehmern sowie den zahlreichen Flüchtlingen, die Rumänien während des Zweiten Weltkrieges verlassen hatten, entstand das Problem der getrennten Familien und die Notwendigkeit ihrer Zusammenführung.

2. Einseitige Verfolgungs- und Verschleppungsmaßnahmen gegen die deutsche Minderheit. Die Rumäniendeutschen hatten in ihrer Gesamtheit und als Gruppe unter besonderen, den anderen Minderheiten nicht auferlegten diskriminierenden Maßnahmen zu leiden. Unmittelbar nach dem rumänischen Frontwechsel (August 1944) wurden Sicherungsmaßnahmen gegen Volksdeutsche getroffen, ungefähr 2.000 bis 3.000 Personen wurden zeitweilig in Gefangenenlagern interniert. Im Januar 1945 folgte die Deportation der gesamten arbeitsfähigen deutschen Bevölkerung Rumäniens - Männer zwischen 17 und 45, Frauen zwischen 18 und 30 Jahren - zur Zwangsarbeit in die Sowjetunion. Tausende Familien wurden in der Folge auf Dauer auseinandergerissen.

Bundespräsident Prof. Dr. Karl Carstens besucht im Herbst 1981 Siebenbürgen und wird in Michelsberg von sächsischen Dorfbewohnern freudig begrüßt

3. Alleinige rechtliche und wirtschaftliche Diskriminierung der deutschen Minderheit. Wenige Tage nach Abschluß der Deportation in die Sowjetunion wurde am 6. Februar 1945 ein neues rumänisches "Nationalitätenstatut" erlassen, das die Gleichberechtigung aller rumänischen Staatsbürger ohne Unterschied der Nationalität ebenso proklamierte wie den freien Gebrauch der Muttersprache. Die deutsche Minderheit wurde trotzdem jahrelang rechtlich, politisch und wirtschaftlich diskriminiert. Das 1946 verkündete neue rumänische Wahlgesetz schloß die Mitglieder der ehemaligen Deutschen Volksgruppe - also praktisch die Gesamtheit der Rumäniendeutschen - vom Wahlrecht aus.

Das im März 1945 veröffentlichte Gesetz zur rumänischen Bodenreform bedeutete ebenfalls eine einseitige Diskriminierung der Angehörigen der deutschen Minderheit. Text und Durchführungsbestimmungen dieses Gesetzes lassen keinen Zweifel daran aufkommen, daß diese "Reform" unter anderem zum Ziel hatte, den von Deutschen in ihrer Gesamtheit gehaltenen Grundbesitz zu enteignen. Die deutschen Bauern wurden zudem von ihren Höfen und aus ihren Häusern vertrieben, das gesamte Vieh und alle Gerätschaften wurden ihnen gewaltsam weggenommen, der ehemals geschlossene Siedlungscharakter der deutschen Dörfer endgültig zerstört. Damit hatten die sächsischen und schwäbischen Bauern - 1945 machten sie noch rund 77 % der gesamten deutschen Bevölkerung Rumäniens aus - auf einen Schlag nicht nur ihre selbständige Lebensgrundlage verloren, sondern auch ihren traditionellen sprachlichen und kulturellen Lebensraum eingebüßt.

Bereits 1956 waren nur noch 22 % der Deutschen in der Landwirtschaft tätig, die übrigen fanden als Industriearbeiter Beschäftigung in den Städten, wohin einige von ihnen von ihrem ländlichen Wohnort pendelten, andere endgültig abwanderten. Dieser frühe Prozeß der inneren Migration und der daraus folgenden Entwurzelung, der breite Schichten der deutschen Bevölkerung erfaßt hatte, ist mit der Formel "vertrieben, jedoch im Vertreibungsland zurückgehalten" treffend umschrieben worden.

4. "Gleichberechtigte" Deklassierung im Zeichen der sozialistischen Umgestaltung. Die Periode des Ausnahmerechts und der ausschließlichen Diskriminierung der deutschen Minderheit in Rumänien wurde 1948 durch einen Beschluß der KP beendet. Die formal verkündete Gleichberechtigung aller Bürger, ungeachtet ihrer Nationalität, in der neuen rumänischen Verfassung vom April 1948 verankert, wurde nun ausdrücklich auf die deutsche Minderheit ausgedehnt. Auch das am 7. September 1950 verabschiedete neue Wahlgesetz schloß den deutschen Bevölkerungsteil mit ein. Die Aufhebung des Kollektivbannes, mit dem die Deutschen Rumäniens in ihrer Gesamtheit zwischen 1944 und 1948 belegt worden waren, bedeutete jedoch nicht das Ende der Leidenszeit für eine Vielzahl von Sachsen und Schwaben.

Die Umwälzungen, die in Rumänien nach der Ausrufung der Volksrepublik am 30. Dezember 1947 im Zuge des "sozialistischen Aufbauprozesses" stattfanden, betrafen Deutsche ebenso wie die Vertreter des Mehrheitsvolkes der Rumänen oder jener anderer nationaler Minderheiten. Die Tatsache, daß allein das soziale Gefüge der Deutschen in Rumänien über eine verhältnismäßig breite Mittelschicht verfügte, macht deutlich, weshalb diese Volksgruppe von der am 11. Juni 1948 erfolgten Verstaatlichung der privaten Industrie-, Bank- und Gewerbebetriebe besonders hart getroffen

Bereits am 16. Januar 1990, wenige Wochen nach dem Sturz des Ceaușescu-Regimes in Rumänien, besucht Bundesaußenminister Hans-Dietrich Genscher Rumänien und kommt auch nach Hermannstadt. Er stattet dabei dem damaligen evangelischen Bischof, Albert Klein (im Bild rechts), einen Besuch ab

wurde. Die deutsche Stadtbevölkerung verlor damit ihre wirtschaftliche Existenzgrundlage. Auch die am 2. August 1948 erfolgte Verstaatlichung aller konfessionellen und privaten Schulen traf vor allem die deutsche Bevölkerung. Das in der Verfassung festgeschriebene Recht der Minderheiten auf Unterricht in der Muttersprache konnten die in Rumänien lebenden Deutschen allerdings bald nach 1948 im Rahmen des staatlichen Schulwesens wieder wahrnehmen.

5. Die Liberalisierung der endsechziger Jahre kam zu spät. Nach Stalins Tod trat in Rumänien eine allgemeine Wende zum Besseren, auch für die Deutschen, ein. Die Zwangsarbeitslager am berüchtigten Donau-Schwarzmeer- Kanal wurden 1954 aufgelöst. Zwischen 1954 und 1956 wurde ein Teil der enteigneten Höfe und Wohnungen an ihre früheren deutschen Besitzer zurückgegeben. Vieles von dem, was geschehen war, ließ sich jedoch nicht mehr rückgängig machen: Die Trennung zahlloser Familien infolge von Krieg, Flucht, Evakuierung und Deportation, die Zerstörung der wirtschaftlichen Existenzgrundlage der Deutschen in Stadt und Land, ihre daraus resultierende soziale Deklassierung und Nivellierung, der beginnende Zerfall der gewachsenen dörflichen und städtisch-bürgerlichen Gemeinschaften, der zunehmende Verlust des ethno-kulturellen Identitäts- und Zusammengehörigkeitsgefühls, ihre wachsende Isolierung vom gesamten deutschen Sprach- und Kulturraum, der totale Mangel an Vertrauen zur kommunistischen Führung des rumänischen Staates.

6. Diplomatische Beziehungen mit der Bundesrepublik: Der aufgestaute Aussiedlungsdruck findet ein Ventil. Die Aufnahme der diplomatischen Beziehungen hat die Ausreisewelle der Deutschen praktisch erst ermöglicht.

7. Die Krise der achtziger Jahre gab den Ausschlag: Austerität und Assimilation. Im Verlauf der achtziger Jahre, als der Lebensstand der Bevölkerung auf das niedrigste Niveau seit Kriegsende absank, nahm zugleich der Assimilationsdruck auf die Minderheiten zu. Das bereits 1972 von Ceaușescu proklamierte Endziel einer gesellschaftlich-nationalen "Homogenisierung" der Minderheiten und ihrer Einschmelzung in das "rumänische Volk" wurde nun konsequent angesteuert. Viele Freiheiten, die den Minderheiten seit 1968 gewährt worden waren, wurden zurückgenommen, andere erstarrten zu leeren Formen. Die bereits im November 1971 verfügte Teil-Rumänisierung der Ortsnamen in der deutschsprachigen Presse und Literatur wurde im April 1988 auf alle

Ortsbezeichnungen ausgedehnt. Die Fernsehsendungen in den Sprachen der Minderheiten wurden unter dem Vorwand der im Januar 1985 verkündeten Energiesparmaßnahmen abgeschafft.
Sinkende Schüler- und Lehrerzahlen führten zu einer Reduzierung der Unterrichtsmöglichkeiten in deutscher Sprache, das sich rapide verschlechternde Bildungsangebot entmutigte auch jene Deutsche, die noch nicht zur Ausreise entschlossen waren. Die Abwanderung unter den deutschen Lehrern, Pfarrern und Künstlern hatte ein solches Ausmaß erreicht, daß das Angebot an deutschsprachigem Unterricht und deutscher Kultur nicht mehr in dem notwendigen Umfang und in der bisher erreichten Qualität gewährleistet werden konnte.
Aus all diesem läßt sich folgern, daß und weshalb bei den Deutschen auch nach der "Revolution" in ihrem Ausreisebestreben keine Wende eintrat. *Anneli Ute Gabanyi*

Fahne des ersten Vereins von Siebenbürger Sachsen in München, 1913 (Nr. 318)

Heimat im Mutterland

Die Entstehung der landsmannschaftlichen Gemeinschaft der Siebenbürger Sachsen in Deutschland

Das Ende des Zweiten Weltkriegs brachte viele Deutsche aus dem Karpatenbogen nach Deutschland. Sie hatten in militärischen Einheiten des Reiches ihren Kriegsdienst geleistet. Auch für die im Treck geflüchteten Landsleute aus Nordsiebenbürgen war eine Rückkehr in das inzwischen kommunistisch gewordene Südosteuropa mit Gefahren verbunden. Ihnen folgten später ein Teil der nach Sowjetrußland zur Zwangsarbeit Verschleppten, nunmehr Entlassenen, und später vereinzelt auch Sachsen aus dem südlichen Siebenbürgen, die im Rahmen der Familienzusammenführung zu den Ihren strebten.
Sie alle bedurften der Hilfe, die nicht nur von Behörden, sondern in Bayern auch von der Betreuungsstelle des Roten Kreuzes in München verwirklicht werden konnte. Diese setzte sich vor allem für die Unterbringung der nun obdachlos gewordenen Südostdeutschen ein, was angesichts der Pferde und Wagen, die die Geflüchteten mit sich führten, schwer genug war, bald aber auch für die beruflichen Chancen. Weitere Aufgaben waren, das Sich-Wiederfinden der Menschen durch den Suchdienst, den Siebenbürger Sachsen mitaufgebaut hatten, zu betreiben, und zu verhindern, daß in den politisch noch völlig ungeklärten Verhältnissen aus dem Krieg entlassene Soldaten oder aus der Heimat Geflohene von der Weltflüchtlingsorganisation UNRRA gegen ihren Willen in das kommunistische Rumänien gebracht wurden.
Die hier begonnenen Aufgaben wurden ab 1946 im Dienst des Evangelischen Hilfswerks und ab 1947 des Hilfskomitees der Siebenbürger Sachsen ebenfalls von München aus

DAS LAND NORDRHEIN-WESTFALEN ÜBERNIMMT DIE PATENSCHAFT FÜR DIE „LANDSMANNSCHAFT DER SIEBENBÜRGER SACHSEN IN DEUTSCHLAND E.V.". DIESER ERKLÄRUNG LIEGT EIN EINSTIMMIGER BESCHLUSS DER LANDESREGIERUNG VON NORDRHEIN-WESTFALEN VOM 7. JANUAR 1957 ZUGRUNDE. MIT DIESEM AKT BEKUNDET DAS LAND NORDRHEIN-WESTFALEN SEINE VERBUNDENHEIT MIT DER VOLKSGRUPPE DER SIEBENBÜRGER SACHSEN, DEREN URHEIMAT WEITE GEBIETE NORDRHEIN-WESTFALENS SIND, UND SEINEN WILLEN, DIE LANDSMANNSCHAFT DER SIEBENBUERGER SACHSEN IN IHREN AUFGABEN ZU UNTERSTÜTZEN.

NAMENS DER LANDESREGIERUNG VON NORDRHEIN-WESTFALEN
DER ARBEITS- UND SOZIALMINISTER

DÜSSELDORF, DEN 26. MAI 1957

Patenschaftsurkunde des Landes Nordrhein-Westfalen für die Siebenbürger Sachsen (Mai 1957)

wahrgenommen. Als 1949 mit der Verkündung des Grundgesetzes der Bundesrepublik Deutschland die Möglichkeit der Gründung landsmannschaftlicher Vereinigungen gegeben war, entstand der Verband (später Landsmannschaft) der Siebenbürger Sachsen, zu dem für kurze Zeit auch die Banater Schwaben, bis zur Gründung ihrer eigenen Organisation, gehörten.

In der Voraussicht, daß nicht allen Deutschen aus Rumänien die Rückkehr in die Karpatenheimat möglich sein werde, hatten die Vertreter der Südostdeutschen gemeinsam mit den Sudetendeutschen darauf hingewirkt, daß die Angehörigen der deutschen Volksgruppe im neuen Staat durch Zuerkennung des Bürgerrechtes den Einheimischen gleichgestellt würden. Das Ergebnis war Artikel 116 des Grundgesetzes, durch den diesem Personenkreis die Eingliederung ermöglicht wurde.

Dennoch war die Lage für die meisten Landsleute unbefriedigend. Die Bauern hatten fast gar keine Aussicht, eigenen landwirtschaftlichen Besitz zu erwerben. Die Kriegsteilnehmer hatten ihre Familien in der Heimat zurücklassen müssen, Frauen und Kinder, oft auch alte Eltern. Da eine Aussiedlung infolge der Politik Rumäniens in den allermeisten Fällen nicht verwirklicht werden konnte, kehrten einige Landsleute aus Deutschland nach Siebenbürgen zurück. Die meisten haben diesen Schritt später bereut.

Das Zusammengehörigkeitsgefühl, die aus der eigenen Geschichte gewachsene Überzeugung, sich vor allem auf den Landsmann verlassen zu können, Vertrauen vor allem bei dem zu finden, mit dem man dieselbe Mundart spricht, knüpfte zwischen den Ost- und Südostdeutschen trotz räumlicher Entfernung in Deutschland ein geistiges Band, das - wie wir heute rückblickend feststellen können - über Jahrzehnte hinweg ein weitgehend einheitliches Wollen und Vorgehen in Fragen der Heimatpolitik ermöglichte. Darüberhinaus aber erhielten sich die Siebenbürger Sachsen - und hierfür gab ihnen die Landsmannschaft Anregung und Rahmen - eine stattliche Zahl ihrer kulturellen Ausdrucksformen, sei es durch die Pflege des heimatlichen Volksliedes oder der Trachten und Tänze, sei es durch spezifische, in der Heimat einst übliche Gemeinschaftsbräuche, nicht weniger aber durch wissenschaftliche Forschung oder allgemeinverständliche Veröffentlichungen über Vergangenheit und Gegenwart des eigenen Volkes.

Es war die Notwendigkeit, sich über den *gemeinsamen* Weg in die Zukunft zu entscheiden, die 1954 Vertreter der Landsmannschaften mit Persönlichkeiten, die schon in der alten Heimat eine Rolle gespielt hatten, in Rimsting zusammenkommen ließ. Nach zwei fachkundigen Referaten kamen sie zu dem Schluß, daß das Siebenbürger Sachsentum in der Karpatenheimat keine

Chance hätte, als *Gemeinschaft* auf Dauer fortzubestehen. Das bedeutete, angesichts der weiteren Entwicklung in Rumänien, sich nicht nur für die Familienzusammenführung, sondern zunehmend auch für die Verwirklichung des Rechts auf Aussiedlung einzusetzen. Das Zusammenwirken mit der Landsmannschaft der Banater Schwaben und mit den siebenbürgisch-sächsischen Organisationen in Österreich, Amerika und Kanada überzeugte die Regierungen in den Ländern, in denen Deutsche aus Rumänien lebten, von der Notwendigkeit, dem Auseinanderreißen der Angehörigen dieser Volksgruppe entgegenzuwirken. Wirtschaftliche Vorteile, die man deutscherseits Rumänien deswegen zukommen ließ, führten zunächst zu bescheidenen Erfolgen. Mit der Vereinbarung

B 1756 D

SIEBENBÜRGISCHE ZEITUNG

DIE ZEITUNG DER FÖDERATION DER SIEBENBÜRGER SACHSEN

Folge 10 — 30. Juni 1991 — 41. Jahrgang

Eine neue Seite im Buch der Geschichte:

Minderheitenrechte für Europa entscheidend

Nachbarschaftsvertrag mit Polen setzt Maßstäbe für andere Staaten der KSZE – Landsmannschaften wollen Stuttgarter Charta verwirklichen

Die aktuelle Notiz

Hilfeleistungen

Bundesinnenminister Schäuble:

Deutschland bleibt für Deutsche offen

Erklärung zur Frage der Aussiedler in der Haushaltsdebatte des Bundestages

Aus dem Inhalt:

Nach Siebenbürgen:

3570 Pakete mit Lebensmitteln

Seit 1950 erscheint in München die "Siebenbürgische Zeitung" (Nr. 319)

FOEDERATION DER SIEBENBUERGER SACHSEN	FEDERATION OF TRANSYLVANIAN SAXONS
Die Landsmannschaften der Siebenbuerger Sachsen in Deutschland, in Kanada und in Oesterreich sowie der Zentralverband der Siebenbuerger Sachsen in U.S.A. schliessen sich zu einer Foederation zusammen.	The Landsmannschafts of Transylvanian Saxons in West Germany, in Canada and in Austria and the Alliance of Transylvanian Saxons in the U.S.A. confirm the founding of the Federation of Transylvanian Saxons with the following goals:
1. Die Foederation setzt sich die weltweite Vertretung aller Siebenbuerger Sachsen zum Ziel.	1. The Federation is the world wide representative of all Transylvanian Saxons wherever they may live.
2. Sie dient der Einheit aller Siebenbuerger Sachsen und der Durchsetzung ihrer lebensnotwendigen Interessen, insbesondere auf humanitaerem, heimatpolitischem und kulturellem Gebiet.	2. It will serve the unity of all Transylvanian Saxons and the preservation of their inherent interests, especially those of humanitarian, political and cultural nature.
3. Die Foederation wird vertreten durch die Vorsitzenden der Landsmannschaften und den Praesidenten des Zentralverbandes der Siebenbuerger Sachsen.	3. The Federation will be represented by the Presidents of the Landsmannschafts and the Alliance of Transylvanian Saxons.
Elixhausen/Sachsenheim, 1. 10. 1983	Dated Oct. 1, 1983 Elixhausen Sachsenheim
Nach vorangegangener Annahme obiger Gruendungsresolution seitens aller siebenbuergisch-saechsischen Landsmannschaften und des Zentralverbandes tritt dieselbe durch die feierliche Unterzeichnung der am 19. Juli 1984 in Kitchener/Kanada versammelten Vorsitzenden in Kraft.	*After previous acceptance by all Transylvanian Saxon Landsmannschafts and the Alliance, this founding resolution is signed in Kitchener/Canada by the Presidents in attendance and thereby becomes effective this 19th day of July 1984.*

Dr. Wolfgang Bonfert, Deutschland — Martin Intscher, Kanada — Dr. Fritz Frank, Oesterreich — Edward R. Schneider, U.S.A.

Gründungsurkunde der Föderation der Siebenbürger Sachsen (Nr. 321)

Saxon News **Volksblatt**

Official Publication of The Alliance of Transylvanian Saxons

Cleveland, Ohio, Branch 4

Lorain, Ohio, Branch 5

REGULAR MEETING

SICK LIST

FASCHING DANCE & CELEBRATION

ELECTION OF OFFICERS

Saxon Couples Club Lorain, Ohio

Farrell Saxon Retirees

Vereinigte Sachsen von Gross-Cleveland

Cleveland, Ohio Branch 1

Eine Ausgabe der Zeitung der Siebenbürger Sachsen in den USA (Nr. 323)

Im Juli 1987 war Hermann Heinemann, Minister in der Regierung des Patenlandes Nordrhein-Westfalen, Gast des Heimattages der Siebenbürger Sachsen in Kitchener, Kanada. Im Bild mit den Gastgebern: Frau Käthe Paulini, Vorsitzende der Kanadischen Landsmannschaft, und Michael Paulini

zwischen den Regierungschefs Deutschlands und Rumäniens von 1978, die längst nicht befriedigend sein konnte, wurde dem Aussiedlungsbegehren wenigstens eine neue Perspektive eröffnet. Es hätte bis über die Jahrtausendwende hinaus gedauert, im Rahmen der damaligen Bedingungen alle diesbezüglichen Wünsche zu erfüllen. Mit dem Ende des Ceausescu-Regimes, im Dezember 1989, entfielen jedoch alle Hemmnisse für das Verlassen Rumäniens.

Der Einsatz der Siebenbürger Sachsen für ein Fortbestehen ihrer Gemeinschaft im Westen, vor allem in Deutschland, der durch die Führung ihrer Landsmannschaften wie durch ihre Publikationen ("Siebenbürgische Zeitung" u. a.) erfolgte, wurde durch die dringend gebotenen Bemühungen ergänzt, im sozialen Bereich jenen Landsleuten Hilfe zu leisten, die in der alten Heimat in Not geraten waren. Ihre Zahl wuchs ständig - trotz der Auswanderung - angesichts der sich permanent verschlechternden Wirtschaftslage Rumäniens. Es ist ein Verdienst des aus der Landsmannschaft hervorgegangenen Sozialwerks der Siebenbürger Sachsen, daß es sich besonders *jener* Hilfsbedürftigen annimmt, die keine Angehörigen im Westen haben. Sein Wirken wurde außer von Landsleuten entscheidend von öffentlichen und namhaften privaten Einrichtungen wie auch von namhaften Persönlichkeiten großzügig unterstützt. Im gleichen Sinne handeln die ebenfalls aus landsmannschaftlicher Gemeinschaft hervorgegangenen fünf siebenbürgischen Altenheime in Bayern, Baden-Württemberg, Nordrhein-Westfalen und Niedersachsen, die sich besonders jener annehmen, die ohne Familienangehörige sind oder nicht bei solchen leben können.

Die Unterstützung im politischen, sozialen und kulturellen Bereich, die die Landsmannschaft - ideell und materiell - vom Land Nordrhein-Westfalen erhielt und die ein zuverlässiges Fundament zahlreicher Aktivitäten wurde, geht auf das Patenschaftsverhältnis zurück, das von der Landesregierung 1957 übernommen wurde. Sichtbares und bleibendes Zeichen des Zusammenwirkens wurde die siebenbürgische Siedlung Drabenderhöhe im Bergischen Land. Für die Einrichtung im "Heimathaus Siebenbürgen" auf Schloß Horneck in Gundelsheim, wo Bibliothek, Archiv und Museum untergebracht sind, haben neben dem Patenland die Bundesregierung und das Land Baden-Württemberg sehr viel getan. Sie haben mit dazu beigetragen, daß u. a. der Siebenbürgisch-Sächsische Kulturrat und der Arbeitskreis für Siebenbürgische Landeskunde ihre Aufgaben, vielfach in Zusammenarbeit mit der Siebenbürgisch-Sächsischen Stiftung, verwirklichen können.

Wenn in unseren Tagen Landsleute aus dem Karpatenland - wo knapp ein Siebentel derer verblieben ist, die vor 50 Jahren dort lebten - nach Deutschland kommen, scheiden sie aus der alten Heimat nach einer 850jährigen Geschichte. Sie kommen nun in ein Land, in dem etwa jeder vierhundertste Bewohner ein Siebenbürger Sachse ist, in ein Land, in dessen westlichen Gebieten es in fast jedem Landkreis sächsische Gemeinschaften gibt, die Tradition und Brauchtum auch in der neuen Umgebung pflegen. Sie werden sich rasch einleben, weil sie als Mitbürger willkommen sind. Auf den Klang der heimatlichen Sprache werden sie auch außerhalb der eigenen Familie nicht verzichten, ob sie nun mit Freunden, zumal in ihrer Heimatortsgemeinschaft, zusammenkommen oder beim alljährlichen Heimattag in Dinkelsbühl. Mit allen im Westen lebenden Siebenbürger Sachsen zusammen haben sie, die nun als Deutsche unter Deutschen leben, die Verantwortung für jene, die im alten Heimatland wie die Vorfahren als Deutsche unter Fremden leben. Das Fortbestehen des Zusammengehörigkeitsgefühls ist die bedeutendste Grundlage, auf der sich auch die Gemeinschaft der Sachsen in Deutschland in den mehr als 45 Jahren nach Kriegsende entwickeln konnte.

Wilhelm Bruckner

Alljährlich zu Pfingsten treffen sich Tausende landsmannschaftlich verbundene Siebenbürger Sachsen zu ihrem Heimattag in Dinkelsbühl, der gastlichen Stadt an der "Romantischen Straße". Im Mai 1991 gab es eine Rekordbeteiligung: rund 25.000 Landsleute. Im Bild: Jugendliche Trachtenträger beim "Offenen Tanzen" vor dem Festsaal

750jähriges Jubiläum der Gemeinde Tartlau im Innenhof der Kirchenburg

BIBLIOGRAPHIE

Weiterführende Literatur zur Geschichte der Siebenbürger Sachsen

Bibliographien:

Hermann HIENZ: Bücherkunde zur Volks- und Heimatforschung der Siebenbürger Sachsen [= Buchreihe der Südostdeutschen Historischen Kommission 5], München 1960

Harald ROTH (Hg.): Repertorium transylvanicum. Eine Einführung in die wissenschaftliche Literatur über Siebenbürgen [= Veröffentlichungen des Südostdeutschen Kulturwerks B/52], München 1990

Darstellungen:

Carl GÖLLNER (Red.): Geschichte der Deutschen auf dem Gebiete Rumäniens, 1. Bd. (12. Jh. bis 1848), Bukarest 1979

Carl GÖLLNER (Red.): Die Siebenbürger Sachsen in den Jahren 1848-1919 [= Siebenbürgisches Archiv 22], Köln-Wien 1988

Gustav GÜNDISCH: Deutsches Volkswerden in Siebenbürgen. Entwicklungsgeschichtliche Durchblicke, Hermannstadt 1944

Wolfgang KESSLER (Hg.): Gruppenautonomie in Siebenbürgen. 500 Jahre Siebenbürgisch-Sächsische Nationsuniversität [= Siebenbürgisches Archiv 24], Köln-Wien 1990

Karl Kurt KLEIN: Saxonica Septemcastrensia. Forschungen, Reden und Aufsätze aus vier Jahrzehnten zur Geschichte der Deutschen in Siebenbürgen, Marburg 1971

Karl Kurt KLEIN: Transsylvanica. Gesammelte Abhandlungen und Aufsätze zur Sprach- und Siedlungforschung der Deutschen in Siebenbürgen [= Buchreihe der Südostdeutschen Historischen Kommission 12], München 1963

Georg Eduard MÜLLER: Stühle und Distrikte als Unterteilungen der Siebenbürgisch-Deutschen Nationsuniversität 1141-1876. Nachdruck der Ausgabe Hermannstadt 1941, mit einer Einführung und einem Ortsnamenregister von Konrad G. GÜNDISCH, [= Schriften zur Landeskunde Siebenbürgens 10], Köln-Wien 1985

Thomas NÄGLER: Die Ansiedlung der Siebenbürger Sachsen, Bukarest 1979

Paul NIEDERMAIER: Siebenbürgische Städte. Forschungen zur städtebaulichen und architektonischen Entwicklung von Handwerksorten zwischen dem 12. und 16. Jahrhundert [= Siebenbürgisches Archiv 15], Bukarest und Köln-Wien 1979

Gernot NUSSBÄCHER: Aus Urkunden und Chroniken. Beiträge zur siebenbürgischen Heimatkunde, 3. Bde., Bukarest 1981-1991

August Ludwig v. SCHLÖZER: Kritische Sammlungen zur Geschichte der Deutschen in Siebenbürgen. Ndr. der Ausgabe Göttingen 1795-1797 mit einem Vorwort von Harald ZIMMERMANN [= Schriften zur Landeskunde Siebenbürgens 3], Köln-Wien 1979

Heinz STOOB (Hg.): Die mittelalterliche Städebildung im südöstlichen Europa [= Städteforschung A/4], Köln-Wien 1977

Georg Daniel TEUTSCH, Friedrich TEUTSCH: Geschichte der Siebenbürger Sachsen für das sächsische Volk, 4 Bde. Nachdruck der Ausgabe 1907-1925, mit einem Vorwort von Andreas MÖCKEL [= Schriften zur Landeskunde Siebenbürgens 9/I-IV], Köln-Wien 1987

Ernst WAGNER: Geschichte der Siebenbürger Sachsen. Eine Übersicht, Innsbruck [6]1990

Ernst WAGNER (Hg.): Quellen zur Geschichte der Siebenbürger Sachsen 1191-1975 [= Schriften zur Landeskunde Siebenbürgens 1], Köln-Wien 1981

SYNOPTISCHES ORTSNAMENVERZEICHNIS

Deutsch	Rumänisch	Ungarisch
Agnetheln	Agnita	Szentágota
Alzen	Alțîna	Alczina
Arkeden	Archita	Erked / Szászerked
Baaßen	Bazna	Bázna
Baierdorf	Crainimăt	Királynémeti
Bartholomae	Bartolomei	-
Baumgarten (bei Bistritz)	Bungard (ul Săsesc)	Szászbongárd
Birthälm	Biertan	Berethalom
Bistritz	Bistrița	Besterce
Blutroth	Berghin	Berve
Bodendorf	Bunești	Szászbuda
Bogeschdorf	Băgaciu	Bogács
Braller	Bruiu	Brulya
Brenndorf	Bod	Botfalva
Broos	Orăștie	Szászváros
Bukarest	București	Bukarest
Burgberg	Vurpăr	Vurpód
Bußd (bei Mühlbach)	Boz	Buszd
Deutsch-Kreuz	Criț	Szász-Keresztur
Deutsch-Pien	Pianu de Jos	Alsópián (Szászpián)
Deutsch-Weißkirch	Viscri	Szász-Fehéregyháza
Draas	Drăușeni	Homoroddaróc
Durles	Dîrlos	Darlac
Dürrbach	Dipșa	Dipse
Eibesdorf	Ighișu Nou	Szászivánfalva
Großau	Cristian (Sibiu)	Keresztényszigеt
Großpold	Apoldu de Sus	Nagyapóld
Großschenk	Cincu	Nagysink
Großschlatten	Abrud	Abrudbánya
Halmagen	Hălmeag	Halmágy
Hamlesch	Amnaș	Omlás
Heltau	Cisnădie	Nagydisznód
Henndorf	Brădeni	Hégen
Hermannstadt	Sibiu	Nagyszeben
Hetzeldorf	Ațel	Ecel / Acél
Holzmengen	Hozman	Holczmány
Honigberg	Hărman	Szászhermány
Jaad	Livezile	Jád
Jakobsdorf (bei Agnetheln)	Iacobeni	Jakabfalva
Jassy	Iași	-
Katzendorf	Cața	Kaca
Kaisd	Saschiz	Szászkézd
Kerz	Cîrța	Kerc
Kirchberg	Chirpăr	Kürpöd
Klausenburg	Cluj-Napoca	Kolozsvár
Kleinscheuern	Șura Mică	Kiscsür
Klosdorf	Cloașterf	Miklóstelke

Kronstadt	Braşov	Brassó
Lechnitz	Lechinţa	Szászlekence
Malmkrog	Mălîncrav	Almakerek
Marienburg (bei Kronstadt)	Feldioara	Földvár
Marpod	Marpod	Márpod
Mediasch	Mediaş	Medgyes
Meeburg	Beia	Homorodbéne
Meschen	Moşna	Muzsna
Michelsberg	Cisnădioara	Kisdisznód
Mühlbach	Sebeş	Szászsebes
Nimesch	Nemşa	Nemes
Obereidisch	Ideciu de Sus	Felsöidécs
Offenburg	Baia de Arieş	Aranyosbánya / Offenbánya
Petersberg	Sînpetru	Barca-Szentpéter
Petersdorf (bei Bistritz)	Petriş	Petres
Petersdorf (bei Mühlbach)	Petreşti	Péterfalva
Porumbach (Ober-Bornbach, Glashütte)	Porumbacu de Sus	Felsöporumbák
Radeln	Roadeş	Rádos
Reichesdorf	Richiş	Riomfalva
Reps	Rupea	Köhalom
Reußmarkt	Miercurea Sibiului	Szerdahely
Rode	Zagăr	Zágor
Rodenau (Rodna)	Rodna (Veche)	Óradna /Radna
Rohrbach	Rodbav	Nádpatak
Rosenau	Rîşnov	(Barca -) Rozsnyó
Rothberg	Roşia	Veresmart
Salzburg	Ocna Sibiului	Vizakna
(Burgort / Lagerdorf)	Sarmizegetusa (Grădişte)	(Várhely)
Schäßburg	Sighişoara	Segesvár
Schmiegen	Şmig	Somogyon
Schönberg	Dealu Frumos	Lesses
Schweischer	Fişer	Sövénys(z)eg
Seiburg	Jibert	Zsiberk
Stolzenburg	Slimnic	Szelindek
Streitfort	Mercheaşa	Mirkvásár
Tartlau	Prejmer	Prázsmár
Tekendorf	Teaca	Teke
Thorenburg	Turda	Torda
Törzburg	Bran	Törcsvár
Trappold	Apold	Apold / Trapóld
Urwegen	Gîrbova	Szászorbó
Weingartskirchen	Vingard	Vingárd
Weißenburg (Karlsburg)	Alba Iulia	Gyulafehérvár (Károlyfehérvár)
Winz (Unter-Winz)	Vinţul de Jos	Alvinc
Wolkendorf (bei Schäßburg)	Vulcan	Volkány
Zeiden	Codlea	Feketehalom

Verzeichnis der ausgestellten Objekte

Geschichtlicher Überblick

1 Siebenbürgenkarte. Johannes Honterus, Chorographia Transilvaniae-Sybembürgen, Basel 1532. B 55 H 37,5 (Meschendörfer)

2 Siebenbürgenkarte. Entworfen von Johannes Sambucus, Wien 1566. B 58 H 46,5 (SBG)

3 "Der Sachssen inn Siebenbürgen Statuta: oder eygen Landtrecht"; Erstdruck, Kronstadt 1583 (SBG)

4 Bistritz. Stich von H. J. Schollenberger; Nürnberg 1666 (Moeferdt)

5 Hermannstadt. Stich von H. J. Schollenberger; Nürnberg 1666 (Moeferdt)

6 Klausenburg. Stich von H. J. Schollenberger; Nürnberg 1666 (Moeferdt)

7 Kronstadt. Stich von H. J. Schollenberger; Nürnberg 1666 (Moeferdt)

8 Mediasch. Stich von H. J. Schollenberger; Nürnberg 1666 (Moeferdt)

9 Mühlbach. Stich von H. J. Schollenberger; Nürnberg 1666 (Moeferdt)

10 Schäßburg. Stich von H. J. Schollenberger; Nürnberg 1666 (Moeferdt)

11 Hermannstadt. Kupferstich von L. Wirsing, 1780 (Moeferdt)

12 Michelsberg. Stahlstich von L. Rohbock, 1864

13 Mühlbach. Stahlstich von L. Rohbock, 1864

14 Schäßburg. Stahlstich von L. Rohbock, 1864

15 Törzburg. Stahlstich von L. Rohbock, 1864

16 Roter-Turm-Paß. Stahlstich von L. Rohbock, 1864

17 Hermannstadt. Stahlstich, coloriert von H. A. Payne

18 "Roter Turm Paß - Übergang von Siebenbürgen in die Walachei". Radierung von L. Wirsing und A. Nürnberg, Gabe an Joseph II. L 58 B 44 (Friedeburg-Bedeus)

19 Samuel von Brukenthal. Lithographie L 25 B 32 (Friedeburg-Bedeus)

20 Georg Daniel Teutsch. Lithographie

21 Joseph Bedeus von Scharberg.
Radierung, Wien 1844
L 25 B 32
(Friedeburg-Bedeus)

22 "Entlassungs-Schein"
(Auswanderungspaß)
für Johannes Bahmüller
aus Plüderhausen
in Württemberg,
1846, mit dem Vermerk:
"nach Siebenbürgen"
(im Familienbesitz)

23 Briefe von Theodor Fabini,
Abgesandter des
Siebenbürgisch-Sächsischen
Jugendbundes nach Frankfurt
(1848) an seinen Vater
Joseph Fabini,
Pfarrer in Reichesdorf

24 Stephan Ludwig Roth.
Bronzebüste von R. E. Boege,
um 1942 (IfA)

25 Verleihungsurkunde an
Joseph Bedeus von Scharberg:
Leopoldorden und Erhebung
in den Freiherrnstand
durch Franz Joseph I.,
Kaiser von Österreich,
1850, in Zinnschatulle
L 56 B 32
(Friedeburg-Bedeus)

26 Stadtplan von Hermannstadt,
1875. Gezeichnet von Johann Boebel
L 115 B 105

27 Hermann Oberth.
Bronzebüste von
Hans Wolfram Theil

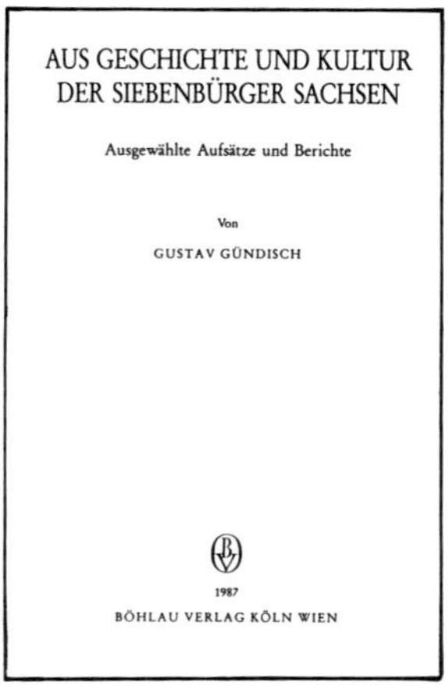
AUS GESCHICHTE UND KULTUR
DER SIEBENBÜRGER SACHSEN

Ausgewählte Aufsätze und Berichte

Von

GUSTAV GÜNDISCH

1987

BÖHLAU VERLAG KÖLN WIEN

28 Gustav Gündisch, Aus Geschichte
und Kultur der Siebenbürger
Sachsen, Böhlau Verlag, Köln/Wien
1987

Zunftwesen

29 Statuten der Tschismenmacher-
zunft, Klausenburg 1644.
Originalpergament,
mit Signatur des Fürsten
Georg Rákoczi II.

30 Zunftlade, Großschenk, 1856.
Auf dem Innendeckel ein
geschnitztes Rad als Symbol der
Wagnerzunft. Zwischen Rad und
Scharniereisen, auf Papier die
Namen "Johann Gall,
erster Vorsteher der Zunft"
und "Michael Melzer,
zweiter Vorsteher der Zunft"
L 65 B 34 H 35

31 Zunftzeichen der Tschismenmacher-
zunft Alzen, 1597. Renaissance-
Schild, Lindenholz, bemalt in
Ei-Tempera

32 Zunftkanne, Kronstadt 1765.
Zinn, kugelförmiger Daumendrücker. Nach den Gewerbezeichen gehörte die Kanne der Böttcher- oder Tischlerzunft.
H 32 D der Standfläche 13 (Sluka)

33 Zunftkrug der Schuster- oder Tschismenmacherzunft, 1763.
Keramik, blau-grün-gelber Dekor; in einer Blattgirlande Gewerbezeichen
H 19,5

34 Zunftteller, 1640. Zinn, Inschrift: "MUNUS COLLEGARUM ANNO DOMINI 1640".
D 33 (Sluka)

35 Zunftsiegel der Kronstädter Weber, 16. Jh. Abdruck auf Siegellack

36 Zunftsiegel der Kronstädter Weber, 18. Jh. Abdruck auf Siegellack

37 "Kundschaft der bürgerlichen Seiler-Meister in der königlichen Freistadt Bistritz", 1800, für Nathel Errich aus Bistritz

38 Gesellen-(oder Kundschafts-) Brief der Hermannstädter Lederer für den Gesellen Michael Wellmann aus Mediasch, 1808

39 "Kundschaft der bürgerlichen Wein- und Holz-Drechslerzunft in der königlichen Freistadt Kronstadt", 1820, für Joseph Sabo aus Thorenburg. Farbkopie

40 Wanderbuch, Hermannstadt 1851; "in Folge des allerhöchsten Patents vom 24 Februar 1827... für Julius Nemes in Karlsburg"

41 Stiefelchen, Meisterstück-Muster der Tschismenmacher 19. Jh.

Nachbarschaften

42 "Artikel oder Gesetze der Nachbarschaft in Hamlasch", Hamlesch 1778

43 Nachbarschaftstruhe, Henndorf, 1914.
Auf der Vorderseite die Inschrift: "Gewidmet von den Nachbarvätern Georg Kieltsch und Georg Keul, der virten Nachbarschaft -1914".
L 54 B 30 H 27

44 Nachbarschaftstruhe, Bodendorf, 1893. Tannenholz, auf der Deckelinnenseite die Inschrift: "Ein Andenken vom Draaser/Paulini. 1-ste Nachbarschaft/1893" (in der Truhe die Nachbarzeichen, s. Nr. 45 bis 54)

45 Nachbarzeichen, Bodendorf, 1852. Holz, geschnitzt, "Johannes Kirs(c)hner - 1852" mit Sichel, Pflugschar und Ähren

46 Nachbarzeichen, Bodendorf, 1854. Geschnitzt: "Johan(n) Adler - Anno 1854" mit stilisierten Blumen

47 Nachbarzeichen, Bodendorf, 1856. Geschnitzt: "M - 2 1856", mit landwirtschaftlichen Geräten und Blumen

48 Nachbarzeichen, Bodendorf, 1867. Geschnitzt: "Georg Lutsch, Anno 1867", mit Blumen

49 Nachbarzeichen, Bodendorf, 1875. Geschnitzt: Herzmotiv, darüber die Inschrift: "Johann Roth - 1875", mit landwirtschaftlichen Geräten

50 Nachbarzeichen, Bodendorf, 1882. Geschnitzt: "Georg Scheipner, Anno 1882/ M. L. M. N.", mit landwirtschaftlichen Geräten und Tulpenmotiven

51 Nachbarzeichen, Bodendorf, 1883. Geschnitzt: "Michael Schenker - 1883", mit Pflugschar und Eisen

52 Nachbarzeichen, Bodendorf, 1891. Geschnitzt: "Andreas Lutsch, Joh(ann) Fueler /?/", mit Blumen

53 Nachbarzeichen, Bodendorf, 1906. Geschnitzt: "Michael Ṣchuster, Nachbarvater und Johann Walesch - 1906", mit Blumen

54 Nachbarzeichen, Bodendorf, 1914. Geschnitzt: "Andenken ann (!) Johan(n) Reither Nachbarvater - 1914", mit Blumen

55 Nachbarzeichen, Henndorf, 1796, 2. Nachbarschaft. Geschnitzt: "G. K. M. 1796"

56 Nachbarzeichen, Henndorf, 18. Jh. Geschnitzt: "Zum Andenken der [ ] drit(ten) Nach(barschaft)", mit Doppeladler

57 Nachbarzeichen, Henndorf, 1862, 2. Nachbarschaft. Geschnitzt: "A. K. - 1862 - G. Z."

58 Nachbarzeichen, Henndorf, 1978. Geschnitzt: "HENDORF 1978 IV. N(ach)B(arschaft)."

59 Nachbarzeichen, Schweischer, 1856. Tannenholz, herzförmig: "Denkmahl von A. K./ Awisungszeicher - 1856"

60 Nachbarzeichen, Schweischer, 1905. Tannenholz, herzförmig mit geometrischem Motiv

61 Leichenzeichen, Schweischer, 1856. Kupferplatte, sternförmig (acht Zacken) "Leichenzeichen für die 1-te Nachpahrschaft (!) in Schweischer, 1856/ Denkmahl von Anton Klinger - 1856"

62 Nachbarzeichen, Streitfort, 20. Jh. Geschnitzt mit Blumengirlanden und Efeublättermotiv: "IIII N(achbarschaft)"

63 Nachbarzeichen, Streitfort, 1939. Geschnitzt, Blumen- und Blätterdekor: "IV N(achbarschaft) - 1939"

64 Nachbarschafts-Weinkanne, Hamlesch, 1871. Grünglasiert, auf der Bauchung die Ritzinschrift: "Stefan Eberle -Stefan Schiller - beide Nachbarväter-1871". H 32

65 Nachbarschafts-Weinkanne, Malmkrog, 1894. Auf der Bauchung die Ritzinschrift: "Mittelgässer Herren Nachbarschaft/ 1894, 21-ten März - Georg Lutsch" H 31 größter D 26

66 Nachbarschafts-Weinkanne, Bogeschdorf, 1933. In einem kranzförmigen Blattdekor die Ritzinschrift: "Eigentum der/ Bogeschdorfer 4. Nachbarschaft/ 1933"

Bruder- und Schwesternschaften

67 Bruderschaftsregister: Register des Zechmeisters und Gesellenvaters, Kronstadt 1706. Ledereinband mit dem "Verzeichnis der Gesellen, welche zu der erschreckenden Feuerbrunst in der Bruderschaft gelebt haben, April 1689"

68 Bruderschaftsstatuten:
"Register der ehrsamen
Braller Bruderschaft",
ab 1844

69 Bruderschaftskrug (Weinkanne),
Dürrbach, 1823.
Mit Trinkspruch.
H 23

70 Schwesternschafts-Registerzeichen,
Bodendorf, 1901.
Geschnitztes Lindenholz:
"Maria Iobi/ Sofia Lutsch/
Kath(arina) Schenk(e)r/
Sofia Jobi - ANNO 1901"
L 48,5 B 5,5

Vereine

71 Pokal "25-jähriges Jubiläum
des Kronstädter sächsischen
Schützenvereins - 1866"

72 Pokal, Schützenkönig,
Hermannstadt,
1888

73 Pokal, Schützenkönig,
Bistritz, 1898.
Silber

74 Vereinsschärpe, Kronstädter
Männergesangsverein, 1909.
Weißes Ripsgewebe.
L 120 B 25

75 Vereinsschärpe, Kronstadt,
Damenabteilung des Deutschen
Turnvereins, 1911.
Rot-weißer Samt
L 150 B 30

Schulwesen

76 Erstes Lesebuch,
Kronstadt 1847
(Meschendörfer)

77 Maifestfahne der sechsten Klasse,
Hermannstadt, 1900.
Blaue Seide

78 Flaus des Schäßburger Coetus

79 Schülermütze des Coetus
an der Höheren Handelsschule
in Kronstadt.
Grüner Samt

80 "Saxonia"-Schärpe
des Georg Daniel Teutsch-
Gymnasiums in Schäßburg.
Schwarz-gelbes Seidenband

81 Doppelte "Saxonia"-Schärpe
des Georg Daniel Teutsch
Gymnasiums
in Schäßburg, 1908.
Weiße Seide
"Nunquam retrorsum",
blaue Seide "Sursum Corda"

82 Coetus-Band
der Höheren Handelsschule
in Kronstadt.
Schwarz-goldenes Band

83 Fuchsband des Coetus
an der Höheren Handelsschule
in Kronstadt.
Schwarz-goldenes Band

84 Fuchsia-Zeugnis
des Coetus Honteri
in Kronstadt, 1930

85 Bierzipfel (für die Taschenuhr) des Coetus an der Höheren Handelsschule in Kronstadt. Grün-schwarz-goldgelbes Band mit Silberplättchen

Buchwesen

SENTENTIAE
EX OMNIBVS OPERIBVS
DIVI AVGVSTINI
DECERPTAE.

ANNO. M. D. XXXIX.

86 Sententiae ex omnibus operibus divi Augustini decerptae,
gedruckt von Johannes Honterus,
Kronstadt 1539
(SBG)

87 Compendium iuris civilis,
gedruckt von Johannes Honterus,
Kronstadt 1554
(SBG)

88 J. Honterus:
Rudimentorum cosmographicorum libri III,
Zürich 1581
(SBG)

89 J. Honterus:
Odae cum Harmoniis,
Notendruck, 1548.
Neudruck Bukarest

90 Tetraevangheliarul slavon,
gedruckt von Ph. Pictor,
Hermannstadt 1546;
Kopie (Meschendörfer)

Chronica
AZ MAGYA=
ROKNAC DOLGAI=
ROL : MINT IÓTTEC KI A
nagy Scythiaból Pánnoniában, Es mint
foglaltác magoknac az orſzágot : Es mint
bittác aſt Hertzegről Hertzegre, Es Ki
rályról Királyra, nagy ſoc tuſako-
dáſſockal és ſzántalan ſoc via-
dallyockal,

Mellyet
HELTAI GASPAR
Meg írta Magyar nyeluen, Es ez rendre hoſzta, Az
Bonfinius Antalnac nagy kőnyuéből, és egyęb
Hiſtorias kőnyuekből, nem kiczín
munkáual.

91 Chronica az Magyaroknak dolgairól,
verfaßt und gedruckt von
Caspar Helth, Klausenburg 1557;
Kopie (Meschendörfer)

92 C. Newbarth: Der Newe und Alte Allmanach,
Hermannstadt 1653 (Meschendörfer)

93 M. Miles: Siebenbürgischer Würg-Engel, Hermannstadt 1670
(SBG)

94 M. Fronius:
Tusculanae Heltesdenses,
Kronstadt 1704 (Meschendörfer)

95 Articuli diaetales. Typogr. publica:
Hermannstadt 1751,
mit der Unterschrift Maria Theresias
(Meschendörfer)

96 M. Felmer:
Primae linaea M. Principatus
Transilvaniae, Hermannstadt 1780
(Meschendörfer)

97 Die Siebenbürger Sachsen,
Volksschrift,
Kronstadt 1790 (Meschendörfer)

98 M. Lebrecht:
Die Fürsten Siebenbürgens,
Hermannstadt 1792 (Meschendörfer)

99 G. D. Teutsch/ Fr. Teutsch,
Geschichte der Siebenbürger Sachsen
für das sächsische Volk, Bd. I-IV,
Hermannstadt 1858 - 1926 (SBG)

100 Siebenbürgischer Wirthschafts-
und Geschichts-Kalender auf das
Jahr der christlichen Zeitrech-
nung 1802; Hermannstadt, gedruckt
und verlegt bey Martin Hochmeister
(SBG)

101 Sächsischer Hausfreund:
Ein Kalender für Siebenbürger zur
Unterhaltung und Belehrung auf das
Jahr 1851; herausgegeben von Georg
Binder, evang. Pfarrer in Henndorf
bei Schäßburg; Kronstadt (SBG)

102 Neuer Bistritzer Hauskalender
für 1866 (SBG)

103 Kalender des Siebenbürger
Volksfreundes für 1883;
Verlag Franz Michaelis,
Hermannstadt
(SBG)

104 Der Pflug. Landwirtschaftlicher
Taschenkalender 1934
(7. Jahrgang); Hermannstadt
(SBG)

105 Alte Reisebilder aus dem Lande
der Siebenbürger Sachsen,
München 1971 (Meschendörfer)

106 Chronica und Beschreibung der
Türckey - mit eyner Vorrhed
D. Martini Lutheri.
Unveränderter Nachdruck
der Ausgabe Nürnberg
1530, Köln/ Wien 1983
(SBG)

107 Schriftmusterbogen der
Buchdruckerei S. Filtsch
(Wilhelm Krafft),
Hermannstadt 1868,
zusammengestellt von
G. A. Reissenberger (Faksimile)
L 75 B 60

Pressewesen

108 Siebenbürger Zeitung;
Herausgeber: Martin Hochmeister,
Hermannstadt, Titelblatt der Nr. 1
vom 2. Januar 1784
(BSB)

109 Blätter für Geist, Gemüth und
Vaterlandskunde,
Kronstadt 1883

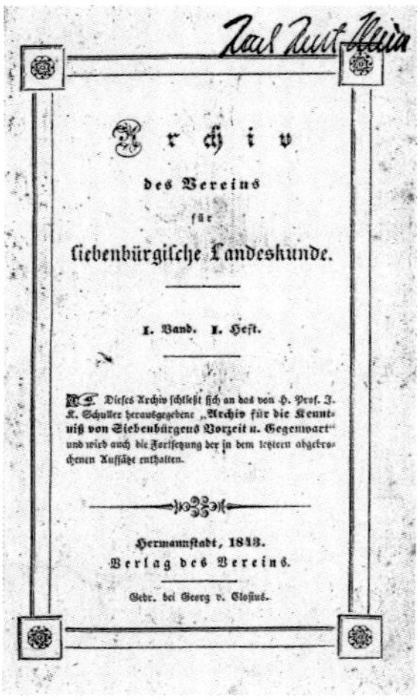

Archiv
des Vereins
für
siebenbürgische Landeskunde.

I. Band. I. Heft.

NB. Dieses Archiv schließt sich an das von H. Prof. J. K. Schuller herausgegebene „Archiv für die Kenntniß von Siebenbürgens Vorzeit u. Gegenwart" und wird auch die Fortsetzung der in dem letztern abgebrochenen Aufsätze enthalten.

Hermannstadt, 1843.
Verlag des Vereins.

Gedr. bei Georg v. Closius.

110 Archiv des Vereins für
Siebenbürgische Landeskunde,
Hermannstadt 1843
(SBG)

111 Satellit des Siebenbürger
Wochenblattes,
Kronstadt 1846 (Meschendörfer)

112 Korrespondenzblatt des Vereins für
Siebenbürgische Landeskunde,
Hermannstadt 1848

113 Kirchliche Blätter,
Hermannstadt 1900

114 Die Karpathen,
Kronstadt 1907/08

115 Siebenbürgisch-Deutsches Tageblatt,
Hermannstadt 1913

116 Kronstädter Zeitung,
Festausgabe zum 100jährigen
Bestehen, 1936 (Schlandt)

117 Klingsor,
Kronstadt 1924

118 Landwirtschaftliche Blätter,
Hermannstadt 1940

119 Siebenbürgisches Archiv,
Bd. 1, Köln/Wien 1962

Wissenschaft und Technik

120 L. J. Marienburg:
Geographie des Großfürstenthums
Siebenbürgen, Hermannstadt 1830

121 J. Chr. G. Baumgarten:
Enumeratio stirpium Magno
Transsilvaniae Principatus,
Bd. I-III Wien 1816,
Bd. IV Wien 1860

122 M. Fuß:
Flora Transilvaniae Excursoria,
Hermannstadt 1866

123 E. A. Bielz:
Beitrag zur Höhlenkunde Siebenbürgens, Jahrbuch des Siebenbürgischen Karpatenvereins, 1881

124 E. A. Bielz:
Fauna der Wirbeltiere
Siebenbürgens, Hermannstadt 1888

125 K. Ungar:
Die Alpenflora der Südkarpaten,
Hermannstadt 1913

126 H. Barth:
Hermann Oberth,
Leben und Werk, Bukarest 1977

127 H. Salmen, W. Klemm, St. Kohl:
Die Ornis Siebenbürgens,
Bd. I-III Köln/ Wien 1988

Literatur und Theater

128 Theatral-Wochenblatt,
Hermannstadt 1778, Titelblatt

129 Christian Schesaeus:
Ruinae Pannonicae libri quattuor,
Hermannstadt 1797

130 Theaterplakat zu "Der Raub der Sabinerinnen", Kronstadt 1885
(SBG)

131 Heinrich Zillich:
Der Todder Gerch und andere Geschichten, Schäßburg 1930
(SBG)

132 Adolf Meschendörfer:
Die Stadt im Osten,
Hermannstadt 1931
(SBG)

133 Erwin Wittstock:
Das jüngste Gericht in Altbirk,
Bukarest 1972
(SBG)

134 Hans Bergel:
Der Tanz in Ketten, Innsbruck 1977
(SBG)

135 Andreas Birkner:
Die Tatarenpredigt, Wien 1973
(SBG)

136 Wolf Aichelburg:
Lyrik, Dramen, Prosa Bukarest 1973
(SBG)

137 Joachim Wittstock:
Ascheregen, Klausenburg 1985
(SBG)

138 Paul Schuster:
Fünf Liter Zuika,
Graz/ Wien/ Köln 1968
(SBG)

Malerei und Graphik

139 Johann Oelhan:
"Patrizier Andreas Enyeter", 1761.
Öl auf Leinwand
L 88 B 53,3

140 Johann Martin Stock:
"Patrizierin und Knabe", um 1780.
Öl auf Kupferblech
L 40 B 31 (JHV)

141 Frantz Halling:
"Martin von Hochmeister"
(der Ältere), 1780. Öl auf Leinwand,
restauriert von Hans Hermann 1957
L 99,5 B 81,5 (Hochmeister)

142 Franz Neuhauser d. J.:
"Heltau", um 1817. Aquarell
L 64 B 39 (Friedeburg-Bedeus)

143 Franz Neuhauser d. J.:
"Jahrmarkt in Siebenbürgen - Hermannstadt", 1819/ 1823.
Öl auf Leinwand, Kopie
L 33,5 B 155 (JHV)

144 Anton Fiala:
"Stephan Ludwig Roth", 1852.
Öl auf Pappe
L 62,5 B 45

145 Friedrich Ludwig Schuller:
"Gebirgslandschaft", 1880.
Öl auf Leinwand
L 63 B 85 (JKH)

146 Arthur Coulin:
"Die Braut", 1898.
Öl auf Leinwand
L 67 B 51,5 (Coulin)

147 Hans Eder:
"Selbstporträt", 1926.
Öl auf Leinwand
L 50 B 45 (Eder)

148 Ernst Honigberger:
"Trachtenpaar", 1928.
Öl auf Leinwand
L 104 B 60

149 Hermann Konnerth:
"Brotteigkneterin".
Öl auf Leinwand
L 30,5 B 27,5 (JHV)

150 Hermann Konnerth:
"Kirchgang in Deutsch-Weißkirch".
Monotypie
L 68,5 B 50 (JHV)

151 Hans Mattis-Teutsch:
"Sonnenblumen".
Öl auf Pappe
L 29 B 39 (JHV)

152 Hans Mattis-Teutsch:
"Landschaft I". Aquarell
L 24,5 B 33,5 (Fam. Albert im HSG)

153 Eduard Morres:
"Bauernkopf".
Öl auf Leinwand
L 43,5 B 38,5 (JHV)

154 Trude Schullerus:
"Karpatenlandschaft".
Öl auf Pappe
L 48 B 68,5

155 Grete Csaki-Copony:
"Mädchen mit Zitrone".
Öl auf Leinwand
L 58,5 B 43 (JHV)

156 Hans Hermann:
"Birthe(ä)lm", 1971.
Radierung Nr. 236
L 30 B 36,5 (JHV)

157 Hans Hermann:
"Kronstadt - Rathaus".
Radierung Nr. 152
L 30 B 24,5 (JHV)

158 Hans Hermann:
"Schäßburg".
Radierung Nr. 19
L 29 B 23 (JHV)

159 Fritz Kimm:
"Tartlauer Kirchenburg", 1959.
Kohlezeichnung
L 44,5 B 58 (JHV)

160 Fritz Kimm:
"Spinnerin mit Mann und Enkel",
1959. Kohlezeichnung
L 55,5 B 46,5 (JHV)

161 Fritz Kimm:
"Die Schwarze Kirche in Kronstadt".
Kohlezeichnung
L 49 B 37,5 (JHV)

162 Friedrich Bömches von Boor:
"Marktszene", 1919.
Zeichnung schwarz-weiß
L 54 B 39,5 (JHV)

163 Heinrich Schunn:
"Rosenauer Burg".
Aquarell
L 65 B 80 (Schunn)

164 Helfried Weiß:
"Deutsch-Weißkirch".
Holzschnitt
L 36 B 26 (Weiß)

Bürgermöbel

165 Deckeltruhe, Renaissance, 1686.
Die Vorderseite wird von vier halbplastischen Figuren in drei Felder unterteilt; unter "dachartigem" Gesims allegorische Frauenhalbfiguren in polychromer Malerei.
Darüber Inschrift: "O MENSCH THU RECHT UND FÜRCHTE GOTT - 1686 usw."; auf der Schmalseite Inschrift und allegorische Frauenfiguren.
Kassettierte Deckeloberseite mit Resten von Bemalung.
Auf der Deckelinnenseite Ovalfeld mit Kessel und Inschrift: "JOHANNES KESSLER" und "Fec(it) G:D:F:N., FUGIT IRREPARABILE TEMPUS - ALSO...". Seitlich auf schmalen Feldern weitere Inschriften
185 x 70 x 70

166 Tabernakel-Sekretär, Hochbarock, 18. Jh. Nußholz mit Obstholz-Intarsien, Original Messingbeschläge.
Aus dem Besitz der Bierbrauer-Familie Czell, Kronstadt
215 x 145 x 70

167 Schubladen-Sekretär, Empire.
Nuß- und Ebenholz
98 x 133 x 65

168 Schrank, Biedermeier,
Anfang 19. Jh. Nußholz
171 x 111 x 55

169 Sofa, Biedermeier,
Anfang 19. Jh. Nußholz, Seidenbezug
118 x 195 x 98

170 Schubladen-Kästchen, frühes Empire.
Nußholz, Messingbeschläge
45 x 52 x 25

171 Reise-Kassette
für Gläser und Karaffen, um 1850.
Nußholz, Metall-Intarsien
(Gläser und Karaffe vollständig)
27 x 32 x 25

172 Reise-Schreibpult,
Biedermeier, Anfang 19. Jh.
10 x 34 x 28

173 Toilettenspiegel, 19. Jh.
Nußholz, schwenkbar mit Lädchen
45 x 41 x 23

Zinn

174 Deckelkännchen,
Schäßburg (?) 1663.
Auf der glatten Oberfläche die Inschrift: "Ein Gab. Bartholomeuschen zum Gedechtnis der Purschen Simon Bidners - 1663"
H 14 (Sluka)

175 Deckelkännchen,
Hermannstadt 17. Jh.
Auf sechs vertikal gegliederten Feldern je ein Blumendekor graviert.
Meistermarke nicht erkennbar
H 27 (Sluka)

176 Deckelkanne,
Kronstadt 1727.
Gravierte Inschrift:
"Gabet Johannes Rich - 1727"
H 26

177 Deckelkanne,
Schäßburg (?) 1741.
Tulpenmotive mit Rollmatrizen verziert. In einem Blumenkranz die Inschrift:
"I B 1741"
H 26 (Sluka)

178 Teller,
Hermannstadt 1793.
Im Spiegel eine Blumenknospe und konzentrische Kreise mit Rollmatrizen.
Inschrift: "Joh(ann) Platz - 1793"
D 24,5 (Sluka)

179 Teller,
Kronstadt 18. Jh.
Auf dem Spiegel ein springender Hirsch eingraviert
D 20,5 (Sluka)

180 Teller,
Kronstadt 18. Jh.
Auf der Fahne graviert die Inschrift:
"An(dr)eas Graef"
D 35

181 Hochzeitsteller,
Kronstadt 18. Jh.
Auf dem Spiegel das sächsische Brautpaar in der Festtracht und auf der Fahne springende Hunde und Hasen eingraviert
D 32 (Sluka)

182 Kerzenleuchter
aus Baumgarten bei Bistritz, 1758.
Inschrift:
"Verehret Anna Rothin, verwittib / te Pfarrerin von Bongard / A(nn)o 1758"
H 58 (Sluka)

183 Ampel. Eingraviert:
"Ewige Lampe aus Zinn -
W. S. - 1841"
H 30 D 23 (Friedeburg-Bedeus)

Goldschmiedekunst und sakrale Kunstgegenstände

184 Abendmahlskelch,
Baierdorf 15. Jh.
Silber gegossen, vergoldet, graviert mit "Kapellennodus", restauriert 1647. Meister unbekannt
H 21,3 (Baierdorf /SMG)

185 Kelch,
Bistritz Anfang 16. Jh.
Silber getrieben, vergoldet, Filigran.
Meister unbekannt
H 22,1 (GNM)

186 Münzkanne,
Hermannstadt um 1640.
Silber getrieben, Einzelteile gegossen, graviert und teilvergoldet. Meister Johannes Fredericus Benedick
H 23,3 (Lechnitz / GNM)

187 Kelch mit Patene,
Hermannstadt um 1657 und 1691.
Silber getrieben, gegossen, ziseliert, gepunzt, vergoldet. Meister P. K.
Kelch H 22,8 Patene D 15,1
(Obereidisch / GNM)

188 Becher,
Kronstadt 1729.
Silber getrieben, graviert, gepunzt und teilvergoldet.
Meister Michael II. May
H 17,5 (GNM)

189 Patene,
Tekendorf 1769.
Blank und vergoldet
D 11 (Tekendorf / SMG)

190 Abendmahlskelch,
Tekendorf 18. Jh.
Silber getrieben, graviert und teilvergoldet, farbige Gläser.
Meister G G,
vielleicht Georgius Gunesch (1728 - 1757) aus Bistritz
H 24,8 (Tekendorf / SMG)

191 Kluftbecher
einer Kronstädter Nachbarschaft, 1748.
Getriebenes Silber, graviert, teilvergoldet.
Meister A R.
H 17,5

192 Hochrelief,
Siebenbürgen, 16./17. Jh.
Lindenholz.
Thronender Jesus
80 x 31 x 11

193 Epitaph des Johann Kisch,
evang. Pfarrer in Holzmengen, Agnetheln und Großschenk., gest. 1708
H 115 B 40

Keramik

194 Kachel, Draas, 18. Jh. Unglasiert
L 39 B 24 T 4,5

195 Kachel, Nordsiebenbürgen, 18. Jh.
L 30 B 18 T 3,5

196 Kachel, Draas, 18. Jh.
L 23 B 20 T 4,5

197 Kachel, Draas, 18. Jh.
L 30 B 22 T 3,8

198 Kachel, Nordsiebenbürgen, 1877
L 32 B 23 T 5

199 Kachel, Nordsiebenbürgen, 19. Jh.
L 23 B 23 T 5

200 Kachelofenknauf, 1792
H 23

201 Kachelofenknauf, 1867
H 18,5

202 Kachelfries, Keisd, 18./19. Jh.
L 160 B 6

203 Humpen, Hermannstadt, 1745.
Lebensbaum aus Nelken
H 23

204 Krug, Draas, 19. Jh.
Blauer Dekor mit Pinsel auf hellem Grund,
Blüten und Kreuzgitterornamente
H 19

205 Krug, Draas, 19. Jh. Kobaltblauer Dekor mit Pinsel auf hellem Grund,
Blatt- und Palmettenmotive
H 18,7

206 Weinkanne, Draas, 1818.
Bauchiger Gefäßkörper mit Lebensbaum und Palmetten
H 29,9

207 Krug, Draas, 19. Jh.
Blau-gelber Dekor,
Tulpen- und Kreuzgitterornamente
H 23,4

208 Teller, Nordsiebenbürgen, 18. Jh.
Ritztechnik
D 26,9

209 Teller, Nordsiebenbürgen, 18. Jh.
Ritztechnik, Blattrosette und stilisierte Lilienblüten
D 28,8

210 Teller, Burzenland, 18. Jh.
Malhornbemalung, Lebensbaum und stilisierte Akazienblätter
D 22,5

211 Krug, Kirchberg, 18. Jh.
Gekerbte Gürtelstreifen, Palmetten-, Granatapfel-, Blatt- und Strichmotive
H 26,5

212 Krug, Marpod, 18. Jh.
Gekerbte Gürtelstreifen
H 20

213 Krug, Marpod, 18. Jh.
Gekerbte Gütelstreifen, Palmettenmotive
H 20,7

214 Krug. Alzen, 18. Jh.
Lebensbaum, Blüten- u. Blattmotive
H 21,1

215 Krug, Nimesch, 18. Jh. Gelb-grün-schwarz eingefärbte Glasur
H 21,5

216 Krug, Nimesch, 18. Jh.
Braun-grün-schwarz eingefärbte Glasur
H 19,1

217 Weinkanne, Keisd, 1787.
Weinblatt- und Traubenmotiv
H 27,8

218 Humpen, Keisd, 1796.
Granatapfelblütenmotiv
H 17,9

219 Teller, Keisd, 1796.
Traubenmotiv mit Granatapfel und Ranken
D 27,5

220 Teller, Keisd, 1804.
Lebensbaum, Trauben u. Blattmotive
D 29

221 Krug, Keisd, 1804.
Granatapfelblüte
H 19,6

222 Krug, Keisd, 1844.
Lebensbaum
H 17,7

223 Teller, Thorenburg, 18. Jh. Pflanzen- und Vogelmotive
D 23,5

224 Krug, Thorenburg, 18. Jh.
In dreigliedrigem Hauptregister Vogel- und Pflanzenmotive
H 21

225 Weinkanne, Thorenburg, 1812.
Blumen, Palmetten, Blätter.
Inschrift: "N. J. - 1812"
H 39

226 Tschutra - Flachflasche, Thorenburg, 1885.
Dekor vorgeritzt. Inschrift:
"1885 - Eljen Asbot Jenö bajnok"
D 22 B 5

227 Vorratsgefäß, Hamlesch, 1823.
Unglasierte Oberfläche.
Ritzinschrift:
"Georg Moisch - 20-ten Junius 1823"
H 33

228 Weinkanne, Hamlesch, 1841.
Auf der Bauchung Tupfenleiste in Herzform mit der Inschrift:
"Georg Dengel - 1841 - 7. Juli"
H 35

229 Kanne, Habaner-Fayance, 18. Jh.
Tiermotive
H 27

230 Teller, Habaner-Fayance, 1695.
Im Spiegel der Lebensbaum mit Tulpenmotiv und Herz. Auf der Fahne Girlande aus gelben Blumen und die Inschrift: "I. K. - 1695"
D 27

231 Teller, Habaner-Fayance, 1707.
Auf dem Spiegel ein Tulpenmotiv, auf der breiten Fahne mit drei Blumenkompositionen (blaue Tulpen) die Jahreszahl: 1707
D 30

Glas

232 Henkelkrug, 18. Jh.
Glas, birnenförmig mit blauem Spiralfaden
H 19,5

233 Milchglaskrug, 18. Jh.
Birnenförmig mit aufgelegtem blauem Glasfaden
H 14

234 Kobaltblauer Teller, Porumbach
D 23

235 Kobaltblauer Teller, Porumbach
D 24

Musik

236 Valentin Greff-Bakfark:
Lautenbuch a. Titelblatt der Ausgabe von Lyon, 1553, Kupferstich mit dem Bildnis des Künstlers; b. Titelblatt der Ausgabe von Krakau, 1565

237 Carl Filtsch.
Lithographie von A. Eybel

238 Carl Filtsch:
Klavierstücke. Erstdruck; Verlag Wessel und Stepleton London 1843

239 Hermann Kirchner:
Siebenbürgisch-Sächsische Volkslieder, Heft 1, Mediasch 1897

240 Waldemar von Baußnern. Porträt. Reproduktion nach einem Gemälde von Ottilie Roederstein, 1912

241 Waldemar von Baußnern:
Passacaglia in c-Moll für Orgel; Verlag Chr. Fr. Vieweg, Berlin 1925

242 Paul Richter: Symphonia Nr. 5

243 Paul Richter:
Zehn Lieder für Singstimme und Klavier, Kronstadt

244 Johann Sebastian Bach.
Denkmal von Henri Nouveau-Neugeboren.
Modell in Metall, 1928
(Bauhaus-Archiv Darmstadt)

245 Wilhelm Berger:
Konzert für 2 Violinen und Orchester, Bukarest 1976

Bauernmöbel

246 Roswith Capesius:
Das siebenbürgisch-sächsische Bauernhaus.
Wohnkultur, Bukarest 1977

247 Stollentruhe,
Deutsch-Weißkirch, 18. Jh.
Geschnitzt, schwarz-weiß bemalt
155 x 90 x 54 (Sb.-s. St.)

248 Almerei, Deutsch-Weißkirch, 1802
H 108 B 70

249 Almerei,
Deutsch-Weißkirch, 1807
H 104 B 79

250 Deckenabstellbrett,
Meeburg, 1811.
Kasettenmalerei, Inschrift:
"Johan Grenner - An(n)o 1811"
L 288 B 27 (Sb.-s. St.)

251 Almerei,
Meeburg, 1812.
Inschrift: "Andreas Klein - 1812"
140 x 79 x 20

252 Brettstuhl,
Katzendorf, 1816
H 92 Sitzhöhe 48 Sitzfläche 42 x34

253 Rumpftisch,
Katzendorf um 1790 - 1820
83 x 115 x 93

254 Truhenbank,
Deutsch-Weißkirch, 1838
H 87 Sitzhöhe 58 Sitztiefe 44 L 196

255 Eckschrank, Draas, 1842.
Unter dem Schrankfries die Inschrift:
"Andreas Blos - Anno 1842 -
Agatha Blosin"
H 157 Breite Seite (Vorderfront) 90

256 Zimmertür,
Meeburg, 1865.
In der Mitte auf dem bemalten
Spiegel: "Johannes Klein - 1865"
201 x 118 x 41

257 Kleidertruhe,
Schäßburger Gegend, 1874.
Kasettenmalerei
142 x 62 x 60

258 Hochzeitstruhe ("Koffertruhe"),
Meeburg, 1897.
Inschrift: "Johann Klein - 1897
76 x 37 x 36

259 Wandkästchen, Marpod,
hergestellt in Katzendorf, 19. Jh.
36 x 42 x 16,5 (Sb.-s. St.)

260 Tellerbord, Marpod,
hergestellt in Katzendorf, 19. Jh.
L 158 B 23 (Sb.-s. St.)

261 Türflügel
eines Wandnischenschrankes,
Petersdorf (bei Bistritz), 1899
L 129 B 56 (Sb.-s. St.)

Hanfverarbeitung

262 Hechel, Seilerei in Agnetheln, 1724.
Holz mit Metallzähnen
L 40,5 B 9,5 H 15

263 Hechel, Rode, 1785.
Holz mit Metallzähnen
L 108 B 27

264 Handhaspel, Meeburg, 1871.
Obstholz, Monogramm: "I W"
L 48

265 Breche, Trappold, 1878.
Inschrift:
"Nei gemacht worden Durch Thomas Schuster für Katarina Schuster im Jare Anno 1878"
H 72 L 100 (Sb.-s. St.)

266 Uhren-Knackhaspel, 1826.
Holz, Inschrift:
"G. T. 1826 DEN 9-TEN MÄRZ"
H 72

267 Drei Spinnwirtel, 20. Jh.
Holz, farbig bemalt
D 6,5

268 Drei Spinnwirtel, 18./19. Jh.
Holz, Kerbschnitt
D 6,5

269 Zwei Spinnrocken.
Holz geschnitzt, bunt bemalt
a. Deutsch-Weißkirch
L 210
b. Hermannstädter Gegend,
Inschrift: "Maria Wilk"
L 196

270 Spinnrad, Repser Gegend
H 92

271 Spulrad, Holz
L 104 H 73

272 Webbrett für Bänderwebstuhl, Jakobsdorf, 1839. Holz
L 37,5 B 12,3

273 Tuchspanner, Nordsiebenbürgen, 1858.
Holz, geschnitzt.
Monogramm: "M K"
L 54 B 4,7

274 Rietkamm, Radeln, 1682.
Holz, geschnitzt.
Monogramm: " M H"
L 96 B 9,5

275 Elle, 1747.
Holz, Kerbschnitt.
Monogramm: "S S"
L 62,3

276 Wollkamm, Burzenland.
Holz mit Metallzähnen
L 26 B 22

277 Zwirnvorrichtung für Wolle, Heltau.
Holzzylinder mit Metallhaken
L 83

Textilien und Trachten

278 Handtuch, Hamlesch, 1927.
Leinen mit rot gewebten Streifen.
Monogramm: "S K"
L 164 B 38

279 Strohsackstulpen, Hanfgewebe
a. Deutsch-Pien. Roter Kreuz-Zopfstich, Vögel und Blütenbäume
L 26,5 B 86
b. Blutroth. Roter Kreuz/Zopfstich, Hirsche und Blütenbäume
L 24 B 106

280 Polsterbezüge, Hanfgewebe
a. Blutroth. Braune Wollstickerei, Blütenbäume
b. Blutroth. Blau-weiß überhoben, geometrische Motive
c. Meeburg. Rot-blau gewebte Streifen
d. Großau, 1896.
Schwarzer Kreuzstich

281 Stangentücher, Weingartskirchen.
a. schwarz überhoben
b. schwarzer Kreuz/Zopfstich, "Katharina Falk"
c. schwarzer Kreuz/Zopfstich, 1941, Vögel
d. schwarzer Kreuz/Zopfstich, 1939, Sterne
e. schwarzer Kreuz/Zopfstich, Pfauen
L 32 B 48

282 Brottuch, Meeburg, 1880.
Weiß-rot bestickt, "Anna West"
L 55 B 78

283 Bettdecke, Katzendorf, 1882.
Hanfgewebe, rotgewebt und gestickt, Klöppelspitze, "Katharina Zerbes"
L 175 B 155

284 Tischdecke, Meeburg, 1882.
Hanf-Leinwand, rote Blumenstickerei und rot überhoben, "Katharina Westin"
L 172 B 107

285 Tischdecke, Nordsiebenbürgen, 1873.
Neun Rosetten in rotem Kreuz-Zopfstich
L 220 B 220

286 Reihmuster des Schäßburger Lehrerinnenseminars,
Anfang 20. Jh. Baumwolle
a. Jakobsdorferin
b. Moserandjen
c. Radlerandjen
d. Arkederin
e. Saienbeld
f. Adler
g. Kleerbech oder Klingerhemd

287 Ornat eines evangelischen Dorfpfarrers

288 Knüpftuch, Hamlesch, 1895.
Baumwolle, bunt bestickt, "Maria Binder"

289 Bockelschleier, Rothberg, 1877.
Tüll, bunt bestickt, "Agnetha Räger"

290 Mäntelchen, Meeburg, 1901.
Leinen, rot überhoben, Sterne, "Sara Binder"

291 Brustlatz, Katzendorf, um 1900.
Braune Lederapplikationen, bunte Blumenstickerei

292 Kinderhaube, Hamlesch. Schwarz-rot geblümt mit blauen Bändern

293 Männer-Kirchenpelz, Urwegen, 1894.
Weiße Lederapplikationen, bunte Stickerei. Monogramm: "S L"

294 Männer-Brustpelz, Weingartskirchen, 1926.
Rote Lederapplikationen und bunte Blumenstickerei, "Johann Span"

295 Männer-Brustlatz, Lechnitz, 1939.
Bunte Stickereien und bunte Quasten

296 Stolzenburger Mantel, 1897.
Farbige Applikationen auf weißem Wollstoff. Monogramm: „M I“

297 Männermantel, Burzenland

298 Mädchentracht, Meeburg

299 Frauen-Erntetracht, Alzen

300 Frauentracht, Großscheuern

301 Frauentracht, Urwegen

302 Frauentracht, Burzenland

303 Frauentracht, Nordsiebenbürgen

304 Brauttracht, Rode

305 Bräutigamstracht, Rode

306 Sächsische Bauernfamilie in Tracht, Deutsch-Pien, Fotografie um 1910
(s. Abb. am Ende des Verzeichnisses)

Schmuck

307 „Rosenring“ einer Patrizierin, Hermannstadt, 17. Jh. Silber mit Smaragden und Amaldinen

308 Gliedergürtel, Hermannstadt, 17./18. Jh.
Silber vergoldet, Filigran, Maleremaille, Aquamarin und rote Halbedelsteine
L 92 (Friedeburg-Bedeus)

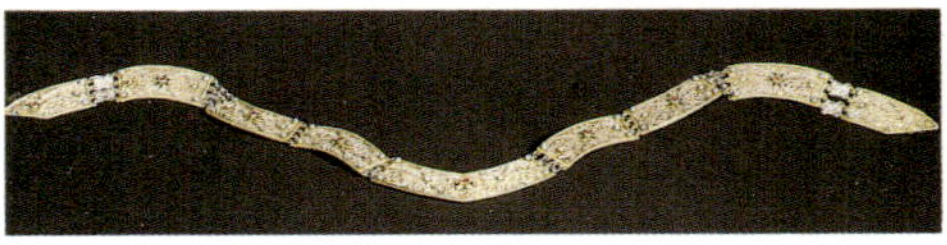

309 Gliedergürtel, Kronstadt, 18. Jh.
Vergoldetes Silber in Filigrantechnik, verziert mit Perlen, Türkisen und Granaten
L 74

310 Laubheftel, 18. Jh.
Silber, Filigran, Drahtemaille, Perlen und Glas.
D 11,8

311 Heftel, 19. Jh.
Getriebenes Messing mit roten und grünen Glasperlen
D 15

312 Spangengürtel, 18. Jh.
Getriebenes Silber und Durchbrucharbeit, vergoldet, Spangen mit roten Glasperlen
L 95

313 Spangengürtel, 18. Jh.
Getriebenes Silber, Spangen mit roten und grünen Glasperlen
L 83

314 Spangengürtel, 19. Jh.
Getriebenes Messing und Durchbrucharbeit, Spangen mit roten Glasperlen
L 96

315 Konfirmandengürtel („Maitzken"), 19. Jh.
Gegossenes Messing, graviert und Durchbrucharbeit
L 92

316 Bockelnadeln, getürmt, 19. Jh.
Drei aus Messing mit roten Glasperlen, eine aus Silber mit weißen Glasperlen und roten Steinen

317 Zehn Bockelnadeln, Deutsch-Weißkirch, 19. Jh.
Messing mit roten Glasperlen

In der neuen Heimat

318 Vereinsfahne,
Seide, mehrfarbig, doppelseitig bestickt. Umschrift:
„Verein Siebenbürger Sachsen München 1913"

319 Siebenbürgische Zeitung,
1. Jahrgang, München 1951

320 Patenschaftsurkunde des Landes Nordrhein-Westfalen für die Siebenbürger Sachsen, 1957

321 Gründungsurkunde der Föderation der Siebenbürger Sachsen, Elixhausen/ Sachsenheim,
1. Oktober 1983

322 „Saxon Year Book"
zum 75 jährigen Bestehen der „Alliance of Transylvanian Saxons" (Zentralverband der Siebenbürger Sachsen), Cleveland, Ohio (USA), 1977

323 „Saxon News Volksblatt",
Ausgabe der Zeitung vom 10. Dezember 1984

324 Urkunde zur Partnerschaft der Stadt Dinkelsbühl mit der Landsmannschaft der Siebenbürger Sachsen in Deutschland e.V., 1985

325 Evangelische Kirchen, erbaut für die Siebenbürger Sachsen in Bad Hall und Lenzing-Kammer/ Rosenau (Österreich), Fotografien

Sächsische Bauernfamilie in Tracht, Deutsch - Pien, um 1910

Hinweise

In das Verzeichnis wurden ausgestellte Fotografien, Kopien u.ä. nur in wenigen Ausnahmefällen aufgenommen. Soweit nicht in Klammern beim jeweiligen Exponat angeführt, stammen die ausgestellten Objekte aus dem Siebenbürgischen Museum Gundelsheim oder von Leihgebern, die auf ihre Namensnennung verzichtet haben. Die in Klammern am Ende der Bildunterschriften angeführten Nummern bezeichnen die Katalognummern der betreffenden Ausstellumgsobjekte.

Abkürzungen: L = Länge; B = Breite; H = Höhe; D = Durchmesser; T = Tiefe. Die Maße sind in Zentimetern angegeben.

Bildnachweis

(Autoren bzw. Herkunft des Bildmaterials mit, Angabe der Seitenzahl und, wo nötig, der Bildposition auf der Seite)

Josef Balazs (119)
Horst Buchfelner (50 unten)
Bundespresseamt, Bonn (112)
Hermann Buresch (78, 79)
Martin Eichler (52, 77, 120)
Emil Fischer (35 oben, 50 oben)
Josef Fischer (42)
Germanisches Nationalmuseum, Nürnberg (86 unten, 87 unten)
Günter v. Hochmeister (118 unten)
Gabriel Holom (zum Inhaltsverzeichnis sowie Reproduktionen auf den Seiten 16, 17, 21, 23, 32, 33, 39, 40, 41 oben, 46 unten, 48, 60, 66, 80, 82, 83, 84, 85, 86 oben, 87 oben, 89, 90, 91 unten, 92, 97, 99, 100, 101, 102, 103, 104, 105, 106, 107 oben, 108, 109, 134, 135, 136, 137, 144, 145)
Amemarie Schiel (8, 109)
Friedrich Schuster, Kerz (114)
Archiv Alfred Coulin (81)
Archiv Peter Handel (35 unten)
Archiv Hans Meschendörfer (47, 54, 56, 57, 58, 61 unten, 65, 93, 130 rechts)
Archiv Martin Rill (12, 30, 36, 41 unten, 43, 46 oben, 49)
Archiv Hermann Schlandt (63)
Archiv Siebenbürgische Bibliothek, Gundelsheim (15, 18 unten, 37, 51, 62, 70, 72, 73 unten, 95, 130 links, 132)
Archiv Siebenbürgisches Museum, Gundelsheim (38, 44, 53, 55, 60, 69, 75, 91 oben, 94, 107, 127, 128, 139, 140, 142, 147)

Bei den übrigen Abbildungen handelt es sich um Archivstücke der Landsmannschaft der Siebenbürger Sachsen in Deutschland, um Leihgaben aus ungenannt bleibenden Privatarchiven oder um die Reproduktion von Buchtiteln.

Vorderseite des Umschlags:
Siebenbürgenkarte von Johannes Honterus, Basel 1532 (Katalognummer 1)
Abendmahlskelch aus Tekendorf, Bistritzer Meister, 18.Jh. (Nr. 190)

Seite 4: Detail der Deckeltruhe (Nr. 156)

Rückseite:
Weinkanne aus Draas, 1818 (Nr. 206)